オーウェン・ホプキンス
百合田香織 訳

名建築の歴史図鑑

Architectural Styles
A Visual Guide

X-Knowledge

Text©2014 Owen Hopkins
Translation©2017 X-Knowledge Co., Ltd.

This books was designed, produced and published in 2014
by Laurence King Publishing Ltd under the title Architectural Styles:
A Visual Guide.

Japanese translation rights arranged with
Laurence King Publishing Ltd., London
through Japan UNI Agency, Inc., Tokyo

Printed in China

【表紙写真】
上　ヘルツォーク＆ド・ムーロン、北京国家体育場（鳥の巣）、北京、中国、2003〜'08年（表現的合理主義、p.213参照）
下　グロスター大聖堂の内陣、グロスターシャー、イギリス、1331〜'55年（後期ゴシック、p.37参照）

【裏表紙写真】
左上　リチャード・ロジャースとレンゾ・ピアノ、ポンピドゥー・センター、パリ、フランス、1977年（ハイテク、p.192参照）
右上　ポン・デュ・ガール、ニーム近郊、フランス、1世紀頃（古代ローマ、p.13参照）
左下　オスカー・ニーマイヤー、三権広場、ブラジリア、ブラジル、1958年（地域主義、p.197参照）
右下　ジャコモ・レオーニ、クランドン・パーク、サリー、イギリス、1730〜'33年（パラディオ主義、p.101参照）

装丁・本文デザイン　甲谷一（Happy and Happy）
翻訳協力　株式会社トランネット

目次

はじめに 5

古代 6
古代ギリシャ 8
古代ローマ 12

初期キリスト教 16
ビザンティン 18
ロマネスク 22

ゴシックと中世 26
初期ゴシック 28
盛期ゴシック 32
後期ゴシック 36
ヴェネツィア・ゴシック 40
世俗建築のゴシック 44
城郭 48

ルネサンスとマニエリスム 52
初期ルネサンス 54
盛期ルネサンス 58
北方ルネサンス 62
マニエリスム 66

バロックとロココ 70
イタリア・バロック 72
ドイツと東欧のバロック 76
スペインとラテンアメリカのバロック 80
フランス・バロック 84

イギリス・バロック 88
ロココ 92

新古典主義 96
パラディオ主義 98
クラシック・リヴァイヴァル 102
グリーク・リヴァイヴァル 106
帝政様式 110
ピクチャレスク 114
崇高美 118

折衷主義 122
ゴシック・リヴァイヴァル 124
オリエンタリズム 128
ボザール 132
アーツ・アンド・クラフツ 136
アール・ヌーヴォー 140
アール・デコ 144

モダニズム 148
シカゴ派 150
表現主義 154
新即物主義 158
インターナショナル・スタイル 162
機能主義 166
構成主義 170
全体主義 174
本質主義 178
ブルータリズム 182
メタボリズム 186
ハイテク 190

モダニズム以降 194
地域主義 196
ポスト・モダニズム 200
脱構築主義 204
エコ建築 208
表現的合理主義 212
コンテクスチュアリズム 216

あとがき 221
参考図書 222
用語集 224
INDEX 231
謝辞 240

はじめに

　建築の「様式」という概念は、建築史そのものを整理するための理論としてその大部分が19世紀に生み出された。その当時、「様式」の概念と最も深い関係にあった人物はスイスの建築史家ハインリヒ・ヴェルフリンである。ヴェルフリンは、当時影響力のあったドイツの文化史家ヤーコプ・ブルクハルトに師事し、『美術史の基礎概念　近世美術における様式発展の問題』（1915年）において、ほとんど科学的といえる厳密な建築史の方法論を確立した。そして、線的／絵画的、平面／深奥、閉じられた形式／開かれた形式、多様性／統一性、絶対的な明瞭性／相対的な明瞭性という相反する5つの対概念を打ち出して、この方法を用いれば、視覚的な知識を十分身につけた建築史家なら誰でも建築の「様式」を見分け、その発展過程を辿り、分析することができると主張した。

　しかし、さまざまな専門家たちがこのヴェルフリンの手法に異を唱えた。ヴェルフリンの方法は、芸術や建築の経験を明らかに矮小化して、主観的、直感的、もしくは感情的な反応が否定されたばらばらの要素の集合にしてしまったと反論する者たちもいた。さらに、ヴェルフリンの理論は形態を重視してその中身を見過ごす傾向があり、建築や芸術作品の決め手になる社会、経済、素材といった要素を無視している、また、ヴェルフリンの根底にあるヘーゲル哲学※的概念では、「様式」それ自体が生命と歴史を持ち、芸術家や建築家たちは時代精神が定める台本通りに行動するに過ぎないといった批判が加えられた。ある意味では、こうした批判はヴェルフリンの理論や手法に対する揶揄へと向かう傾向にあった。それでも、とりわけ社会歴史学の視点を持つ歴史家たちの間で、「様式」に対する態度は明確に形成されていった。彼らは「様式」を独断的で特権主義的なものと捉えることがよくあったためだ。

　そのため、まさに本書のような本をつくろうとする際には、歴史的な問題ではなく、概念的、現実的な問題に直面する。建築家自身が「様式」についてどう思っていたにせよ、自分たちが何かの「様式」の一部だとかそうでないだとかを考え始めるのは19世紀以降のことだ。また、本を書こうと何らかの「様式的な」特徴を共有する建築作品を集めるときには、それを有していない作品は除かなければならない。だが、どの時代の建築も、大きな潮流だけでなく、建築家個々の意向や手腕によって形づくられていて、どんな「様式的」分類で想定するよりも多彩な特徴を見せる。そのため、「様式」は幅広い感覚で捉えられ、あるときは特定の特徴だけで、またあるときは一見無関係な建築物を文化的な流行や建築論に注目して、建築物を分類したり分析したりするのに使われることにならざるを得ない。20世紀に入ってからよく見られたように、「様式」ではない独自の建築運動で建築家たちが一体となった場合であっても、そうしたつながりの裏には何か特別な動機があることに気付くはずだ。また、それぞれの建築家が活動期間中にずっと同じような作品をつくり続けるとも限らない。ある「様式」でスタートを切り、ほかの「様式」で活動を終えることもあるだろうし、そうした分類とはまったく無縁の建築家もいる。

　本書は、基本的に時代区分もしくは建築本体の分類によって9章に分けられている。各章に共通する形態的な特徴や、図形、文化的な動向、運動、思想、もしくはそうしたものの組み合わせによって分けられた「様式」が個別に考察されている。ヴィジュアルに焦点を置いており、「様式」の簡単な紹介に続いて、それぞれ6つの鍵となる特徴が写真と説明文で解説される。取り上げる特徴は、独特な窓の形式やモールディングから、素材やある「様式」の根底にある思想まで幅広い。そのため、本書は一般的な特徴を参照するためや、一歩進んだ内容を確認するために使うことができる。「様式」の考え方そのものは限定的であったり排他的であったりするが、それをつなげたり、グループ化したりすることによって、見過ごされてきたものを明らかにしたり、浮かび上がらせたりする力を持っている。

※　自然・歴史・精神の全世界を、矛盾を持ちながら運動、変化し続ける弁証法的発展の過程と捉える思想

古代

紀元前5世紀にアテネで古代ギリシャ文明が出現して以降、古代ギリシャの建築言語[※1]は西洋人がその建築や文明自体を解釈する際の素地に深く織り込まれてきた。その大原則は、建築の形状に人間のプロポーションや生命力を取り込むというもので、今なお西洋建築において変わらぬ重要性を保ち続けている。しかし古典古代[※2]の建築は、その普遍的な理想とは異なり、非常に限られた条件と環境が組み合わさって初めて生まれたものだと評されることもある。

起源

エジプトでは、ハトシェプスト女王葬祭殿(別名デール・エル＝バハリ、紀元前5世紀中頃)やカルナックのアメン大神殿(紀元前1530～前323年)などの重要な建造物には基本的に列柱形式が用いられていた。そのエジプトと交流のあったミノア文明[※3]が、ギリシャ本土の建築の発展に大きな役割を果たしたという見方が強い。現存しているミノア文明の建築は、発掘されたものも廃墟となっているものもほとんどが大規模な宮殿建築であり、そこには数世紀後の古典建築の特徴となる初期のまぐさ式構造がすでに見られる。高度な給水システムを持っていたことから見ても、ミノア文明は決して洗練されていなかったわけではないが、ミノア人は建築的な表現にはあまり興味がなく、関心のほとんどを壁画につぎ込んでいた。一方で、ホメロスの叙事詩『イーリアス』や『オデュッセイア』で描かれている時代に隆盛を極めたミケーネ文明(紀元前1600～前1100年頃)の建築は、当初は原始的ではあったものの、その後の古代建築を予見するかのように構造と装飾が統合され始めていた。なかでも興味深い例がミケーネの獅子門(紀元前1250年頃)である。両脇の柱が長方形のまぐさを支え、その上に装飾を施した三角形の石が載せられていて、その様子はある種原始的なペディメントにも見える。

オーダー

紀元前7世紀に現れた古代ギリシャ建築では、初めてドリス式神殿の形式が用いられた。そこで、円柱とまぐさ式構造が一体となり、古代ギリシャ建築を特徴付ける構成要素であるオーダー[※4]を備える、首尾一貫した建築言語が生み出された。オーダーに荷重を支えるという実用的な役割があったことは明らかだ。しかしオーダーの役割はそれだけではなく、その比例関係(プロポーション)やドリス式・イオニア式・コリント式といった種類[※5]によって神殿全体の構成を支配するものでもあった。

ドリス式オーダーのトリグラフとメトープの形状は、かつて神殿が木造だったことを示している。初期の神殿に見られるドリス式は、より簡素で重厚感のあるものだった。ドリス式が最盛期を迎えたのはギリシャ建築の粋とされるアテネのパルテノン神殿(紀元前447～前438年)で、その姿は19世紀の作家で詩人でもあるバイロンや近代の建築家ル・コルビュジエなど、崇拝者たちの心を捉えて放さない。パルテノン神殿のあるアクロポリスには、ほどなくしてアテナ・ニケ神殿(紀元前427～前424年)、エレクテイオン(紀元前421～前405年)といったイオニア式の神殿が加わった。コリント式のオーダーは、紀元前323年のアレクサンダー大王の死後に始まるヘレニズム時代までは、通常、建物内部にのみ使われていた。歴史的にはギリシャ文明が衰退していくなかで、より自由で軽やかで彫塑的な特徴を持ったヘレニズム文化は古代文明のなかでも特筆すべき傑作といえるものをいくつか生み出すまでに発展した。その1つがペルガモン(現トルコ)にあったゼウスの大祭壇である。現在この大祭壇は部分的に復元され、ベルリンのペルガモン博物館に展示されている。

ローマの革新

ローマ帝国が出現し、アウグストゥスが紀元前27年から紀元後14年まで初代皇帝を務め、ヘレニズム時代は終わりを迎えた。ローマの芸術や建築は当初ヘレニズムの先例に大きな影響を受けていたが、それらが発展していくにつれて、ギリシャとはまったく異なった環境や、巨大帝国を支配し統治する必要性がそこに反映されていった。柱を重視するギリシャやヘレニズムの建築とは根本的に違う道を選ぶとともに、アーチやヴォールト[※6]、後のドーム[※6]といった新しい構造形態や、それまでにはなかった種類のレンガやコンクリートといった新素材を生み出したのである。そしてそれらを活用することで、物理的にも概念的にも、最も永続性のある古代建造物を実現させた。

※1 本書では建築の構成要素を、建築の意味を構成する「言語」と表現している
※2 古代のうち、古代ギリシャと古代ローマをまとめて指す。以下、「古代」としているのはこの「古典古代」を指す
※3 紀元前20～前15世紀を極盛期としてクレタ島に栄えた文明で、エーゲ文明の一中心。クレタ島はギリシャの離島で、エジプトとギリシャの間に位置する
※4 古典建築にとって欠かせない構成要素で、柱礎、柱身、柱頭、エンタブレチュアから構成される
※5 ドリス式は男性、イオニア式はふくよかな女性、そしてコリント式は若い女性を象徴的に匂かした
※6 ヴォールト、ドームともにアーチを並べたり回転させたりして生み出された構造形態

古代

古代ギリシャ

古代ローマ

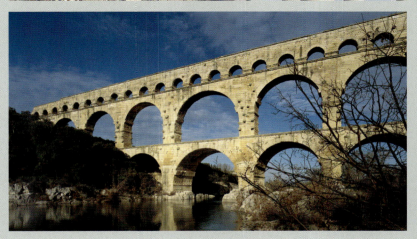

古代 > **古代ギリシャ**

地域：ギリシャと地中海各地のギリシャ植民地
時代：紀元前7〜前1世紀
特徴：まぐさ式構造、オーダー、ペリスタシス、孤立した神殿、プロポーション、彫刻

　古代ギリシャでは紀元前5〜前4世紀に、文化や学問、民主政治が一体となって西洋文明の幕が開かれた。一般的に古代とされる時代の始まりであり、その最盛期を代表するのがアテネのパルテノン神殿である。偉大な政治家で軍の指導者でもあったペリクレス（前495年頃〜前429年）の指揮の下、建築家であるイクティノスとカリクラテス、そして彫刻家フィディアスがアテネの守護神アテナに捧げる新しいパルテノン神殿[※1]の建設に携わった。巨大な3段の階段上に、南北の面に17本、東西の面には8本の円柱を持つ矩形の神殿が建てられた。内部のケラにはフィディアスの手による巨大な黄金のアテナ像が置かれたとされるが、発見されることのないまま現在に至っている。

　フィディアスは、建築物を装飾する彫刻の制作も監督していた。ペディメントの一連の作品ではアテナの誕生とポセイドン神との争いを描写し、メトープでは神々と巨人たち、またギリシャ人とケンタウロス族やアマゾン族との戦いの情景を描いた。また、ケラの上部を囲む有名なフリーズには、女神アテナを讃えるパンアテナイア祭の行列が見られる。パルテノン神殿の彫刻は自然主義で、豊かな色使いで彩色されていたと考えられている。アルカイック初期（紀元前700〜前480年頃）の生命感のない彫刻とはまったく対照的だ。フィディアスの作品はギリシャ文化の黄金期を特徴付けるものだった。ポリュクレイトス、プラクシテレス、リシッポス、ミュロンといった彫刻家たちは古代ギリシャ美術の傑作を生み出し[※2]、一方でアイスキュロス、ソフォクレス、エウリピデス[※3]といった詩人たちが書いた悲劇が演劇の世界に新たな概念をつくりあげた。

　パルテノン神殿に建築物としての生命力を与えているのは、幾何学的な試みではなく、建物を人の目に厳格に秩序だった形状に見せるためのいくつもの細かな工夫であった。柱礎とエンタブレチュアの両端はわずかに反り上がり、隅の柱はほかの柱よりやや太くなっている。さらにすべての柱はエンタシスの効果を用いて、実際には平行の柱身が凹んで見えてしまうのを防いでいる。古代からヘレニズム期へ時代が移行するにあたって、パルテノン神殿で導入された幾何学的な原理原則とこうした工夫を重ねる人間の精神こそが、ギリシャ建築を決定的に形づくったのであろう。

※1　以前この地にあった古い神殿はペルシャ軍によって紀元前480年頃に破壊された
※2　彼らの作品はローマ時代につくられた複製を通してしか知ることができない
※3　現代まで作品が伝わる古代ギリシャの悲劇詩人のうち、最も偉大な3人。ギリシャ悲劇三大詩人といわれている

古代 > **古代ギリシャ**

まぐさ式構造

古代ギリシャ建築は垂直に立ち並ぶ円柱と、そこに水平に渡された梁から構成され、基本的にはまぐさ式構造が元になっている。初期のまぐさ式構造が見られたエジプトやミノア、ミケーネの典型的な建築と決定的に違ったのは、古代ギリシャの建築的表現で、それらは建築物の比例関係（と構造）の論理と一体となった象徴的な言語として現れていた。

ヘラ神殿、パエストゥム、イタリア、紀元前6世紀中頃

オーダー

オーダーは、古代ギリシャ建築が生んだ最大の革新であり、古代の建物に欠くことのできない構成要素で、ベース（柱礎）、シャフト（柱身）、キャピタル（柱頭）、エンタブレチュアから成る。オーダーにはドリス式、イオニア式そしてコリント式があり、それぞれが独自の比例体系と象徴的な属性を持つ。ドリス式とイオニア式はどの時期の古代ギリシャ建築にも見られるが、コリント式が広まったのはヘレニズム期だけだった。その典型例がリシクラテス記念碑である。

（合唱競技の優勝を祝す）リシクラテス記念碑、アテネ、ギリシャ、紀元前334年

古代 > **古代ギリシャ**

ペリスターシス

ギリシャの神殿は、特定の数の空間と円柱の組み合わせによって設計された。最も目を引くのは、ペリスターシスを用いたペリプテロス（周柱式）形式の神殿の多様さである。ペリスターシスは1列または2列に並ぶ円柱のことで、神殿の外周を囲み、構造的には支持材の役割を担う。ペリスターシスの一例は、ギリシャの重要な植民地であったキュレネのゼウス神殿に見られる。

ゼウス神殿、キュレネ、リビア、紀元前5世紀

孤立した神殿

ギリシャの神殿は、崇拝する神々の像を収蔵する聖なる場としてつくられ、その内部の空間構成は神殿のバリエーションによってさまざまだった。神官以外の人々が神殿内部に立ち入ることはめったになく、ほとんどの場合、神殿ははるか遠くから臨むものだった。そのため、敷地は注意深く選ばれ、神殿自体はたいてい東西の軸上に建てられた。

コンコルディア神殿、アグリジェント、シチリア、紀元前5世紀

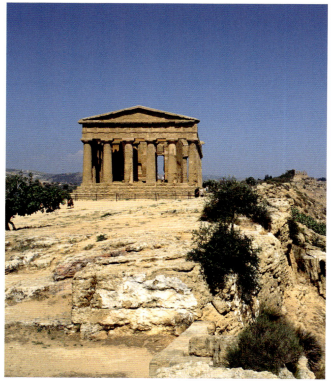

古代 > **古代ギリシャ**

プロポーション

古代ギリシャの建築は厳密な比例関係で秩序付けられ、それに基づいて平面と立面の両方が決定された。そしてオーダーの選択とそのサイズによって、そのほかのすべての規模や比率が決められた。また、厳格な配列と人間の錯視※の折り合いをつけるために視覚上の工夫がさまざまに凝らされ、パルテノン神殿などの建物でも情熱が注がれた。

パルテノン神殿、アテネ、紀元前447〜前438年

※　歪んで見える視覚現象

彫刻

最も顕著だったのはギリシャの神殿だが、それ以外でも一般的な古代の建築言語として、彫刻の装飾を施すための場がメトープやフリーズ、ペディメント内につくられた。さらに、神殿の内部やペディメントの頂部にはアクロテリオンと呼ばれる立像の彫刻が置かれた。「ギガントマキア[※1]」の様子が彫刻されたゼウスの大祭壇[※2]のフリーズは、ヘレニズム文化の彫刻の最高傑作の1つであり、台座となる建造物と見事に一体化している。

ゼウスの大祭壇、ペルガモン（当初。現在はベルリンに移設された）、紀元前2世紀中頃

※1　ギリシャ神話で描かれる巨人族と神々の大戦争
※2　「ペルガモンの大祭壇」とも呼ばれる

古代 > 古代ローマ

地域：イタリアを中心としたヨーロッパ、北アフリカを含む地中海、小アジア、中東
時代：紀元前1世紀～紀元後4世紀
特徴：アーチ、壁面、オーダー、ヴォールトとドーム、記念碑的位置づけ、新たな建築形式

　古代ローマは、あらゆる面でヘレニズム文化から大きな影響を受けていた。建築においては、基本的に古典的な建築言語を取り入れながら、それを新しい状況や用途に適応させていった。遠くから眺められるような立地が通常であった古代ギリシャ建築に対し、ローマの歴史的な建造物は閉鎖的に囲まれているか、都市部にあるかのどちらかだ。おそらくこれが一因で、ギリシャで好まれていた柱廊（コロネード）に代わって、ローマでは壁面に埋め込まれた柱[※1]やピラスター（付柱）を持つ壁が使用されるようになった。古代ローマ人は、ギリシャ人よりもずっと自由な手法でドリス式、イオニア式、コリント式のオーダーを活用し、ローマ独自のドリス式を生み出したほか、コリント式をより多用するようになった。そして、さらにトスカナ式とコンポジット式の2種類のオーダーをレパートリーに加えた。トスカナ式はエトルリア建築[※2]の流れを汲むドリス式の一種で、簡素で量塊感がある。コンポジット式は、イオニア式のヴォリュート（渦巻き形装飾）とコリント式のアカンサスの葉の装飾を組み合わせた様式である。

　古代ローマ人たちは既存の古典的な建築言語を取り入れただけでなく、かつてない形態を生み出し、新しい建設技術や素材の使用方法も発展させた。エトルリア建築の特徴であったアーチも独自の形で取り入れ、構造と意匠の両面で利用するようになった。アーチの利用で巨大な橋梁や水路をつくることが可能となり、食料や水の輸送が容易になったことによって、かつてない都市部への人口集中が進んだ。ローマの街は、首都が置かれた最盛期には100万人以上の人口を抱え、その多くがインスラと呼ばれる複数の階を持つ集合住宅に居住していた。そして、その建設を可能にしたのもレンガやコンクリート製のアーチの使用という革新だった。

　アーチなどの建設手法の革新によって、さらに2つの重要な進化がもたらされた。ヴォールトとドームである。いずれもカラカラ浴場（215年頃）やディオクレティアヌス浴場（306年頃）といったローマの巨大浴場で用いられたほか、1世紀のローマ帝国第5代皇帝ネロのドムス・アウレア（黄金宮殿）、2世紀初期のハドリアヌス帝の別邸ヴィッラ・アドリアーナ（イタリア、ティヴォリ）、さらにはディオクレティアヌス帝が退位後に暮らした宮殿（300年頃、クロアチア、スプリト）でも使用されている。ドームは神殿に使われることもあり、ローマに残るパンテオン（117～138年頃）はその最大かつ最も保存状態のよい例である。

[※1] 一部だけが壁面から現れる点ではピラスターと同じだが、荷重を負担するという点で異なる。英語ではapplied columnやengaged columnと表される
[※2] エトルリア人の文明には不明な点が多いが、その建築はローマ建築に重要な影響を与えたとされる

古代 > **古代ローマ**

アーチ

単純なまぐさ式構造よりもはるかに大きなスパンをとることができるアーチは、間違いなくローマ建築を特徴付けるものだ。フランス南部に残る壮大な水道橋、ポン・デュ・ガールは、ローマの植民都市であったニームまで水を運ぶため幅の広い峡谷をまたぐ、3層のアーチで構成された橋である。アーチの建設には、皇帝の栄光を讃え、軍の勝利を記念する目的もあった。

ポン・デュ・ガール、ニーム近郊、フランス、1世紀頃

壁面

ギリシャ神殿ではペリスターシスが用いられることが多かったのに対して、ローマ神殿では通常、柱廊があまり重視されず、特に建物側面の立面に関してはその傾向が顕著だった。ニームのメゾン・カレは最も保存状態のよいローマ神殿の1つである。そのポルティコ(柱廊玄関)の裏側にある柱には、ギリシャ神殿ならば独立柱が配置されるべきところだが、壁に柱が埋め込まれる疑周柱式(プセウドペリプテロス)が用いられている。

メゾン・カレ、ニーム、フランス、紀元前16年頃

古代 > **古代ローマ**

オーダー

古代ローマ人は、環境の変化や新たな用途に合わせて古代ギリシャ建築のオーダーを改変し、さらに充実させた。独自の形式のドリス式オーダーをつくりだすとともに、サトゥルヌス神殿に見られるように、隅の部分の納まりをよくするためにヴォリュートに角度をつけるなどイオニア式のオーダーを改良した。

ヴォールトとドーム

ヴォールトもドームも、アーチが幾何学的な基礎となっている。アーチを軸線に沿って押し出してできた形状がヴォールトで、アーチをその頂点を中心に360度回転させたものがドームだ。ヴォールトとドームはいずれも天井や屋根として効果的な役割を果たしただけではない。ハドリアヌス帝（在位117～138年）によってあらゆる神々のために建てられた、ローマの有名なパンテオンに見られるように、その幾何学的に純粋な形状自体に象徴としての大きな意味が込められていた。

サトゥルヌス神殿、ローマ、イタリア、3世紀もしくは4世紀

パンテオン、ローマ、イタリア、117～138年頃

古代 > **古代ローマ**

記念碑的位置づけ

植民地地域においてもローマ市内自体においても、建築物はローマ帝国の権力と威信を誇示するために非常に重要なものだった。例えば、コンスタンティヌスの凱旋門は、政敵であったマクセンティウスにコンスタンティヌスが312年に勝利したことを記念して建設された。セプティミウス・セウェルスの凱旋門※に倣い、その構成を踏襲している。スポリア（略奪品の再利用）を含む折衷的な彫刻の装飾は、4世紀に入ってローマの芸術や建築がヘレニズム期の伝統から抜け出したことを反映している。

コンスタンティヌスの凱旋門、ローマ、イタリア、315年頃

※　皇帝セプティミウス・セウェルスの第6次パルティア戦争での勝利を記念して203年にフォロ・ロマーノ（イタリア）に建設された

新しい建築形式

ローマ人はフォルム（公共広場）やヒッポドローム（競技場）、郊外の別荘に都市住宅といった新しい建築形式を数多く生み出した。ほかにも、新しいコンセプトで円形劇場をつくり、その最も有名な例がローマのフラウィウス円形闘技場（中世以降はコロッセウムとして知られる）である。そこでは、剣闘士の決闘などのさまざまな見世物が開催されていた。楕円形の平面も、建物外周の立面に積み重ねられたオーダーも、それ以前の古代ギリシャ建築には見られないものであった。

コロッセウム、ローマ、イタリア、75〜82年頃

初期キリスト教

313年のミラノ勅令※1で、ローマ皇帝コンスタンティヌス（在位306～337年）は帝国全土でのキリスト教の信仰を認めた。このとき、キリスト教が誕生してすでに300年が経過していたが、信者たちが迫害を受けてきたためにその信仰は密やかで、礼拝のための場も目のつかないところに設けられていた。キリスト教を国教に定めたのは後世の皇帝だったが、コンスタンティヌス帝は政治や法律の面での改革を通してキリスト教を後押しし、また数多くの重要な教会の建築を支援した。その1つがローマの聖ペトロの墓があった場所に建てた、サン・ピエトロ大聖堂（旧聖堂※2）である。キリスト教以前の信仰の名残を持つこの教会堂の形態が、その後のキリスト教信仰のための建物を設計する際の模範となったのは間違いない。当時、裁判や商取引など多用途に用いられていたバシリカ（古代ローマの集会施設）の列柱を持つ大きなホールは、キリスト教の目的に合わせて改造するのに都合がよかった。そのためこの形式が、当初のサン・ピエトロ大聖堂など、多くの初期教会堂建築の基本となった。

コンスタンティノープル

コンスタンティヌスは312年のマクセンティウスとの争い（ミルウィウス橋の戦い）で勝利したことによってローマ帝国の皇帝の地位を守り、その座に就いていたのだが、ミラノ勅令の時点ではその支配はローマ帝国の西半分だけに限られていた。帝国の東半分は、コンスタンティヌスとともに勅令を発したリキニウス（在位308～324年）の支配下に置かれていたのである。両者間の不安定な休戦状態は長くは続かず、324年についにコンスタンティヌス帝がリキニウス帝を倒してローマ帝国が再び統一されることとなった。それから間もなくして、コンスタンティヌス帝は帝国の首都を古代ギリシャの都市ビザンティウムに遷すと「新しいローマ」と改称して再建し、それが後にコンスタンティノープル（現在のトルコの都市イスタンブール）として知られることになった。

ローマ帝国の西側が、間もなくゲルマン民族の侵攻によって蹂躙される一方で、東側は何世紀もかけて徐々に規模、重要性ともに縮小しながらも1453年にオスマン帝国に陥落するまで存続した。コンスタンティヌス帝が新しい首都の建設に即座に取りかかって以来、ビザンツ帝国※3は新しい礼拝の慣習や技術を反映した、独自の特徴を持つ芸術や建築を発達させた。ビザンティン美術は古代ローマ美術から発展したものが多かったが、やがてその自然主義的な原理から離れ、抽象画に近い表現をつくりあげていく。ビザンティンの「イコン※4」は、豊かな色彩に金の装飾が施され、時には細かいモザイクでつくられた。そして、キリストをはじめとした聖人が生き生きと描かれ、宗教上の畏敬の念を表す重要な対象物となった※5。ビザンティンの教会堂もまた、イコン同様に金やモザイクで豪華に装飾されていた。しかし、コンスタンティヌス帝によって建てられた初期の教会堂との最大の違いは、6世紀に登場した交差部にドームを戴く中心部の空間に間違いない。その形態は、ハギア・ソフィア大聖堂の建築で最盛を迎えた。

西ヨーロッパ

1054年の大シスマ※6によって初期キリスト教には修復されることのない分裂が起こり、それぞれがカトリック教会と東方正教会として知られることとなった。しかし、そのかなり前から、大部分がゲルマン民族に侵略されていたこともあり、ローマ帝国の西側の建築は独自の道を歩み始めていた。5世紀から8世紀にかけての西ヨーロッパの建築物で今に残るものはかなり稀少であり、そこから一貫した様式を推し量るのはかなり難しい。現存する建築物が示すのは、バシリカ形式の平面計画が緩やかに継続していたことと、古代のオーダーが散発的にやや素朴な形で模倣されていたことである。目立った例外が生まれたのはシャルルマーニュ（在位800～814年）※7の治世のことだった。800年、3世紀ぶりにローマ教皇から神聖ローマ皇帝として戴冠をしたシャルルマーニュは、古代の学問や文化を融合した再興に大きな役割を果たした。宮廷礼拝堂（805年献堂、アーヘン大聖堂）は、アーヘンにあった大宮殿の唯一の遺構である。

シャルルマーニュの死後間もなく帝国は分裂したが、中世の社会的、経済的な基盤はすでにできあがっており、11世紀にいわゆるロマネスク様式が出現する先駆けとなった。

※1　ローマ帝国のキリスト教迫害政策を終わらせ、キリスト教を公認した勅令
※2　ローマ＝カトリック教会の総本山。ローマ帝国時代に建造され、ルネサンス期に大改築された
※3　東ローマ帝国とも呼ばれる
※4　教会に祭るキリスト・聖母・聖徒・殉教者などの画像。ビザンティン美術の一表現
※5　ただし、イコンが偶像崇拝を招くと考える者たちによる、イコノクラスムと呼ばれる組織的な破壊に晒された
※6　ローマ教皇（カトリック教会の首長）とコンスタンディヌーポリ総主教（東方正教会の首長）の相互破門による東西教会の分裂
※7　カール大帝とも呼ばれる

初期キリスト教

ビザンティン

ロマネスク

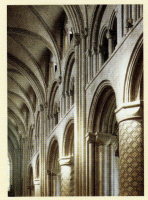

初期キリスト教 > ビザンティン

地域：東地中海
時代：4〜15世紀
特徴：ペンデンティブ・ドーム、モザイク、バシリカ式、集中式、自由な様式、レンガと漆喰

　コンスタンティヌス帝が新しい帝国の首都の場所としてビザンティウムを選んだのは、主としてボスポラス海峡に面する立地が戦略上有利であると判断した結果であった。ヨーロッパとアジアを隔てるボスポラス海峡に面することで、自然の港を持つことに加え、ゲルマン族を北方へ、ペルシャ人を東方へ撃退するのに適した場所だったのだ。都市の周囲を取り巻く巨大な壁が建てられ、中心部にはフォルム[※1]やヒッポドローム[※2]、宮殿、元老院、さらにはコンスタンティヌス帝の像が載るコンスタンティヌスの柱（移転されたものの現在も残されている）などの多くの記念碑が置かれた。コンスタンティヌス帝はハギア・イリニ教会堂[※3]を建設し、彼の死後、そのすぐ近くにハギア・ソフィア大聖堂[※4]が建てられた。いずれの教会堂も原型はまったく残されていないが、コンスタンティヌス帝がローマに建設した典型的な初期キリスト教の様式、すなわちバシリカ様式であったことは確認できる。現在のドーム構造は6世紀以降のものであり、特にハギア・ソフィア大聖堂はビザンティン建築の最高峰といえるものだ。

　バシリカ様式の教会堂は古代ローマの建築様式を改造しながら引き継いでいたが、ドームを戴くビザンティン様式はそれまでの形態から目に見えて発展し、新たな一歩を踏み出したものだった。ローマのパンテオンがあらゆるドーム空間にとって無視できない基準点であることはもちろんであり、コンスタンティヌス帝が建てたエルサレムの聖墳墓教会もかなり小規模ではあるが同様のドーム配列を用いた集中式プランをとっていた。しかし、ビザンティン建築のドームはペンデンティブ・アーチ（p.19参照）上に載る構成を持ち、その構成こそが円形ではなく矩形の平面を覆う上での重要な利点となっていた。加えて、両サイドの列柱によって中央の身廊（しんろう）がつくられるバシリカ様式とは異なり、ドームを持つビザンティン教会では壁面から成る広々とした空間がつくられ、そこにはあらゆる種類のモザイクやその他の装飾物を施すことが可能となった。

　ハギア・ソフィア大聖堂の建物自体はほぼ無傷であるが、内部の装飾はイコノクラスム[※5]の時代に剥ぎ取られ、さらに1453年にコンスタンティノープルがオスマン帝国に征服され教会堂からモスクへと転用された際に損傷を受けた。ビザンティン建築として建設当時の姿を最も残しているのは、イタリアのラヴェンナにあるサン・ヴィターレ聖堂である。ハギア・ソフィア大聖堂の建造と同時期のユスティニアヌス1世（在位527〜565年）の時代に建てられたもので、ユスティニアヌス1世の姿がテオドラ皇后とともに豪華なモザイク画に描かれている。ビザンツ帝国は2世紀も経たないうちにイタリアの領土を失ったが、貿易が続いていたことからその影響力は残り、特にヴェネツィアにあるサン・マルコ寺院（1063年起工）はビザンティン建築の伝統を受け継いでいた。

※1　古代ローマ時代の公共広場のこと。市民生活の中心で、商取引または政治など公事のための集会所
※2　古代の競馬場。競馬や戦車競走が娯楽として開催されていた
※3　アヤイリニ、聖イレーネとしても知られる
※4　アヤソフィア、聖ソフィアとも呼ばれる
※5　宗教的に崇められる画像を破壊する運動

初期キリスト教 > **ビザンティン**

ペンデンティブ・ドーム

円形の土台上に載るパンテオンのドームとは違い、ハギア・ソフィア大聖堂をはじめとするビザンティン建築の教会堂のドームは基本的に矩形の土台上につくられた。円と矩形という異なる形状を調整するため、ビザンティン建築はペンデンティブと呼ばれる球面三角形状のヴォールトの構造を生み出し、その上にドームを載せた。ペンデンティブは視覚上も構造上も、4つある円形の支持アーチと上部のドームとの隙間を取り持っている。

ハギア・ソフィア大聖堂、イスタンブール、トルコ、532〜537年

モザイク

ビザンティン様式の教会堂の内部は、絵画的、幾何学的なモザイクで豊かに隙間なく装飾された。イタリアのラヴェンナにあるサン・ヴィターレ教会堂のモザイク画は、現存する最も豪華な例である。聖書のさまざまな場面や、あらゆる動植物、イエス・キリストと十二使徒の姿が輝くような色使いで描かれている。

サン・ヴィターレ教会堂、ラヴェンナ、イタリア、527〜548年

初期キリスト教 > **ビザンティン**

バシリカ式

古代のバシリカは基本的に長方形の平面を持つ大きなホールであり、列柱がつくる中央の空間を細い廊下が囲む内部構成を持っていた。この形式をキリスト教の教会堂ではビザンティン建築へとつくり替えた。多くの場合は端部の列柱を取り除いて、アルター（祭壇）の東側端部にアプス（半円形の窪み）を設け、西側端部に翼廊やナルテクス（拝廊）を加えることもあった。

集中式

初期キリスト教の教会堂はほぼ例外なくバシリカの形式をとっていたが、ビザンティンの礼拝習慣により適していた集中式プランが次第に普及していった。最も完成された例の1つがサン・ヴィターレ教会堂である。その平面形状は八角形であり長方形でないため、厳密にはバシリカ様式とはいえないが、八角形の中心部とそれを囲む周歩廊の間に立ち並ぶ柱が曲線状に2つの空間を仕切る役割を担っている。

サンタ・マリア・マッジョーレ大聖堂、ローマ、イタリア、432〜440年

サン・ヴィターレ教会堂、ラヴェンナ、イタリア、527〜548年

初期キリスト教 > **ビザンティン**

自由な様式

東ゴート族の王テオドリックが宮廷礼拝堂として建立したラヴェンナのサンタポリナーレ・ヌオヴォ聖堂には、初期キリスト教様式とビザンティン様式の融合が多くの点で表れている。バシリカ様式に従い、建築的な表現は漠然と古典的な程度であり、おおざっぱに模倣されたエンタブレチュアを持つものの、それを支えているのはビザンティン様式に特徴的で古典的とはいえないバスケットキャピタル(編み込み模様の柱頭)である。

レンガと漆喰

ビザンティン建築の教会堂は一般的にレンガと漆喰で建造され、仕上げをされずに残された外壁にそれが剥き出しになって現れていることも多い。通常、内部はレンガの構造体の上に塗られた漆喰下地に、モザイク装飾をつくる際に用いられるテッセラ(色付きタイル)が取り付けられている。イコノクラスムの対象となったハギア・イリニ教会堂の仕上げのない内部の様子からは、幾何学的に複雑な構造がどのようにしてレンガでつくられているのかが見てとれる。

サンタポリナーレ・ヌオヴォ聖堂、ラヴェンナ、イタリア、6世紀初期

ハギア・イリニ教会堂、イスタンブール、トルコ、6世紀中頃に再建

初期キリスト教 > **ロマネスク**

地域：ヨーロッパ
時代：11世紀中頃〜12世紀中頃
特徴：西側正面の塔、丸アーチ、アプス、トンネル・ヴォールト、大断面のピアと円柱、厳格さ

　ロマネスク――言葉の意味は「ローマ風の」――の建築は、それ以前の建築とは空間の組み立て方が根本的に異なる。10世紀の終わり頃から、平面計画には空間の統一感が見られるようになっていた。例えば、フランスのブルゴーニュ地方のクリュニー修道院の第2教会堂（981年献堂）[1]や、その少し後のドイツのヒルデスハイムにあるザンクト・ミヒャエル聖堂などの教会堂の平面計画には、単調なバシリカ式とは違い明快なリズムが見てとれる。そしてそのリズムは、ロマネスク建築の特徴である、交差部[2]まで連続配置されたピア[3]や柱によって生み出された。

　そうした新たなアイディアを主として生み出し、広めたのはノルマン人だった。ノルマン人が1066年のヘイスティングスの戦い[4]でイギリスに勝利し、征服した後にイギリスに持ち込んだベイ[5]が、大聖堂のデザインにとって鍵となる革新だったのだ。建物内部の立面は、重厚なピア上に丸アーチが載るアーケードの層が積み重なって構成された。さらにそれを垂直の補助的な柱身がつなぐことで、ベイは分節されたものにも一体的に全体を構成する一部にも見える。12世紀初期にはヨーロッパ中でトンネル・ヴォールトが一般的になるが、それ以前の初期ロマネスクの大聖堂は多くが平天井だった。交差ヴォールトはすでに古代ローマで発明されていたものの、幾何学的にあまりに複雑だったのでローマ帝国の没落後はほとんど使われることはなかった。しかし、イギリスのダラム大聖堂の石工たちにはその交差ヴォールトを身廊で使用する自信があった。その石工たちがつくりあげたものは、構造形式は別としても、見た目の形状はゴシック建築（p.26参照）を先取りしたもので、交差ヴォールトに取り付けられたリブ[6]が対面する立面をつなぎ、空間に一貫性を生み出していた。

　初期キリスト教様式やビザンティン様式の建築物の外観は、剥き出しで装飾が施されないままのことも多かった。それに比べ、ロマネスク建築では外観にかなりの注意が払われた。その1つとして、次第に身廊と翼廊の交差部が塔によって外観に現されるようになる。しかし、双塔を持つ西側正面が最大の革新であったことは疑いようがなく、フランス北西部カーンにある女子修道院付属ラ・トリニテ教会堂（1062年頃着工）や男子修道院付属サン・テティエンヌ教会堂（1067年頃着工）といったノルマン様式の教会堂が例として挙げられる（いずれも最初期の事例ではないが）。

　ヨーロッパ中に様式が広まるに従って、ロマネスク様式には地方ごとに異なるバリエーションが生まれた。様式は巡礼路によって伝搬することも多く、スペインにあるロマネスク様式のサンティアゴ・デ・コンポステーラ大聖堂は重要な巡礼地でもあった。11世紀末に十字軍が登場し、建築に関する情報交換が進んだことも、間もなくロマネスクからゴシックへと転換した一因と考えられるだろう。

※1　クリュニー修道院の教会堂は3期に渡って建築された。第2教会堂は、第1教会堂の横に建設された。
※2　身廊と翼廊の交差部
※3　重量を支える垂直の支柱
※4　ノルマンディー公ギヨーム2世とイングランド王ハロルド2世との戦い
※5　向かい合う2組4本の柱で囲まれた単位空間
※6　石やレンガ積みが線状に突出したもの

初期キリスト教 > **ロマネスク**

西側正面の塔

大聖堂や修道院の西側正面に双塔が加わったことが、ロマネスク建築の最大の革新の1つだった。一般的には、2つの塔が中央の扉口の両脇に立っている。扉口自体もアーキヴォールト※や彫刻装飾で存在感が強調されていた。また、正面は次第に3連の入口を持つようになっていった。

女子修道院付属ラ・トリニテ教会堂、カーン、フランス、1067年頃着工

※ 同心形状のアーチ形状が層になって張り出す装飾

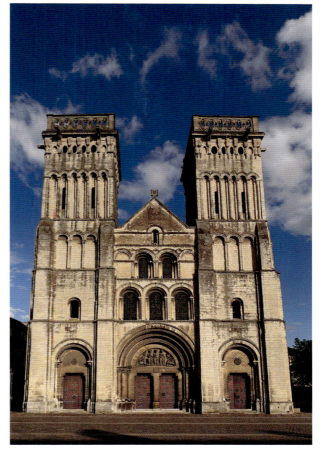

丸アーチ

古代ローマ建築では丸アーチがさまざまな形で体系的に使用され、それが建築における大きな進歩の必須要因の1つだったといえる。その後の数世紀にわたって、丸アーチの使用は途絶えていたわけではないが、古代ローマ以降では、構造的にも空間構成的にも丸アーチのアーケードの可能性を十分に引き出したのはロマネスク建築が初めてだった。

身廊、イーリー大聖堂、ケンブリッジシャー、イギリス、12世紀

23

初期キリスト教 > ロマネスク

アプス

初期キリスト教建築のバシリカ式教会堂では、祭壇が設置されたアプスと呼ばれる半円形の窪みが東側端部に単独で置かれていた。同じように、ロマネスクの教会堂でもアプスが置かれるのが一般的だった。ただし、東側端部だけでなく翼廊や、時には西側端部にも配置されることがあった。

トンネル・ヴォールト

初期キリスト教建築の教会堂や大聖堂では木天井が一般的だったが、ロマネスク建築では石造りのトンネル・ヴォールトが頻繁に使われるようになった。トンネル・ヴォールトは半円アーチを軸線上に押し出して形成されるもので、分厚い壁で支える必要があった。ロマネスク建築にはゴシック建築とは対照的な重厚さが明確に感じられるのは、このトンネル・ヴォールトが間接的な要因となっているためだ。

シュパイヤー大聖堂、シュパイヤー、ドイツ、1024〜'61年

サン・セルナン聖堂、トゥールーズ、フランス、1080年着工

初期キリスト教 > **ロマネスク**

大断面のピアと円柱

後に後期ゴシック建築で多用される尖頭アーチとは違い、ロマネスク建築の丸アーチは巨大なピアか円柱で支える必要があった。通常、大断面のピアは、内側が粗石積みで充填された切石積みの外形により形成されていた。円柱は何本かの柱身から成ることも多く、補強材として働くとともに、上下のアーケードを視覚的につなぎ、ベイの分節をはっきりと示す効果もあった。

厳格さ

ロマネスク建築は、簡素な形態と幾何学形状のなかに厳格さを保ったものともいえ、とりわけノルマン様式でのアーチの反復にその傾向が見られる。サン・フロン大聖堂は、当初は修道院としてサン・マルコ寺院に倣ってつくられた。しかし、サン・フロン大聖堂のペンデンティブ・ドームはモザイクで覆われずに無装飾で剥き出しのままのため、モデルとしたヴェネツィアのサン・マルコ寺院とはまったく異なる建築的な力強さが内部空間に加わっている。

ダラム大聖堂、ダラム、イギリス、1093〜1133年

サン・フロン大聖堂、ペリグー、フランス、12世紀初期

ゴシックと中世

　ヨーロッパにおけるゴシックの誕生は、1140年、フランスのパリ郊外にあるサン・ドニ修道院に新しい内陣ができた頃までさかのぼることができる。人々の敬愛を集めたシュジェール修道院長(1108～'51年)の指揮下で建造され、1144年に献堂されたが、その内陣(と無名の設計者)はその後300年以上にわたって建てられる建築物に大変革をもたらした。そして19世紀に入ってからのゴシック・リヴァイヴァル※1に至るまで、その影響力は間接的ではあるもののさらに何世紀にも及ぶこととなった。

　尖頭アーチ、フライング・バットレス、リブ・ヴォールトは、ゴシック建築に不可欠な特徴と位置づけられているが、実はいずれもさまざまな形でゴシック以前のロマネスク様式ですでに用いられていた。尖頭アーチの原型は初期のイスラム建築までさらにさかのぼることができるという説すらある。しかし、こうした特徴が組み合わされて、すべてが不可欠な要素として一体的にまとめ上げられているという点で、サン・ドニ修道院(現在はサン・ドニ大聖堂と呼ばれる)はまったく新しかった。尖頭アーチによって構造的に有利になるとともに、ロマネスク様式の丸アーチで規定される正方形のベイを、同じ大きさでも高強度の長方形にすることで、建物をこれまで以上に高くつくることが可能となったのである。ヴォールトはリブ上に置かれ、リブは「ウェブ※2」や隙間を埋める部材といった構造耐力を持たない部分を支える石積みのラインをはっきりと示している。フライング・バットレスは、壁を側方から支えるハーフ・アーチの構造体であり、身廊のヴォールトの推力(スラスト)※3を伝えるのを助ける。こうした特徴が組み合わさって、ゴシックの大聖堂はロマネスク建築とはまったく異なる垂直方向への展開を見せた。さらに、分厚い壁ではなくピアを用いて効果的に荷重を支えることで、大きな開口を持ち隅々まで光が感じられる内部空間が可能となった。そしてステンドグラスというゴシック建築のもう1つの大革新が実現されたのである。

スコラ学

　ゴシック建築は、中世の神学界と哲学界を席巻したスコラ学の普遍的な不文律を反映している。イタリアの神学者トマス・アクィナスの『神学大全』(1265～'74年)で最盛期を迎えたとされるスコラ学は、教会の教義と古代ギリシャや古代ローマ時代の哲学との統合を目指した。そして、真実は思考や実験を通して見出されるのではなく、すでに存在し神によって定められたものであるとされた。この思想は、完璧である天国と、神の恩寵(おんちょう)からこぼれ落ちた不完全なこの世との境界上に立つ教会の権威を大いに重視することにつながった。　ゴシックの大聖堂は、さまざまな方法でこの2つの世界にまたがって立つことが意図されていた。聖遺物、時には聖十字架の一片といったものを所蔵することで、大聖堂は神の世界へのつながりを可視化した。そしてそれは、ヴォールトの織りなす神秘的で複雑な形状、さらには言うまでもなく、その息をのむような大きさと共鳴し合った。大聖堂の豪奢(ごうしゃ)なステンドグラスや彫刻類は、字が読めない多くの信者たちにキリストの物語を伝える一方、神の国である天国の美しさを信者たちの感性に訴えかけるという2つの役割を担っていた。

ゴシックの国際化

　サン・ドニ修道院の革新は瞬く間にイル゠ド゠フランス※4へと広がって、ノワイヨン、サンリス、ラン、シャルトルといった町で新しい大聖堂の建設が始まり、時を置かずしてイギリスへと到達した。石工や職人たちが国境を越えて新しい様式を持ち込んだのだ。イギリスのケント州にあるカンタベリー大聖堂の内陣は1174年に新様式(初期ゴシック建築)で着工したが、それを指揮したのはフランス人の工匠ギヨーム・ド・サンスであった。

　ゴシック建築は、フランスに続いてイギリスにて建設され始めてから、ドイツ、さらには低地三国※5からスペイン、ポルトガル、イタリアにまで広まった。さらに続く数世紀にわたってたびたび形を変え、環境を受容し、用途を教会建築以外までにも広げながら発展し、ルネサンスがヨーロッパ中に拡大してゴシックに取って代わるまで続いた。また、ゴシック建築の影響は、多くの国々の景色の中心であり数世紀後になってもその地域で最も大きな建築物であった大聖堂やその形跡を通して、国や地域のアイデンティティに深く刻み込まれ、息づき続けた。そして、19世紀のゴシック・リヴァイヴァルで再び表舞台に現れることとなった。

※1　ゴシック建築の復興運動
※2　リブ間の壁
※3　広がろうとする力
※4　パリを中心としたフランス中北部の地方
※5　ベルギー、オランダ、ルクセンブルク周辺の一帯

ゴシックと中世

初期ゴシック
盛期ゴシック
後期ゴシック
ヴェネツィア・ゴシック
世俗建築のゴシック
城郭

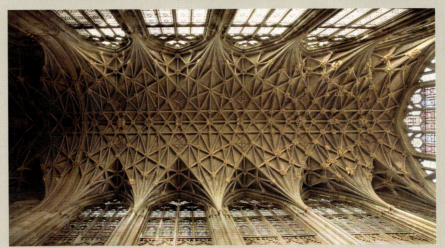
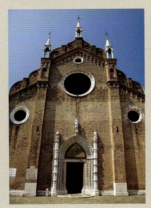

ゴシックと中世 ＞ 初期ゴシック

地域：フランス、イギリス
時代：12世紀～13世紀中頃
特徴：プレート・トレーサリー、尖頭アーチ、リブ・ヴォールト、フライング・バットレス、四層構成のベイ、六分ヴォールト

サン・ドニ修道院内陣の革新はあっという間に広まり、イル＝ド＝フランス中、さらには遠く離れた地域、特にイギリスで受け入れられ発展した。サン・ドニ修道院はロマネスク様式と同じ三層構成を基本としたが、ノワイヨン大聖堂では階上廊※上部にさらにトリフォリウムの層が加わった構成になった。こうした構成が用いられることで、大小のピアや支柱が交互に配置され、ロマネスク建築の静的な構成よりも高さや垂直性が強調された。

初期ゴシックに特徴的なヴォールトの方式は、2本の対角線リブと1本の横断リブで六分割される六分ヴォールトである。例えば、ノワイヨンとランの大聖堂ではそれぞれのヴォールトが上部アーケードのベイ2つ分をつなぎ、その大きさは下層のアーケード部分のアーチによって決められていた。一方で2つのベイが接するライン上には身廊をまたいで横断ヴォールトが架けられた。身廊から交差部を通過して内陣へ伸びる東へ向かう動線は、尖頭アーチの効果で細長くなったベイで強調されるが、その上に見える幅広の正方形に近いヴォールトで中和される。

フランスの初期ゴシックの大聖堂が一体的に調和された空間を達成したのに対し、イギリスのものは「初期イギリス式」（1180～1275年頃）と呼ばれ、もっと足し算的で「各構成要素を足し合わせたような」特徴を持っていた。カンタベリー大聖堂の初期の内陣はフランス人建築家（ギヨーム・ド・サンス）の手で設計されたものなので、イギリス・ゴシックとは呼びがたい。それでも、ゴシック建築は1190年代にはウェルズ、シマセット、さらにリンカーンに広まり、イギリスの職人たちもそれを自分たちのものとして取り入れた。ウェルズとリンカーンの大聖堂のアーケードのベイはフランスのものより幅が広い。また、ヴォールトは階上廊のピア上の持ち送りから架けられ、下層のアーケード部分から階上廊を越えて上部に伸びるフランスのものとは異なる。1220年に着工し1258年とかなり早くに建造を終えた（ファサードと塔の先の尖頂を除く）ウィルトシャー州のソールズベリー大聖堂は、「初期イギリス式」の特徴を最もはっきりと示し、高く伸びる幅の広いアーケード、伝統的なランセット窓のクリアストーリーとプレート・トレーサリー（下部参照）のある階上廊、そして優美で軽やかに浮かぶ四分ヴォールトを備えている。

※　トリビューンとも呼ばれる

プレート・トレーサリー

プレート・トレーサリーは、ゴシック様式のトレーサリー※の初期形態の1つで、硬い石の壁を透かし彫りしたように見せて建築物に堅固な印象を与える。いかにも装飾的な形状ではなく、漠然とした幾何学模様であることが多い。元々あいているスペースを埋めるために使われた後代のトレーサリーに比べ、かなり単純なものだ。

ソールズベリー大聖堂、ウィルトシャー、イギリス、1220年着工

※　トレーサリーとは、中世ヨーロッパ、特にゴシック建築の採光部にみられる幾何学模様の装飾。

ゴシックと中世 > **初期ゴシック**

尖頭アーチ

2つ（もしくはそれ以上）の曲線がアーチの頂上もしくは頂点でぶつかって形成される尖頭アーチは、ゴシック建築の最大の特徴の1つである。構造的に優れ、丸アーチよりも大幅に高さのある空間や長方形のベイが可能になる。

リブ・ヴォールト

ロマネスク建築の交差ヴォールトは、その構成が一体となることで構造が保たれていたため、全体の調和に影響を与えないように一部分を取り除くことはできなかった。それに対し、リブ・ヴォールトの構造は、石積みが線状に突出した形状のリブが、ウェブやそのほかの部分を支え、構造的な骨格として機能することで成り立っている。

サン・ドニ大聖堂、パリ、フランス、1135年頃着工

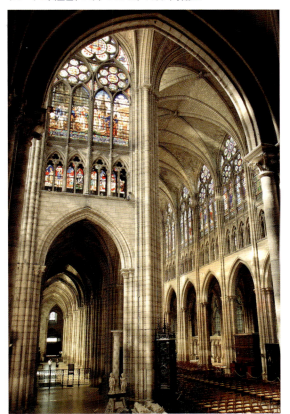

サン・ドニ大聖堂、パリ、フランス、1135年頃着工

ゴシックと中世 > **初期ゴシック**

フライング・バットレス

フライング・バットレスはロマネスク建築でも使われていたが、その可能性が最大限に発揮されるのにはゴシック建築の登場を待たなければならなかった。「空中に張り出した」(もしくは剥き出しの)ハーフ・アーチが高さのあるヴォールトの推力に抵抗することで、壁厚を増すことなく建物を高くすることができたのである。

ノートル・ダム大聖堂、パリ、フランス、1163年着工

ゴシックと中世 > **初期ゴシック**

四層構成のベイ

最初期のゴシック建築では、ベイの立面はサン・ドニ修道院に見られるように三層構成だった。ただし、これは基本的にはロマネスク建築からの過渡期におけるもので、すぐにノワイヨン大聖堂のアーケード、階上廊、トリフォリウム、クリアストーリーの構成に見られるような四層構成に取って代わられた。

六分ヴォールト

ロマネスク建築では単純なトンネル・ヴォールトと交差ヴォールトが用いられた。そうしたヴォールトから自然に進化して生まれたのが六分ヴォールトである。平面が正方形の空間上（柱間ごと）に架けられ、2本の対角線リブと1本の横断リブによって六分割されている。

ノワイヨン大聖堂、ピカルディ、フランス、1131年頃着工

ノートル・ダム大聖堂、パリ、フランス、1163年着工

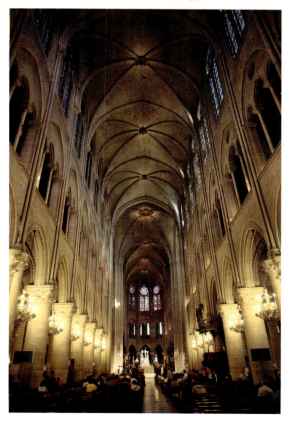

ゴシックと中世 ＞ 盛期ゴシック

地域：ヨーロッパ、特にフランスとイギリス
時代：13世紀～14世紀中頃
特徴：三層構成のベイ、高さ、四分ヴォールト、バー・トレーサリー、バラ窓、装飾

　初期ゴシックから盛期ゴシックへの転換点となったのが、フランスのシャルトル大聖堂であったことはほぼ間違いない。それ以前の大聖堂では六分ヴォールトを用いていたため、正方形のベイしかつくれなかった。そんななか、1194年の火事の後に再建されたシャルトル大聖堂では六分ヴォールトよりも単純化されたヴォールトが用いられた。各ベイに架かる横断リブを省略し、四分ヴォールトにしたのだ。その結果、ベイの幅がおよそ半分になり、形状は長方形になった。そして人々の視線が身廊を抜けて東方向へと引き込まれる頻度と速度が増した。

　ほかにもシャルトル大聖堂で生まれた革新がある。以前とは違った形式ではあるが、三層構成のベイの立面へと回帰したのだ。四層構成から階上廊が除かれ、位置が低くなったトリフォリウムだけが、大アーケードとクリアストーリーを隔てる。この単純化によって、ピアの柱身は最下層のアーケードから始まり、アーケードからクリアストーリーを抜けて、上方のヴォールトまで視線が誘引される効果が生まれた。こうした立面構成の効果が狭くなったベイと相まって、水平垂直の両方向、とりわけ垂直方向のダイナミズムが強調された。

　初期ゴシックの大聖堂では、壁はがっしりした面を前提としてそこに尖頭アーチの窓が穿たれていた。しかし、盛期ゴシックではその位置づけが逆転して、尖頭アーチの存在が前提となった。円柱は細く、モールディングは深くなり、空間自体がアーチの連続と結合からできているように見なされた。最初にフランスのランス、続いてアミアンの大聖堂で、初期ゴシックのプレート・トレーサリーはバー・トレーサリー（p.34参照）に取って代わられた。バー・トレーサリーは各尖頭アーチの内側につくられ、複雑な幾何学模様に色付きのガラスがはめ込まれた。こうした造作の組み合わせが生み出す効果は、飾り気のない初期ゴシックの大聖堂に比べてかなり装飾的で、特にイギリスの盛期ゴシックはデコレーテッド様式[※]としても知られている。そのデコレーテッド様式の新たなトレーサリーは、装飾的なピナクル（小尖塔）や、さらに複雑さを増した構成やモールディングとも相まって見事な建造物を生み出した。その例は、リンカーン大聖堂の東側端部や、ヨーク・ミンスターの西側正面、イーリーやブリストルの大聖堂の交差部に見られる。

※　華飾様式ともいわれる

三層構成のベイ

階上廊を持つ四層構成から階上廊を除いた三層構成のベイの立面になったことで、圧倒的に構成が明快になり、視線を妨げるものがないので上に向かう動きがつくりだされた。トリフォリウムのアーケードは大アーケードとクリアストーリーの間を調和させる水平の帯となり、立面に沿って隣り合うベイをつなぎ合わせている。

アミアン大聖堂、ピカルディ、フランス、1220年着工

ゴシックと中世 > **盛期ゴシック**

高さ

盛期ゴシックの大聖堂は、初期ゴシックのものに比べて非常に高さがあり、身廊の幅に対する高さの比率も大きかった。身廊の天井高さはノワイヨン大聖堂が26m、パリのノートル・ダム大聖堂は35m、ランス大聖堂が38m、アミアン大聖堂が43m、そしてボーヴェ大聖堂は48mもの高さを誇った。

ボーヴェ大聖堂、ピカルディ、フランス、1225年着工

ゴシックと中世 > 盛期ゴシック

四分ヴォールト

四分ヴォールトは、それ以前の六分ヴォールトにあった身廊をまたぐ横断リブを排除したことで、より単純でダイナミックになった。また、ベイは正方形である必要がなくなったため、同じ空間に倍近くのベイをつくることが可能となった。

バー・トレーサリー

頑丈な壁面をくり抜いているように見えたかつてのプレート・トレーサリーとは異なり、バー・トレーサリーは壁の開口部に設置された。そのため幾何学模様の選択はかなり自由度が高くなった。バー・トレーサリーの窓にはフォイル、ダガー、ムシェット（それぞれ葉形、短剣形、滴形の装飾でトレーサリーの要素）が頻繁に用いられ、さまざまな形で配置されていた。

シャルトル大聖堂、ウール・エ・ロワール、フランス、1194年着工

西側正面、ヨーク・ミンスター、ヨークシャー、イギリス、1280～1350年頃

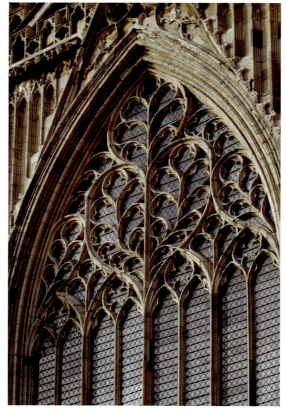

ゴシックと中世 > **盛期ゴシック**

バラ窓

円形の窓自体はロマネスク建築や初期ゴシック建築にもすでに存在していた。ただ、比較的シンプルな「車輪」窓であり、その形状は、中心の小さな穴から厚みのある桟が放射状に何本も伸びるものだった。バー・トレーサリーの出現によって生まれた、より複雑で花びらのようなデザインがシャルトル大聖堂やラン大聖堂、後にはノートル・ダム大聖堂で見られる。

装飾

盛期ゴシックは全体的に初期ゴシックに比べてかなり装飾的だった。ピアは束ね柱で構成され、彫りの深いモールディングが施されていた。バー・トレーサリーはクロケット、ボールフラワー、ダイアパー（それぞれ葉が渦巻いた形状、球形状の花、菱形模様）といった装飾パターンや複雑な葉飾りを持つ。そこに具象的な彫像も組み合わさって、非常に高い装飾性を建築物にもたらした。イギリスではデコレーテッド様式として知られるものである。

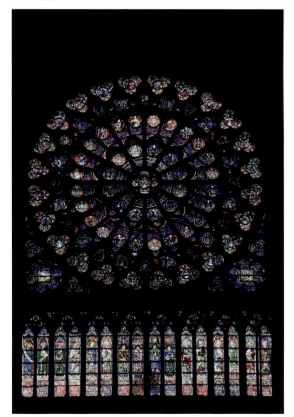

南面のバラ窓、ノートル・ダム大聖堂、パリ、フランス、1258年頃着工

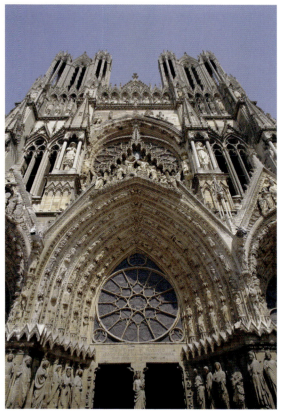

ランス大聖堂、マルヌ、フランス、1211年着工

ゴシックと中世 ＞ 後期ゴシック

地域：ヨーロッパ、特にスペイン、ドイツ、イギリス
時代：14世紀中頃～15世紀
特徴：装飾への情熱、複雑なヴォールト、ランタン、オジー・アーチ、空間の統一、垂直様式

　後期ゴシックの始まりは、地域ごとの数多くの様式の違いを総合的に勘案してみると、おおむね1300年辺りまでさかのぼることができる。そしてルネサンスが兆しを見せるまで続き、一部の国では1500年頃まで継続した。これ以前のゴシックでは転換点となった建物が存在していたが、後期ゴシック様式の始まりとなった特定の建物を明らかにすることはできない。盛期ゴシックでは立面とヴォールトを活かして内部空間全体の一体化が進み、ランス大聖堂とアミアン大聖堂ではそれがほぼ完璧な状態となった。その結果、後期ゴシックでは表面的な効果に関心の対象が移った。ピアは細くなり、モールディングは複雑さを増した。トレーサリーの模様からはあらゆる直線的な部分がなくなり、交差する線が蜘蛛の巣のような形状を紡ぐようになり、ヴォールトはさらに複雑でありながら軽く見えるようになった。そして、盛期ゴシックでは不可欠だった空間の区分は消え去り、視線はさまざまな方向へ誘引されることになった。

　盛期ゴシックは、高さのある身廊とその両側にある低い側廊という古代のバシリカの形式を引き継いで完成された。形式的に継続されていたそれらの部分を打ち破ったことが、後期ゴシックの大きな進歩の1つである。すなわち、身廊と側廊は基本的に統合されて1つの空間になり、ベイが広がるとともにリブは一見あらゆる方向に流れるようになった。その例はドイツのニュルンベルクにある聖ローレンツ教会のドラマチックな内陣に見られる。これとは逆の手法ではあるが、同じく1つの空間として、側廊を持たない身廊が増築された例がスペインのジローナ大聖堂であり、1416年に、築後1世紀経っていたフランス様式の周歩廊と放射状祭室[※1]を備えた内陣に増築された。身廊の幅は、周歩廊とアプスを合わせた幅に一致する。このドイツとスペインの例から受ける総体的な印象は圧倒的な空間の複雑さであり、これら2つの地域では装飾が高密度に重ねられる傾向があるためにそれがさらに強調されている。

　一方、イギリスのゴシックは、これまで見てきたヨーロッパ大陸の例とは異なった方向へと進んだ。そして1350年頃から垂直様式として知られる様式が使われるようになる。トレーサリーの精巧な模様は控えられ、垂直と平行の桟が組み合わされた一見合理的なシステムが好まれるようになり、連続するガラスのパネルが使われるようになる。デコレーテッド様式期の複雑なヴォールトは構造的には単純化され（その優美な形状でいっそうドラマチックになっている）、ある一点から発散するように伸びるリブによって構成された扇形ヴォールト[※2]が生まれた。グロスター大聖堂のヴォールトや、カンタベリーやウィンチェスターの大聖堂の身廊は、ゴシックの垂直性重視の側面が実現された最も重要な例である。しかし、最も優れていて、一貫性のある発展が見られるのは、間違いなく15世紀に王室の命令の下に建てられた数多くの建築であり、ケンブリッジのキングス・カレッジ・チャペルや、ロンドンのウェストミンスター寺院のヘンリー7世礼拝堂が例として挙げられる。

[※1] アプスから突出した形で設けられる小規模のチャペルなどの空間
[※2] 支柱の頂部から広がる、同形状の複数のリブによって形成されるヴォールト。扇模様の、逆になった円錐形を呈する

ゴシックと中世 > **後期ゴシック**

装飾への情熱

盛期ゴシックが空間的な合理性という、より大きなテーマへと向かっていたのに対し、後期ゴシックは細く、優美で、複雑なトレーサリーを含む、面的な表現への関心が強かったのが特徴である。なかでも、イベリア半島のゴシックは建築物の表層に最も華美な装飾を施した。ドイツでも繰り返す形状の装飾が用いられており、決して装飾性が低いとはいえないが、イベリア半島のものに比べると幾分空間的なゆとりが残っている。

サン・パブロ教会堂、バリャドリッド、スペイン、1445年着工

複雑なヴォールト

盛期ゴシック期の四分ヴォールトは後期ゴシック期にはさまざまな形で発展した。放射状リブ・ヴォールトは支柱から横断リブまで伸びる付加的なリブがあるのが特徴で、さらに枝リブ※が部材間に加えられることもある。イギリスでは、これが扇形ヴォールトへと進化し、垂直様式の主要な特徴の1つとなった。

内陣、グロスター大聖堂、グロスターシャー、イギリス、1331〜'55年

※ 付加的なリブの1つ。支柱から伸びるのではなく、近接する放射状リブ、対角線リブ、横断リブから伸びるものを指す。枝リブがあるヴォールトを星形ヴォールトという

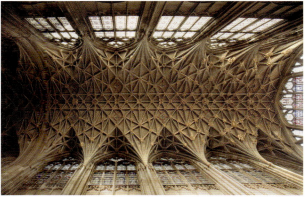

ゴシックと中世 > 後期ゴシック

ランタン

初期ゴシックと盛期ゴシックの大聖堂は、形態もプロポーションも基本的には直角の関係性だけで構成される。これに対して、さらに複雑な空間構成を目指したのが後期ゴシックの特徴である。この特徴がしばしば具現化されたのが八角形のランタン（頂塔）※で、イギリスのケンブリッジシャーにあるイーリー大聖堂や、フランスのルーアンにあるサン・トゥアン教会堂では変化のない伝統的な交差部にダイナミズムを加える効果を果たしている。

※　下部空間に光を届けるために設けられる

オジー・アーチ

オジー・アーチは尖頭アーチの一種で、両側のカーブは下部が凸型で、上部の凹型の部分につながってＳ字を描く。もともとはムーア人の文化だったと考えられており、後期ゴシックの特徴の１つとなった。初めに現れたのは1260年代のフランス、トロワのサンテュルバン教会堂で、14世紀に入り特にスペインで最も普及した。

尖頂、サン・トゥアン教会堂、ルーアン、フランス、1490〜1515年

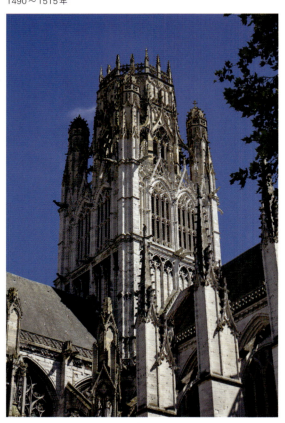

サンタ・マリア教会堂、レケナ、スペイン、14世紀

ゴシックと中世 > 後期ゴシック

空間の統一

初期ゴシックと盛期ゴシックの大聖堂は、ロマネスクのバシリカ式教会堂の天井の高い身廊と低い側廊という形態を保持していた。これに対し、後期ゴシックはおそらくドミニコ会とフランシスコ修道会の影響から、身廊と側廊を同じ高さにそろえて空間を統一する傾向があった。フランスのアルビにあるサント・セシル大聖堂や、バルセロナのサンタ・カタリーナ教会堂が例として挙げられる。

垂直様式

1350年頃から、イギリスのゴシックはデコレーテッド様式の複雑なトレーサリーが影を潜め、垂直や水平のラインを強調することが好まれて垂直様式と呼ばれるようになった。この様式の最初の例の1つがグロスター大聖堂の東側の窓であり、無目や竪子（それぞれ開口部を横方向や縦方向に分割する部材）によって形づくられる「ガラスの壁」が特徴的である。

内陣、聖ローレンツ教会堂、ニュルンベルク、ドイツ、1445年着工

内陣、グロスター大聖堂、グロスターシャー、イギリス、1331〜'55年

ゴシックと中世 > **ヴェネツィア・ゴシック**

地域：ヴェネツィア、イタリア
時代：12〜15世紀
特徴：多彩色の装飾、アーケードとバルコニー、鐘楼、オジー・アーチ、レンガとスタッコ、ビザンティンの影響

ヴェネツィアは中世の間にとてつもなく豊かで力を持った都市国家になった。アドリア海の戦略上重要な場所に位置し、強力な艦隊に守られたこともあって、東側と西側を結ぶ貿易ルートを支配していたためだ。それが顕著となったのは十字軍（1095年〜1291年）の時代であった。海軍力を背景に、クレタ島などのギリシャの島々やアドリア海全域へと領域を広げ、後にはキプロス島にまで至った。

ヴェネツィアにとって軍事上も貿易上も鍵となったのが、共和国としての地位に由来する安定した政治システムであり、ドージェ（総督）は終身職であった（失敗や不人気で強制的に辞職させられた者もいたが）。さまざまな評議会がドージェの権力のチェック機構として置かれ、ドージェの行動に対して拒否権を発動できるものもあった。ヴェネツィアの政治体制は複雑で時に不安定ではあったが、貴族から商人、一般の人々まですべての市民が、意見を述べる機会とヴェネツィアの繁栄を享受できる権利を保障されていた。

そうした政治上、貿易上、地理上の特性から形づくられたヴェネツィア・ゴシックは唯一無二のものであり、ほかのどのゴシック建築とも違う形態を持っていた。イタリア・ゴシックは北方の国々の垂直を強調する特徴を避け、はるかに簡素（ミラノ大聖堂は例外といえるだろうが）な形態を持っていたが、そんなイタリア・ゴシックとすらヴェネツィア・ゴシックは異なっていた。湿地の島々の集合というヴェネツィア特有の立地上、他地域の建築手法や材料、形式さえも、常に適応させて受け入れる必要があったのだ。代表例は総督宮（ドゥカーレ宮殿）で、たびたび起こる洪水の被害を抑えるためにアーケードやバルコニーが使用されている。構造材としては石よりも軽く、建物の動きを許容できるレンガが主流だった。建物は高価な大理石やモザイクで建物を覆われ、時には持ち主の富と地位を誇示するために運河側から見える面には金まで使用された。

ヴェネツィア共和国はビザンティン帝国やイスラム世界と貿易上のつながりがあり、比較的往来がしやすかったことから、文化、とりわけ建築の交流が盛んに行われた。例えば、オジー・アーチはヴェネツィア以外のヨーロッパ各地では後期ゴシックになってはじめて登場するが、ヴェネツィア・ゴシックでは早くから一般的だった（キリスト教の歴史的背景とは無関係ではあったが）。東方地域からの略奪品を使用することも珍しくなく、最も有名なものは1206年、第4次十字軍の際にコンスタンティノープルから強奪した4基の銅製の馬の像で、1980年代にレプリカに置き換えられるまでサン・マルコ寺院の上に据えられて広場を見下ろしていた。

ゴシックと中世 > ヴェネツィア・ゴシック

多彩色の装飾

ヴェネツィアで、総督宮（ドゥカーレ宮殿）を除く宗教施設以外で最も有名な建築物は、おそらくカ・ドーロ（黄金の家）であり、光沢のある大理石仕上げに精緻なモザイク、そしてもちろん金が豊富に使われている。これほど豪華なものはまれだが、こうした表面仕上げがヴェネツィア・ゴシックの特徴の1つである。

アーケードとバルコニー

ヴェネツィアでは、毎年洪水に見舞われるため大きな邸宅はほぼすべて、主要な住戸部分を支える背の高いアーケード上に建てられている。通常、アーケードのモチーフは上の階までつながっており、カ・フォスカリの例のように複雑な枠形状（ガラスのないトレーサリーのようなもの）になっていることも多い。

カ・ドーロ、ヴェネツィア、イタリア、1428～'30年

カ・フォスカリ、ヴェネツィア、イタリア、1453年

ゴシックと中世 > **ヴェネツィア・ゴシック**

鐘楼

イタリア建築にとって一般的な特徴である鐘楼（ここでは単独で建てられたものを指す）は、ほとんどのヴェネツィアの教会堂の脇に建っている。最も有名なのはサン・マルコ広場のもので、中世に建てられたものは崩れ、1902年に再建された。鐘楼以外では、炎が広がりにくいように膨らんだ形状を持つチムニーポット※が、ヴェネツィアの空を彩る特徴的な要素として挙げられる。

サン・マルコの鐘楼、ヴェネツィア、イタリア、1489年以降大規模な変更を繰り返している

※　煙突の先端についている煙突口。通風用の煙出し

オジー・アーチ

通常、西ヨーロッパでは後期ゴシックでのみ見られるオジー・アーチは、ヴェネツィア・ゴシックの建築では頻繁に使用されている。おそらく起源がイスラム建築にあるためにキリスト教の建築物ではほとんど用いられず、コンタリーニ・ファサン邸のような大規模な邸宅に取り入れられた。

コンタリーニ・ファサン邸、ヴェネツィア、イタリア、15世紀

ゴシックと中世 > **ヴェネツィア・ゴシック**

レンガとスタッコ

ヴェネツィアでは湿地帯の島に建築することになるため、ほとんどの建物は泥に埋設された木杭の上に建てられている。そのため、石材が使用されることはごくまれだった。最も一般的な材料は地元産の赤レンガで、比較的軽い建物の動きに対する許容力があるため選定された。多くはスタッコ（化粧仕上げ用の漆喰）で仕上げられ、ヴェネツィア共和国の領域内にあるイストリア産の石材が化粧として張られることもあった。

ビザンティンの影響

ヴェネツィアは東方の国々、特にビザンティン帝国と比較的近く、貿易上の強いつながりがあった。そのため、建築の知見についても両国の間で重要な情報交換が行われた。例えばサン・マルコ寺院では、ビザンティンの教会堂に欠くことのできないペンデンティブ・ドームが確認できる。また強力なヴェネツィア艦隊を後ろ盾に、東方の国々からの強奪もしばしば行われてきた。

サンタ・マリア・グロリオーザ・デイ・フラーリ聖堂、
ヴェネツィア、イタリア、1250〜1338年

サン・マルコ寺院、ヴェネツィア、イタリア、
1063年頃着工

ゴシックと中世 > 世俗建築のゴシック

地域：ヨーロッパ、特に北部
時代：12〜15世紀
特徴：木造架構の天井、アーケード、塔と小塔、不規則な平面計画、出窓、(疑似)銃眼胸壁

　ゴシックは初期、盛期、後期のどの段階においても、宗教建築のみに限定されることはまずなかった。市庁舎やギルドホールのものが特に顕著であるが、マナー・ハウス(領主の館)や宮殿にもかつてないすばらしい手法でゴシックが用いられ、そのなかには宗教建築とはまったく異なる用いられ方をしたものも多い。中世独特の社会構造と経済構造からの要求が、そうした建物を生み出した。例えば、以前より安定した地位を手にした貴族たちは、湿気が多く居住性の低い城を出て生活しやすい邸宅へと移った。その結果、イギリスのマナー・ハウス[※1]、フランスのシャトー[※1]そしてドイツのシュロス[※1]といった新しいタイプの建築が現れた。そうした建築物が教会建築の流れを汲むゴシックの要素を借りたり、取り入れたりすることによって新しい建築表現の可能性が見出された。また、そうした新しいタイプの建築物には私有のチャペルが欠かせず、そこには教会と直接的なつながりがあった。

　イギリスのマナー・ハウスは、地域一帯を宗教とは別の形で治める世俗の場、「大広間」を持つのが特徴である。大広間は幅広い用途で使用された。家族の食事の場や領主が日常的に来客を迎える場として使用され、使用人がそこで眠ることまであったという。大広間はチャペルと並び、建物中で最も建築的に豊かで、紋章が飾られる場だった。豪華な暖炉や木製パネル、美しい木天井などには、中世の職人の技と創意工夫が見られることが多い。

　中世のもう1つの特色は、国際貿易が始まったことである。商品の移動に伴って建築に関する知見の情報交換も進み、ゴシックはまさしく国際的な様式になっていった。貿易の影響で建築表現を用いて商業上の権力を誇示する例も増え、新たな取引所、ギルド会館や市庁舎などは教会の権威に対する市民の力の象徴でもあった。こうした新しいタイプの建築は、教会とその他の建築の両方から影響を受けていた。イギリス、低地地帯諸国[※2]、ハンザ同盟(北ドイツの都市の商業組合)の多くの取引所や公会堂は、大聖堂のようにアーケードに囲まれ、金銭や商品の取引に使われた。ただ、内部は教会建築のように高くする必要はないので、天井は木製のことが多く、ロンドンのギルドホールのように石材と組み合わされることもあった。

※1　いずれも城や城館を示す。王侯貴族の館であり、防衛機能よりも居住性が重視された
※2　現在のオランダ、ベルギー、ルクセンブルク

ゴシックと中世 > **世俗建築のゴシック**

木造架構の天井

ゴシックの大聖堂はほぼ例外なく石造りのヴォールト天井であるが、世俗建築のゴシックではそれが影を潜め、華麗な木架構が見える天井が取り入れられた。イギリスで最も有名なものの1つが、ロンドンにあるミドル・テンプル・ホールのすばらしいハンマービームルーフ※ である。

ミドル・テンプル・ホール、ロンドン、イギリス、1562年着工

※ ハンマービームと呼ばれる壁から垂直方向に張り出した小さな梁によって構成される屋根トラス。ハンマービームはアーチ型方杖によって支持され、特徴的で美しい小屋組を構成している

アーケード

イーペルの繊維会館(現在は市庁舎)は、とりわけその壮麗なアーケードで名高い。アーケードはこの新しいタイプの商用建物の必要性に応じてあつらえられた。また、このアーケードは大聖堂と繊維工業団体の権力とのつながりを象徴的に示すものでもある。

繊維会館、イーペル、ベルギー、1202〜1304年、1933〜'67年再建

ゴシックと中世 > **世俗建築のゴシック**

塔と小塔

世俗建築のゴシックの建物には都市の重要な役割を担うものが多く、その都市の地位や格、野望を示す象徴として建てられることも多かった。そうした建築物は、塔と小塔、大きな時計、鐘や階段で華やかに装飾されることでいっそう際立ち、それを取り囲む地域の中心を占めるようになった。

市庁舎、ブルージュ、ベルギー、1376〜1420年

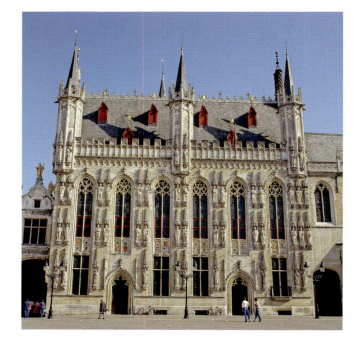

不規則な平面計画

ゴシックの大聖堂は十字型のシンメトリーな平面計画をしているが、これは礼拝儀式のためであり、またラテン十字※の象徴の意味合いもあったことは言うまでもない。世俗建築の場合はそうしたことを考慮する必要がなく、多くの設計者たちはシンメトリーであることにはほとんど拘りを見せなかった。それよりも規模や装飾の方がはるかに重要視されたのである。

ペンズハースト・プレイス、ケント、イギリス、1341年着工

※ 1方が他の3方より長い十字型

ゴシックと中世 > 世俗建築のゴシック

出窓

オリエル窓※は、2階もしくはそれよりも上の階から設けられ、1階まで続くことのない出窓である。ベイ・ウィンドウ（1階まで続く壁から張り出した出窓）と並んで、オリエル窓はイギリスの垂直様式を主とした世俗建築のゴシックによく見られる造作である。

※ 英語表記は、Oriel window。オックスフォード大学のオリエル・カレッジから名付けられた

（疑似）銃眼胸壁

社会が安定し防御の必要性が低下したことで、イギリスのマナー・ハウス、フランスのシャトーそしてドイツのシュロスといった新しいタイプの建築物が生まれた。しかし、銃眼胸壁※などの防御用の造作が持つ力強いシンボル性や歴史的な意味合いが忘れ去られることはなく、装飾要素として多く用いられた。

※ 銃を撃つための凹部を持つ低い壁で、城や城壁上に設けられる

中庭側正面、オリエル・カレッジ、オックスフォード、イギリス、1620〜'22年

アゼ・ル・リドー城、ロワール渓谷、フランス、1518〜'27年

ゴシックと中世 > 城郭

地域：ヨーロッパ
時代：12〜15世紀
特徴：銃眼胸壁、門楼、塔、稜堡、キープ（天守）、集中式城郭と城壁

　城郭は、要塞化された領主や貴族の住まいである。最初期には、木造のものが巨大な土塁の上に建てられた。その建設方式には過去から続く長い歴史がある。かつて、最初の砦がつくられたのは、守るに足る価値のある富を初めて人々が手にしたときだった。しかし、中世の城郭は砦であるだけでなく住居でもあり、それ以前に建てられた建築物とは形式がまったく異なっていた。また中世の場合には、封建制度とも堅く結びついていた。君主が、地方の領主や騎士のレベルにまで力を及ぼし出すにつれて、権力を行使する場として、防御力を持ち、人々を圧倒できる建物が必要になったのだ。

　封建制度になって初めに建てられた城はモット・アンド・ベイリーという築城形式によるものだった。方形をしたキープ（天守）※が、モットと呼ばれる人工の山の上につくられ、大広間やチャペル、領主の住居を含む城の運営管理上の中心となった。そのため、この部分は最も防御が固められた。モットの麓には、先の尖った木杭の囲いや柵（後に石積みの壁になる）と溝に囲まれた、ベイリーと呼ばれる広い区域があった。ベイリーには馬小屋、兵舎、作業場、台所など、城を維持するのに必要な施設が置かれた。

　12世紀末から始まった十字軍の遠征で、城のデザインの方向性は根本的に変わることになった。イスラム教徒の城の影響を受け、ヨーロッパの城も城壁で囲まれた集中式城郭を取り入れ始めたのだ。その最初の例が、フランスのアキテーヌ公、ノルマンディー公でもあったイングランド国王リチャード1世（在位1189〜'99年）の命で1196年に着工した、フランスのガイヤール城だったことは間違いないだろう。集中式城郭となったことで、防御機能としてのキープへの依存は薄れ、後に城の構成からは姿を消すこととなった。シンメトリーも重視されるようになった。城は規則性を持った平面計画で配置されるようになり、城壁は等間隔に並んだ塔と稜堡で分節された。この時代の最も完全な例が、13世紀中頃、イタリア南部に神聖ローマ皇帝フリードリヒ2世（在位1220〜'50年）によって建てられた数多くの城の1つ、カステル・デル・モンテだった。八角形の平面形状はおそらく古代ローマの例に倣ったものだが、一方では建設当時に主流だったゴシック建築からも影響を受けている。

　集中式城郭の形式では、敵襲に対しての防御機能が高い円形の塔などの新たな造作が発展した。しかし火薬、なかでも大砲が15世紀中頃に出現したことで、要塞かつ住居としての城の存在は終わりを告げた。新たに登場した恒久的に常設される永久要塞は大砲攻撃に耐えるための第1の防御手段となった。しかし今なお、城は象徴としての重要性を持ち続けている。

※ 城の中心の巨大な塔。城のなかで最も強固な防御施設であり、領主の居住地でもあった。日本の城の天守閣に当たる

ゴシックと中世 > **城郭**

銃眼胸壁

城には、さまざまな形状の銃眼胸壁がつくられた。最も特徴的なのは胸壁の凹凸部分（クレネレーション[※1]）で、城壁上部に歯形のように一定間隔で並んでいる。銃眼胸壁は、床に開けた石落とし（マチコレーション[※2]）と呼ばれる防御用の穴と組み合わされることが多く、そこから下方の攻撃者に対して物体や液体を落として応戦することができた。

シルミオーネ城、ブレシア、イタリア、13世紀

※1 それぞれ凸壁の部分はマーロン（merlon）、間隙は銃眼と呼ばれる
※2 銃眼胸壁を支える突き出した受け材間に渡された床の穴

門楼

外部からの城への出入りは、門楼によって管理されていた。この門楼が城を守る上で弱点になるのは明白だったので、通常は防御を固めるために、銃眼胸壁に加えて落とし格子戸が1つまたは2つ以上設置され、跳ね橋があることも多かった。一部の城は、敵軍を食い止めるために第2の門楼の役割を持つバービカン（外防備）を備えていた。

キドウェリー城、カーマーゼンシャー、ウェールズ、イギリス、1200年着工

49

ゴシックと中世 > **城郭**

塔

キープ自体も突き詰めれば背の低い塔であるが、その他の塔もまた、防御の弱点を強化するという点で集中式城郭において非常に重要であった。塔があることで城からは周辺の広い範囲を見渡すことができ、迫り来る敵宣に矢やその他の飛び道具の雨を降らせることができた。

カステル・デル・モンテ、プッリャ、イタリア、1240年代

稜堡

長い城壁は、至近距離から襲撃されたり根元を掘られたりといった攻撃を受ける可能性があった。なぜなら、攻撃する側は正面からしか撃退されることがないことを承知していたからだ。そのため、側面からも敵の襲来を撃退できるように、壁面から張り出した塔のような構造物である稜堡で城壁を区切った。

エーグ・モルトの城壁、カマルグ、フランス、1289年着工

キープ（天守）

モット・アンド・ベイリー形式の城や初期の集中式城郭で、城内で最も防御が固められた場所が、キープだった。キープには領主の住居が置かれ、城やそれを取り巻く地域を統率する中心部であった。

キープ、ノリッジ城、ノーフォーク、イギリス、1095年着工

集中式城郭と城壁

シリアにある有名なクラック・デ・シュヴァリエのような十字軍時代の城郭から始まった集中式城郭[※]では、キープに防御の重点を置くことを止め、戦闘時の防御に適した形をとるようになった。この方式の採用により、防戦側の兵士たちは城の周囲を動き回りやすくなり、攻撃側が城を攻め落とすためには外側の城壁を破っても、2つ目のさらに高い城壁を攻略する必要が生じた。

クラック・デ・シュヴァリエ、シリア、1140年代着工

※ 二重またはそれ以上の防護城壁を備えた要塞のこと（多重環状城壁の城）で、外壁の内側にもうひとつ、より高く堅固な環状の防護施設があり、外壁を見下ろして防護する

ルネサンスとマニエリスム

　14世紀のイタリアの詩人で古典学者のペトラルカは、ローマ帝国没落後の文化と学問が衰退した時代を「暗黒時代」と位置づけた最初の人物だった。ペトラルカは、「暗黒時代」以前の古代を異教徒の野蛮な文化とは捉えず、むしろその文化的な業績を認めた上で、残されている文献を研究することが極めて重要だと考えた。中世のスコラ学では、真実は神によってすでに定められているとされ、それゆえに教会は巨大な権力を持ち、学ぶことは何かをするための手段とされていた。しかしペトラルカに大きく影響されたルネサンス期の人文主義者たちは、学ぶことそのものに価値を見出した。

リナーシタ（Rinascita）

　ルネサンスは、古代の芸術や建築、文学に立ち戻ることを目指す文化運動であり、人文主義の台頭および発展とは切っても切り離せない関係にあった。古典文化の学問のリナーシタ（Rinascita、再生）は、端的にいえば人間の営みの方がキリスト教の教義よりも優先されると主張するもので、学問的な領域だけでなく社会の関係性やパトロン（支援者）との関係にも深い影響を及ぼした。もちろん、古典の文献は中世の間も忘れられていたわけではなく、特にイタリアでは、古代の遺跡が人々の目の前から物理的に遠く離れることもなかった。ただ、文献に関する研究は教育を受けたエリートだけに門戸が開かれていた。そのため、詩、哲学、キケロ（古代ローマの哲学者・政治家・文筆家）のレトリック（修辞学）※などを含む人文主義者の文献研究は、その人がどういった社会的地位にあるかを判別する尺度にもなっていた。いくつかのイタリアの都市国家は、人文主義者の研究の拠点として発達した。芸術や建築が「リベラルアーツ」の1つと捉えられるようになるにつれ、芸術家や建築家たちはパトロンたちと緊密な関係を持つことが増えた。

レオン・バッティスタ・アルベルティ

　レオン・バッティスタ・アルベルティ（1404〜'72年）は、イタリアの初期ルネサンスの中心人物であり、アルベルティの著した『絵画論』（1436年）と『建築論』（1454年）はそれぞれ、ルネサンス期で最も重要な芸術と建築に関する文献だとしても異論はないだろう。『絵画論』は、初めて線遠近法の原理について述べたことで有名である。その原理に基づいて、マサッチオ（ルネサンス初期のイタリア人画家）、その少し後にはピエロ・デラ・フランチェスカ（ルネサンス期のイタリア人画家）といった芸術家たちが線遠近法の探求を進めた。フィリッポ・ブルネレスキ（1377〜1446年）は建築家で金細工師とされることが多いが、ブルネレスキの発見によって、芸術家たちは一点の消失点へと直線が集まることを利用し、平面の絵画に錯視の効果で奥行きを生み出せるようになった。この科学的ともいえる手法は、絵画を正統な学問として確立する上で欠かせないものとなった。この手法は、アルベルティの建築書でクローズアップされている、新プラトン主義における本質的な形態への幅広い興味を反映したものでもあった。

　アルベルティは、その当時発見されたばかりだった古代ローマの建築家ウィトルウィウス（紀元前46〜前30年に活動）による建築に関する全10巻の書籍『建築十書』を意識的になぞって『建築論』を著した。アルベルティは、オーダーが建築物全体の比例体系に対して果たす役割に焦点を絞って解説し、建築は絵画と同じく基本的に幾何学に基づくと主張した。アルベルティはまた、円形こそが理想の形状で、自然に由来するものと捉えていた。レオナルド・ダ・ヴィンチの「ウィトルウィウス的人体図」（1490年頃）に描かれたことでもよく知られている思想である。アルベルティは、建築の幾何学的な基礎は集中式平面において表れると主張した。そうした考えは、美とは「何かたった1つが増減しても変化しても悪くしかならない状態にまで、あらゆる部分が調和し一致している」状態とするアルベルティの思想にも表れている。

　イタリアのマントヴァにあるサン・セバスティアーノ聖堂は、アルベルティの理想の実現に最も近づいた作品である。しかし、当時の建築家たちを悩ませていたように、ルネサンスの理想主義と宗教的な要求とを調和させるためやむなく妥協する必要があったことがサン・セバスティアーノ聖堂のデザインにも見てとれる。しかし、ルネサンスが成熟するにつれて建築的な原理原則は徐々に統合され、建築家たちはそれを巧みに扱うようになる。マニエリスムとして知られるものの先駆けである。一方ではルネサンスの思想はさまざまな地域へと広まり、なかでも北ヨーロッパでは地域性と伝統を反映させる形で適応が進んだ。

※　聴衆や読者に感動を与えるように最も有効に表現する方法を研究する学問

ルネサンスとマニエリスム

初期ルネサンス
盛期ルネサンス
北方ルネサンス
マニエリスム

ルネサンスとマニエリスム > **初期ルネサンス**

地域：イタリア、特にフィレンツェ
時代：15世紀
特徴：集中式平面、古代の模倣、発明、空間の調和、均整のとれたファサード、細やかさ

　フィレンツェでは、崩れた旧大聖堂の建て替えが1296年頃から始まっていた。14世紀から15世紀にかけて、画家のジョットなどさまざまな人物がこのプロジェクトの監督を任され、建物の計画が進むにつれて何度も拡張された。1418年までには幅42mもある大規模な交差部だけを空白にしたまま、ほかの部分が完成した。そして、この交差部を巨大なドームで覆う方法を探すためにコンペが実施された。参加者の中で最も有名だったのが、フィリッポ・ブルネレスキと金細工師のロレンツォ・ギベルティの2人である。実はその数年前、大聖堂に付属するサン・ジョヴァンニ洗礼堂の青銅の扉をデザインするコンペでは、ギベルティがブルネレスキに勝っていた。しかし今回は大議論の末にブルネレスキが依頼を勝ち取り、初期ルネサンスの代表的な偉業を成し遂げることとなる。

　このドームの設計にあたり、ゴシック建築のフライング・バットレスを使わないことは予め決まっていた。そのため、ブルネレスキはヒントを得るために古代ローマに目を向けざるを得ず、ゴシックの遺したものとはきっぱりと、そして極めて象徴的に決別したのである。新しい大聖堂は2世紀にローマにつくられたパンテオン（p.14参照）を明らかにモデルとしているが、パンテオンが円形のドームであるのに対して、フィレンツェの大聖堂では八角形であることが必要だった。また、パンテオンはコンクリートでつくられていたが、その調合方法はもう長い間失われたままだった。さらに、ドームがあまりに巨大なため、木製の仮設の枠を用いて工事をすることができず、最初から自立させる必要があった。ブルネレスキは、それぞれのコーナー部から支持力をもつリブを伸ばし、ドームが自重で広がってしまう問題にも刷新的な解決策を生み出した。ヘリンボーン[※1]の模様に並べることで、レンガが置かれた途端にその荷重が分散されるように工夫したのである。

　ブルネレスキが用いたリブの外見は幾分ゴシック建築を思わせるが、その精神、野望、古代の模倣という点では、このリブは完全なるルネサンスの産物だった。ブルネレスキはほかの点でも古代に目を向けていた。1421年に着手したフィレンツェのインノチェンティ病院（捨て子養育病院）のアーケードでも、ブルネレスキは明らかに古典の言語を取り入れていて、細いコリント式の円柱を用い、アーケードの各アーチ状の開放部の上にはペディメント付きの窓がつくられている。スパンドレル[※2]には、彫刻家であるアンドレア・デッラ・ロッビア作の捨て子たちを描いたメダリオン[※3]が付けられた。フィレンツェには説得力のある古典形式の建物が多くあり、それらがそこから数十年にわたって重要な建築物の指針となった。

※1　矢筈とも呼ばれ、矢の羽を軸に沿って並べたような模様
※2　アーチ曲線の外側にある三角形状の空間
※3　人物像や風景などが彫られたり、描かれたりした円形や楕円形の飾り板

ルネサンスとマニエリスム > **初期ルネサンス**

集中式平面

初期ルネサンスでは、新プラトン主義の理想である集中式平面の実現が試みられた。ブルネレスキの手がけたローマのサンタ・マリア・デッリ・アンジェリ教会堂はその1つであり、1434年に着手されたが未完のままである。これに対して、フィレンツェで1444年に着工されたミケロッツォのサンティッシマ・アンヌンツィアータ教会堂の東側端部は完成されている。しかし、初期の最も完成された作品を挙げるなら、ジュリアーノ・ダ・サンガッロ（兄）によるサンタ・マリア・デッレ・カルチェリ教会堂である。

古代の模倣

アルベルティは、未完成に終わったテンピオ・マラテスティアーノ※で古代ローマの凱旋門（トライアンファルアーチ）を教会建築に取り入れようと試みた。アルベルティがその試みを実現できたのは、それよりも少し後に取り組んだマントヴァのサンタンドレア聖堂のときだった。そこでは、とりわけ天井が格間で飾られたトンネル・ヴォールトをはじめ、さまざまな古代ローマの特徴を取り入れ、アルベルティが同じマントヴァで設計したサン・セバスティアーノ教会堂が元から持つ長方形の空間と、彼自身が理想とする集中式とを調和させている。

※　リミニ（イタリア中部のアドリア海沿岸の港町）にある埋葬聖堂。マラテスタ神殿とも呼ばれる

ジュリアーノ・ダ・サンガッロ（兄）、サンタ・マリア・デッレ・カルチェリ教会堂、プラート、イタリア、1486〜'95年

レオン　バッティスタ・アルベルティ、サンタンドレア聖堂、マントヴァ、イタリア、1470年着工

ルネサンスとマニエリスム ＞ **初期ルネサンス**

発明

ブルネレスキのドームは、フィレンツェがルネサンス誕生の地であることを示す象徴である。15世紀初頭のフィレンツェの創造的な発明の精神は、この都市独自の政治と社会システム、経済、そして最も重要といえるパトロンの存在という要素が一体となって生まれた。パトロンのなかでも特に名高いコジモ・デ・メディチは、自らも人文主義者としての興味からこの時代の傑作をいくつも支援した。

フィリッポ・ブルネレスキ、ドーム、サンタ・マリア・デル・フィオーレ教会堂（フィレンツェ大聖堂）、フィレンツェ、イタリア、1420〜'36年

空間の調和

ブルネレスキのサント・スピリト教会堂の平天井と丸窓からは、どことなくロマネスクの様相が感じられる。しかし、実際にはアーケードも空間の大きさも、ブルネレスキに古典建築の空間の調和に対する深い理解があったからこそ生み出されたものだ。身廊の高さと幅の比率は2対1で、全体では立方体が正確に4個半収まる形状をしている。また、1階のアーケードとクリアストーリーの高さはまったく同じにそろえられている。

フィリッポ・ブルネレスキ、サント・スピリト教会堂、フィレンツェ、イタリア、1436年着工

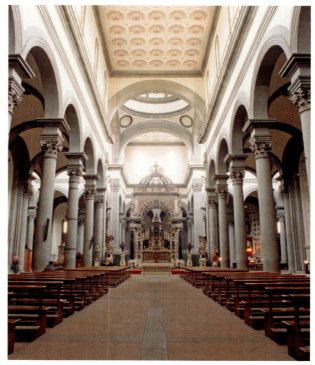

均整のとれたファサード

アルベルティは、パラッツォ・ルチェッライの壁面に違う種類のオーダーを重ね、首尾一貫した比例構成をつくってみせた。1階はドリス式、2階はイオニア式、その上は窓の間ごとにコリント式のオーダーが立つ一連の構成がつくられ、ファサード全体でオーダーを意識させるようになっている。この原理は、同じくフィレンツェにあるサンタ・マリア・ノヴェッラ教会堂のファサードでも用いられた。

レオン・バッティスタ・アルベルティ、パラッツォ・ルチェッライ、フィレンツェ、イタリア、1446年着工

細やかさ

コジモ・デ・メディチのような裕福で論議の的となりやすい人物にとって、セキュリティは必須だった。そのため、ミケロッツォの設計した邸宅、パラッツォ・メディチは外側から見ると重々しい粗面仕上げであたかも要塞のような様相を呈している。しかし、それとは対照的に中庭に面する内側は明るく軽い。ほっそりとした円柱は初期ルネサンスの特徴であり、ブルネレスキのインノチェンティ病院や、さらにさかのぼってロマネスク建築であるサン・ミニアート・アル・モンテ教会堂（1062～'90年およびそれ以降）などのフィレンツェの建物を思わせる。

ミケロッツォ・ディ・バルトロメオ、中庭、パラッツォ・メディチ、フィレンツェ、イタリア、1445～'60年

ルネサンスとマニエリスム > **盛期ルネサンス**

地域：イタリア
時代：16世紀
特徴：集中式平面、造形的なファサード、遠近法の円熟、古代の模倣、記念碑的位置づけ、壮麗さ

　1468年にローマのカンチェッレリア宮の建設が始まり、それを期に初期ルネサンスから盛期ルネサンスへの移行が始まったのは間違いない。カンチェッレリア宮を設計した名前も知られていない建築家は、アルベルティの原理を下敷きにして、アルベルティがパラッツォ・ルチェッライで達成した成果を超える表現を生み出した。カンチェッレリア宮の1階では、粗い仕上げの壁面上に取り付くのが通常だったオーダーが使用されなかった。上階にはピラスター（付柱）が窓と組み合わされて取り付けられているが、パラッツォ・ルチェッライのような単純なリズムではない。窓の両脇に建つ一組のピラスターの間隔はそうでないピラスターの間隔よりも広くとられていて、より壮大で秩序だった印象をファサードに与えている。さらにその印象を強めているのは少し張り出した左右両端のベイで、これはファサードの端を優雅に終局させる効果も果たしている。各構成要素にはファサードのなかでそれぞれの明確な役割があり、例えば窓を例に挙げれば、単にコーニス※より下というだけではなく、窓の下枠がピラスターの柱礎の高さにぴったりと合うように設置されていた。

　ローマ教皇シクストゥス4世の甥で、ローマ教皇の最高顧問である枢機卿ラッファエロ・リアリオの邸宅として建てられたカンチェッレリア宮は、ローマが盛期ルネサンスの中心地となる前兆となった。そして同じく教皇シクストゥス4世の甥である教皇ユリウス2世の下で、まさにこれぞルネサンスといえる決定的な建築プロジェクトが始まることとなる。サン・ピエトロ教会堂の建て替えである。16世紀初頭のサン・ピエトロ教会堂は、4世紀初期にコンスタンティヌス帝によって建てられたバシリカ式教会堂（p.16参照）からほぼ手つかずの状態で、崩壊しつつあった。1506年、ユリウス2世はドナト・ブラマンテ（1443または'44〜1514年）に新しい時代に合った大聖堂として再建するよう依頼した。

　ブラマンテはイタリアのマルケ州北西部にある都市ウルビーノ近郊の生まれで、ラファエロ（1483〜1520年）や後に同じくサン・ピエトロ教会堂を担当するミケランジェロ（1475〜1564年）などの数多くのローマ・ルネサンスの立役者たちと同じく、永遠の都ローマに来るまでに別の地で修行を積んできていた。ブラマンテのデザインといえば、伝統的な長方形平面の教会堂ではなくすばらしい集中式平面の建築物で、人文主義的な世界観が教会へとどれだけ浸透していたかを感じさせる。半球状のドームは、まったく同じ4本のピア上に、完璧なシンメトリーと幾何学的な均衡を保って載るように計画された。ブラマンテのドームは、その多くをパンテオン（p.14参照）のドームを基本としながら、当時の建築家たちが古典に見出すようになった活力をも反映していた。建築家たちにとって、心して実践すべきものはもはや理論ではなく、壮大さや威厳を表現することが最優先の課題となったのである。

※　屋根と壁の間で水平の帯状に突出した部分

ルネサンスとマニエリスム > **盛期ルネサンス**

集中式平面

初期ルネサンスでも集中式平面は使われていたが（p.55参照）、レオナルド・ダ・ヴィンチをはじめとした芸術家や建築家たちは、紙の上ででも現実の建築でも集中式平面の探求を進めた。そして、聖ペテロの磔刑（はりつけの刑）の場に盛期ルネサンス様式にて建てられたブラマンテの有名な小規模の円形堂、サン・ピエトロ・イン・モントーリオのテンピエット（殉教者記念礼拝堂）でついに完成を見る。ブラマンテは、全体の構成とボリュームを決定する比例体系を考案し、サン・ピエトロ大聖堂の設計のなかでさらに発展させた。

ドナト・ブラマンテ、サン・ピエトロ・イン・モントーリオのテンピエット、ローマ、イタリア、1502年

造形的なファサード

初期の邸宅建築のファサードは、建築的な表現にもかかわらず基本的に平らな面か浅いレリーフが設置されるだけだったが、パラッツォ・ヴィドーニ・カッファレルリでは壁面が造形的になっている。ピラスターの代わりに2本ずつセットになった円柱と、その柱礎部分には窓のバルコネット※が互い違いに用いられ、1階は彫刻のような粗面仕上げの石積み（ルスティカ）が施されている。

ラファエロ、パラッツォ・ヴィドーニ・カッファレルリ、ローマ、イタリア、1515～'20年頃（後に増改築）

※ 2階以上に位置する窓の下部を囲う鋳鉄製の手摺

ルネサンスとマニエリスム ＞ 盛期ルネサンス

遠近法の円熟

ブラマンテの初期の作品、ミラノのサンタ・マリア・プレッソ・サン・サティロ教会堂には、マントヴァにあるアルベルティのサンタンドレア聖堂(p.55参照)の影響が明確に見てとれる。ブラマンテは、当時はまだ建設の初期段階にあったサンタンドレア聖堂からその平面形状を学んだに違いない。内陣をつくるだけの広さがなかったので、ブラマンテは透視図法への深い知識を駆使して内陣を錯視でつくりあげた。格天井も柱も縮尺に応じて小さく縮められ、色を付けて仕上げられている。

古代の模倣

ラファエロが、後に教皇クレメンス7世となる枢機卿ジュリオ・デ・メディチから設計を依頼されたヴィラ・マダーマとその円形の中庭は、古代ローマの公衆浴場、とりわけカラカラ浴場(p.12参照)の影響を受けている。内装は、1世紀に建てられた皇帝ネロのドムス・アウレア(黄金宮殿)に断片的に遺されていた装飾をもとに、ジュリオ・ロマーノ、バルダッサーレ・ペルッツィ、ジョバンニ・ダ・ウーディネによって施された。

ドナト・ブラマンテ、サンタ・マリア・プレッソ・サン・サティロ教会堂、ミラノ、イタリア、1478〜'86年

ラファエロ(当初)、ヴィラ・マダーマ、ローマ近郊、イタリア、1518〜'25年

記念碑的位置づけ

ミケランジェロの初期の建築作品の1つが、メディチ家から依頼されたサン・ロレンツォ聖堂に付属するメディチ家礼拝堂の新聖具室である。ミケランジェロは、格間※付きのペンデンティブ・ドームが載る極めて建築学的な空間をつくりあげた。また、ミケランジェロは霊廟もデザインし、寓話性のある記念碑的な人物像を彫刻した。そうしたものが組み合わさって、メディチ家一族の永遠の権力が謳われている。

ミケランジェロ、新聖具室、サン・ロレンツォ、フィレンツェ、1520〜'24年

※ 天井面などに縦横に桟を並べ格子状の凹凸がある表面形状。この格間の付いた天井を格天井と呼ぶ

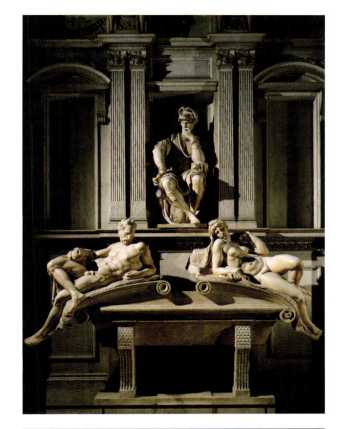

壮麗さ

アントニオ・ダ・サンガッロ・イル・ジョヴァネ（1483〜1546年）が設計、さらに1534年に大幅な見直しを行ったパラッツォ・ファルネーゼは、ローマの盛期ルネサンスを代表する壮麗な建築物である。ファサードでは、通常、1階に見られる粗石仕上げは重厚なクオイン（隅石）だけに留められ、一方で2階の窓上にはローマらしいモチーフである三角形のペディメントとセグメンタル・ペディメント※が交互に置かれる。太いコーニスと中庭側の3階は後にミケランジェロによって加えられた箇所で、マニエリスム的になっている。

アントニオ・ダ・サンガッロ・イル・ジョヴァネ、パラッツォ・ファルネーゼ、ローマ、イタリア、1534〜'46年

※ 三角形の上部が扁平な曲線になったペディメント

ルネサンスとマニエリスム > 北方ルネサンス

地域：フランス、オランダ、イギリス、さらにドイツと東ヨーロッパも
時代：16世紀
特徴：地域の伝統、シンメトリー、中世的な平面計画、動きのあるシルエット、象徴性、正統性

　15世紀に印刷機が出現したことで、建築思想はこれまでとは比べ物にならないほど早く、広く伝わるようになった。そして、北ヨーロッパに最も大きな影響を与えたのが、イタリアのマニエリスム期の建築家セバスティアーノ・セルリオ（1475～1554年）の著書『*Tutte l'opere d'architettura et prospetiva*（建築と遠近法の全て）』だった。セルリオはボローニャ生まれで最初は画家として修行し、1527年に神聖ローマ皇帝の軍が街を破壊し略奪するまではローマの画家バルッダサーレ・ペルッツィ（1481～1536年）のアトリエで働いていた。そしてヴェネツィアに逃れ、1540年にフランス王フランソワ1世にフォンテーヌブロー城の建設の補佐役として招かれるまでそこに留まっていた。しかし、フォンテーヌブローに残るセルリオの作品と考えられるものは南門ポルト・ドレ（黄金の門）だけである。いずれにせよ、セルリオが長く大きな影響を残したのは、紙上の作品においてであった。1537年から1575年にかけて、セルリオはルネサンス建築の理論面よりも実践面に重きを置いた書籍を数巻出版した。そこには、5種類のオーダーが初めて描かれたのをはじめ、それを手本とすれば模倣ができる膨大なイラストが付けられた。

　1530年代にフィリベール・ドゥ・ロルム、ジャン・ビュラン、ピエール・レスコといったフランス人建築家たちがローマを訪れているのをはじめ、ルネサンスの思想はほかのヨーロッパの国々にとっても身近なものになっていたが、16世紀になってもほとんどの北ヨーロッパの建築には昔ながらの伝統的な形態やモチーフが象徴的に用いられていた。そうした要素は、新しいものに取って代わられるどころかむしろ拡大され、独自の建築的な言語を確立させていた。そしてその伝統的な形態を継続させるため、いわゆる古典建築の構成原理は敬遠され、それを取り入れる試みは喪に関わるモニュメントや、ビュランの設計したエクアン城の門楼（1555年頃）のような、既存建物への追加的な造形物に限定されることが多かった。そんななか、レスコがパリのルーヴルで行った改修では、まず古典建築の原則に乗っ取ってファサードを構成した後、それを伝統的なモチーフで装飾した。これはこれまでとは逆の手順を踏んだ、16世紀中頃から北ヨーロッパに残る最初の例の1つである。

　フランスとオランダの事例は、イギリスでエリザベス1世（在位1558～1603年）の時代に建てられた数多くの大邸宅に影響を与えた。ケンブリッジシャーのバーリー・ハウスや、ウィルトシャーのロングリート・ハウス、ダービーシャーのハードウィック・ホールといったカントリー・ハウスと呼ばれる大邸宅は、シンメトリーだが、その平面計画は時に非常に革新的で、古典的な装飾が適切に使用されていることも多い。その一方で、イギリス特有の垂直式の伝統も色濃く残していた。実際のところ、その精神においても外見においても、同時期のどんなイタリアの典型例よりも100年前（15世紀）のイギリスの住宅との共通項の方が多かった。正統なイタリアの古典建築の形態がイギリスで確立するのは、17世紀初頭にイギリス人建築家イニゴー・ジョーンズ（1573～1652年）の作品が生まれてからのことである。

ルネサンスとマニエリスム > **北方ルネサンス**

地域の伝統

イタリア人建築家セルリオが設計したアンシー・ル・フラン城は、ルネサンス建築の原理と地域の伝統の両方から影響を受けている。飾りのない、しかしほかの点では古典的なファサードとコーナーパビリオンを、ピラスターが分節する。しかし、この建物の外観は、急勾配の屋根や千鳥破風※の窓、塔状のコーナーパビリオンが存在する点で伝統的なフランス式建築の域を出ていない。

セバスティアーノ・セルリオ、アンシー・ル・フラン城、ブルゴーニュ、フランス、1544〜'50年

※ 屋根の流れ面(斜面)に切妻屋根を設けた際にできる破風

シンメトリー

中世の住宅建築ではシンメトリーが重視されることはまれで、ばらばらのやり方で建て増しをしながら無計画につくられることがほとんどだった。しかし、ルネサンスの平面計画の原則の影響で、シンメトリーはあらゆる建築を導く原則として次第に重視されるようになった。その影響は、イギリスのハードウィック・ホールのように、古典ともゴシックともとれない様相を示す建物にさえ見られる。

ロバート・スミスソン、ハードウィック・ホール、ダービーシャー、イギリス、1590〜'97年

中世的な平面計画

カービー・ホールは、その当時のイギリスで最も壮大なカントリー・ハウスの1つである。平面計画は基本的に中世の特徴に倣っていて、重点は両翼に囲まれた中庭と大広間に置かれ、各部屋は連続して並んでいる。立面の装飾にはミケランジェロの作品の流れを汲む巨大なピラスターなど古典的なモチーフが象徴的に使われているが、そうしたモチーフさえなければ伝統的な建物の外観に過ぎない。

トマス・ソープの作とされる、カービー・ホール、ノーサンプトンシャー、イギリス、1570〜'72年

ルネサンスとマニエリスム ＞ **北方ルネサンス**

動きのあるシルエット

フランスのシャンボール城の平面計画は、大きな円形の塔が各隅部に置かれていて、まるで城郭のように見える。しかしその塔の立面を見ると、大きな窓が開き、ピラスターで区切られている。空を背景とした建物のシルエットは、とりわけ中央部分で塔と小塔が見事な競演を見せ、ほとんどゴシックの形態のように見えるが、その全体を覆う装飾には古典的な手法が用いられている。

ドメニコ・ダ・コルトナ、シャンボール城、ロワール、フランス、1519〜'47年

ルネサンスとマニエリスム > **北方ルネサンス**

象徴性

建築書の類いは、石工たちが新しくもたらされた古典的な様式を伝統的な建物の装飾に用いるときに、見本帳として参照されることも多かった。ベルギーのアントワープ市庁舎などの建物ではオーダーが象徴的に使用されているが、その目的は建築物に秩序を与えるというよりは、比較的伝統的な建物を装飾することであった。

コルネリス・フロリス・デ・フリーント、アントワープ市庁舎、アントワープ、ベルギー、1561〜'65年

正統性

北欧のパトロンたちは、時に早くからルネサンスのアイディアを取り入れ、ロンドンのウェストミンスター寺院にあるヘンリー7世の墓石もその一例である。デザインしたのは、ともにフィレンツェで修行中だった須にミケランジェロの鼻を殴って折ったことで有名な彫刻家ピエトロ・トリジアーノだった。しかし、イギリスにイタリア式古典建築を伝え、その足場を固めたのはイニゴー・ジョーンズであり、ホワイトホール宮殿の一角にイタリア古典建築のバンケティング・ハウスを設計し[1]、それがきっかけとなり新たな宮殿[2]が生まれることを望んでいた。

イニゴー・ジョーンズ、バンケティング・ハウス、ロンドン、イギリス、1619〜'22年着工

[1] その後ホワイトホール宮殿自体は焼失し、現在はこのバンケティング・ハウスのみが残っている
[2] イニゴー・ジョーンズは新宮殿全体の計画を描いていた

ルネサンスとマニエリスム ＞ **マニエリスム**

地域：イタリア、スペイン
時代：16世紀中頃〜後期
特徴：簡素さ、うねるファサード、ソリッドとヴォイド[※1]、多様なリズム、多様性、敬虔さ

　イタリアのマニエリスム期の画家であり、建築家、作家でもあったジョルジョ・ヴァザーリ（1511〜'74年）は、『画家・彫刻家・建築家列伝』（1550年初版）のなかで、初めてリナーシタ（再生）、すなわちルネサンスという言葉を使って、15世紀から16世紀にかけてのイタリアの芸術面での業績について語った。1568年に自ら改訂し再出版されたこの書籍で、ヴァザーリは、13世紀のフィレンツェの画家チマブーエに始まり、16世紀初期にレオナルド・ダ・ヴィンチ、ラファエロ、そしてついにはミケランジェロの登場によって黄金期を迎えるまでの芸術の発展過程を記録している。ヴァザーリは「（レオナルドの）行ったことすべて」が「人間技ではなく神の御業」であり、一方でラファエロは「こうした並外れた才能を持つ人々特有のあらゆる長所と慎ましさを生まれながらに与えられていた」と著した。そして、ミケランジェロの非凡さは、自然そのものの美を超越できたことだと考察し、神がその手で送り込んだ「ありとあらゆる技術に優れた芸術家――そして建築においては快適で安全、健全であり、均整がとれて見事に装飾された見た目にも優れた建築物をつくりあげた」人物と評した。

　こうした芸術家たちの偉業に直面し、さらには古典様式のシステムや建築上のセオリーが書籍にまとめられていくなかで、当時の建築家たちは、既存のルールを適応させたり破ったりする方法での自己表現を徐々に強め、現在マニエリスムの作品とされているものを生み出していった。マニエリスムの最初の兆候は、絶えず制作活動に取り組んだミケランジェロの作品に見られ、その1つであるフィレンツェのラウレンツィアーナ図書館は間違いなくマニエリスムの時代を開いた建築だ。ミケランジェロのマニエリスムはサン・ピエトロ大聖堂の設計に最も如実に表れている。ミケランジェロは、パウルス3世の依頼で度重なる再建中断の渦中にあったサン・ピエトロの設計を1546年に引き継ぎ、ラファエロ、バルダッサーレ・ペルッツィ、そしてアントニオ・ダ・サンガッロ・イル・ジョヴァネによって何年にもわたって拡張され続けていた設計案を、ブラマンテの当初案に立ち返らせた。そしてブラマンテの平面計画を単純化し、4本の中央のピアを巨大化して壮大なスケールを生み出し、二重になっていた放射状の中心部を簡略化することで一重の大空間の周歩廊をつくった。吹抜けが翼廊の隅に配されることで生まれた外観の凹凸の起伏は、一部重なり合っているピラスターが対角線上に置かれることでいっそう強調されている。重厚なアティックの層には、精巧な細工の「フード」[※2]が人目を引くエディキュールと長方形の窓が交互に並んでいる。またその一方で、コーニスが省略されていることで視線はその上のドームへと誘われる。そこに、ほかに類を見ない、自律的であり典型的なマニエリスムの表現が見られる。

※1　ソリッドは内部が詰まった密実な状態、ヴォイドは空っぽの空隙になった状態のこと
※2　窓などの開口の上部を覆う部分

ルネサンスとマニエリスム > **マニエリスム**

簡素さ

マニエリスムはイタリアに限定された様式ではない。スペイン国王フェリペ2世（在位1554〜'98年）によって建てられたマドリッド郊外にある王立の複合施設エル・エスコリアル※の格子状の中庭(グリッド)を見れば、古代の例をベースにしてつくられたことがほぼ一目瞭然だ。マニエリスム的な飾り気のない外観は、この地域産の石が彫刻に不向きだったことや、フェリペ2世が強い信仰心を表明するために古典的で簡素な形態を好んだことが影響している。

※ 宮殿、修道院、聖堂、図書館、霊廟などが含まれている

フアン・バウティスタ・デ・トレドおよびフアン・デ・エレーラ、エル・エスコリアル、マドリッド郊外、スペイン、1559〜'84年

ルネサンスとマニエリスム > **マニエリスム**

うねるファサード

イタリアのシエナ出身の建築家バルダッサーレ・ペルッツィによるローマのパラッツォ・マッシモ・アッレ・コロンネのファサードは、盛期ルネサンス期にラファエロが手がけたパラッツォ・ヴィドーニ・カッファレルリ（p.59参照）以上に造形的である。全体的には曲面でありながら表面は奇妙なほどに平坦で、1階の暗いロッジアとの明確な対比を見せる。また、ファサードに並ぶ窓枠も独特で、細く、ルスティカ仕上げをスタッコの手法で穿ったような独特の細工が施されている。

バルダッサーレ・ペルッツィ、パラッツォ・マッシモ・アッレ・コロンネ、ローマ、イタリア、1532〜'36年

ソリッドとヴォイド

アンドレア・パッラーディオ（1508〜'80年）は、西洋建築史に最も影響を与えた建築家で、独自のマニエリスムのスタイルをつくりあげた。パラッツォ・キエリカーティはパッラーディオが設計したイタリアのベネト州の数ある宮殿や邸宅のなかでも最も名高く、古代ローマの住宅に倣った中庭のコロネード（列柱）がファサードに用いられている。こうしたソリッドとヴォイドが互い違いになった様は、マニエリスムの建築の重要な視覚効果の1つであった。

アンドレア・パッラーディオ、パラッツォ・キエリカーティ、ヴィチェンツァ、イタリア、1550年着工

多様なリズム

ラファエロの弟子ジュリオ・ロマーノ（1499〜1546年）は、代表的なマニエリストの1人であり、マントヴァの君主ゴンザガの宮殿に招かれてそこで重要な作品をいくつか完成させた。なかでも最高傑作とされるのがパラッツォ・デル・テであり、その多様で、ある意味装飾の要素が競い合うようなファサードのリズムは、内部にある精緻を極めた幻想的なフレスコ画の複雑な描写の前触れとなっている。

ジュリオ・ロマーノ、パラッツォ・デル・テ、マントヴァ、イタリア、1525〜'35年

ルネサンスとマニエリスム > **マニエリスム**

多様性

ラウレンツィアーナ図書館は、サン・ロレンツォの新聖具室に続くミケランジェロにとって2つ目の建築作品であり、マニエリスムの特徴である形状の多様性が具体的に表現されている。この建物にはマニエリストの手法が数多く見られるが、その1つが前室に並ぶ2本一組の双柱であり、それが壁の表面に取り付くのではなく組み込まれている。そして、その下に持送り※が置かれていることで、構造的に不明瞭な印象が加わっている。

※ 上部の構造を支えるために壁から突出した部分。コーベルともいう

敬虔さ

イエズス会は、歴史的な変革をもたらしたトリエント公会議（p.70参照）が直後に迫る1540年に設立された。対抗宗教改革※の中心的な役割を担った修道会で、その活動を最初に建築という文化的な形で明らかにしたものの1つが、イエズス会の本拠地だったジェズ教会である。長方形の平面計画に立ち戻り、側廊はアルベルティの建物を踏襲したような脇に付く礼拝堂として構成されているが、実際は大空間の身廊に追いやられてほぼニッチになっている。

※ カトリック教会側の宗教改革。反宗教改革ともいう

ミケランジェロ、ラウレンツィアーナ図書館、フィレンツェ、イタリア、1524年

ジャコモ・ヴィニョーラとジャコモ・デッラ・ポルタ、ジェズ教会、ローマ、イタリア、1568〜'84年

バロックとロココ

バロックは間違いなく、真の意味で初めて世界中に広まった建築様式であり、7世紀の最初期にローマに登場した後、スペイン、フランス、ドイツ、そしてイギリスへと広まった。さらにはスカンジナビア地域、ロシア、ラテンアメリカにまで到達したのである。その表現は地域や建築家によって異なるが、バロックに欠かせない幻想的でドラマチックな特徴は各地に伝わっていることがわかる。バロックでは、ルネサンス(p.52参照)で見られた古典的な様式の概念が拡大され、新たな特徴として生まれたのが大胆で力強いボリューム感、大きな曲線、光と影のドラマチックな視覚効果、そして豪華で極めて豊かに装飾され、建築と絵画と彫刻の境界が曖昧になった内部空間である。

バロックという言葉はもともと、フランス語で「不格好な」、もしくは「歪んだ真珠」を意味する。美しさを否定するようなこの言葉のニュアンスのせいで、後世の多くの学者たちにとって、バロックの芸術と建築は「退廃的」であり研究に値しないものと見なされた。19世紀に影響力があった文化史家のヤーコプ・ブルクハルトは、バロックはルネサンスの価値観の消失の表れだと位置づけたが、その弟子でもあった偉大な建築史家ハインリヒ・ヴェルフリンが、学者として初めてバロックに真剣に注目した。そして後に影響を与えた著書『ルネサンスとバロック』(1888年)で、バロックの建築とルネサンスの建築との直接的な関係性について分析した。

対抗宗教改革

ヴェルフリンは自らも認める形式論者だったが、それでも、バロックを理解する上で対抗宗教改革の歴史的背景を切り離して考えることは不可能だと認めていた。対抗宗教改革は、16世紀初めにマルティン・ルターが起こしたプロテスタントの宗教改革と真っ向から対抗するものであり、統合と基本的な教義の見直しによってローマカトリック教会に対する信仰の優位性を再び取り戻そうとするものだった。1545年に第1回のトリエント公会議が開催され、そこで出された勅令には、宗教芸術の図案や様式を定める厳しい制限が盛り込まれていた。教会の再興は建築にも広がり、活力と自信が復活したことで、17世紀には多くの教会からの依頼で新たな建築、特にジャン・ロレンツォ・ベルニーニ(1598〜1680年)、フランチェスコ・ボッロミーニ(1599〜1667年)の作品が多く生まれた。ローマにあるサンタンドレア・アル・クイリナーレ教会やサン・カルロ・アッレ・クワトロ・フォンターネ聖堂では、そうした感情が直接的に表現されている。圧倒的なスケールに豪華な装飾、そして建築と彫刻や絵画との融合、そのいずれもが一瞥するだけでローマカトリック教会の権力と威信を思い起こさせるものであった。

バロックの国際化

バロックはヨーロッパ中に広がり、プロテスタントの地域、特にマルティン・ルターの蜂起の中心地であった北ドイツにも到達した。しかし、そこではローマのカトリック教会の建築のようなドラマチックさは薄れ、ヨハン・バルタザール・ノイマン(1687〜1753年)やヨハン・ベルンハルト・フィッシャー・フォン・エルラッハ(1656〜1723年)らによる豪華なボヘミアン・バロックの作品は南の地域のものとは明らかに異なるものになった。そもそもプロテスタントの信条では教会堂建築に重きを置いていなかったため、ヨーロッパの多くの地域では、権力を誇示するための宮殿建築でバロックの極致が示された。

プロテスタントの一地域であったイギリスは、地理上も宗教上もヨーロッパ大陸からは隔離されていたため、バロックが広まるのも遅く、特異な形で一時的に発展した。クリストファー・レン(1632〜1723年)に影響を受けた、ジョン・ヴァンブラ(1664〜1726年)とニコラス・ホークスムア(1661〜1736年)が共同設計したノース・ヨークシャーのカースル・ハワードのカントリー・ハウスや、オックスフォードシャーのブレナム宮殿では、パリ近郊にあるルイ14世のヴェルサイユ宮殿の規模が目標とされた。しかし様式の面では、そのモデルとした宮殿の絶対的なルールはあまり反映されていなかった。平面計画は16世紀のイタリアの建築家アンドレア・パッラーディオ(p.68参照)の邸宅に、形態と建物全体の計画はイギリス独自の中世やエリザベス朝の様式に基づいていた。イギリスでのバロックの最盛期は、おそらくホークスムアによるロンドンの6つの教会で、いずれも白い石造りの陰鬱な建造物である。

バロックの遺したものは、後に建築史家たちが解説したように、建築を *Gesamtkunstwerk* (全体芸術)と考えたことである。最終的にバロックの時代に取って代わるロココの建築家たちは、しばしばそれを極端な装飾で実践した。

バロックとロココ

- イタリア・バロック
- ドイツと東欧のバロック
- スペインとラテンアメリカのバロック
- フランス・バロック
- イギリス・バロック
- ロココ

バロックとロココ ＞ **イタリア・バロック**

地域：イタリア
時代：17〜18世紀
特徴：斜角、楕円形、曲面のファサード、ジャイアント・オーダー、建築と彫刻の統合、錯覚

イタリアのバロックは、ミケランジェロが手がけたローマのサン・ピエトロ大聖堂のドームで初めてその兆しを見せた。ブラマンテが半球状のドーム（p.58参照）を計画した場所に、ミケランジェロは卵形のドームを入れようと考えた。ミケランジェロが他界した時点ではまだドラム（ドームの土台部分）までしか到達していなかったため、それが本人の最終的な意図であったかどうかは未だ議論の余地がある。しかし、この急勾配でよりダイナミックなドームの形状は、ジャコモ・デッラ・ポルタ（1533〜1602年頃）の監督の下で多少なりとも実行された。そして1590年に完成してローマの街にそびえ立つと、この街のみならずイタリアの大部分の建築の次世紀にあるべき姿をはっきりと示したのである。

ミケランジェロのバロックはマニエリスムが支配的な時代にも例外的に存在し続けていたが、実際にはバロックは彼より後の世代の建築家によるもので、なかでもジャン・ロレンツォ・ベルニーニやフランチェスコ・ボッロミーニが抜きん出ていた。この2人がやってきて名を成したローマには、ピエトロ・ダ・コルトーナ（1596〜1669年）というローマのバロックを代表する建築家がもう1人いて、3人はともに建築家としてのキャリアの初期を、カルロ・マデルノ（1556〜1629年頃）がその死の直前に建設を担当し始めたパラッツォ・バルベリーニ（バルベリーニ宮）で過ごした。しかし、そのうちこの3人、とりわけベルニーニとボッロミーニは激しいライバル同士になっていった。

ベルニーニは建築家であるだけでなく、間違いなくバロックの最も偉大な彫刻家でもあった。一方のボッロミーニは石工として修行し、サン・ピエトロ大聖堂の現場で働いていたのだが、まさにそこに、ベルニーニが自身の最高傑作の1つをつくりあげる。それがミケランジェロのドームの真下に置かれる巨大な4本の柱を持つブロンズのバルダッキーノ（天蓋）である。ベルニーニのそこでの仕事は外部の堂々たる列柱にまで広がり、マデルノによるファサードとその上に載るミケランジェロによるドームを印象的に縁取っている。

ベルニーニに比べるとボッロミーニの作品は、彼の最大の作品サン・カルロ・アッレ・クワトロ・フォンターネ聖堂であってもかなりスケールが小さい。しかし、凹凸のあるファサードは複雑な内部空間を示し、その内部ではボッロミーニの魔法のような技量により静的な石組みからはっきりとした動きを感じ取ることができる。

バロックはローマからイタリア全土、とりわけトリノへと広がり、建築家で数学者でもあるグァリーノ・グァリーニ（1624〜'83年）が活躍し、すばらしい表現を実現した。なかでも特筆すべきはサン・ロレンツォ教会堂の見事なドームと、パラッツォ・カリニャーノの湾曲したファサードである。

斜角

斜角（垂直でない角度）は、楕円形と並んでバロック建築を特徴付ける要素の1つで、特にイタリア北部のモデナ出身の建築家グァリーノ・グァリーニによって用いられた。グァリーニは優れた数学者でもあったため、多くの作品には幾何学への深い理解がよく表れていて、それが最もよくわかるのがトリノのサン・ロレンツォ教会堂の類いまれなドームである。

グァリーノ・グァリーニ、サン・ロレンツォ教会堂、トリノ、1666〜'80年

バロックとロココ > **イタリア・バロック**

楕円形

ルネサンス建築の構成を特徴付けるのが完璧なシンメトリーの形状を持つ円であったのに対し、バロック建築は楕円によって特徴付けられていた。ローマのポポロ広場の上に建つサンタ・マリア・デイ・ミラーコリとサンタ・マリア・イン・モンテサントは双子の教会と呼ばれ、そのドームは楕円によって形状が定められている。また、ボッロミーニのサン・カルロ・アッレ・クワトロ・フォンターネやそのすぐ近くにあるベルニーニのサンタンドレア・アル・クイリナーレでは、楕円が建築全体を1つにまとめ上げるための要素として用いられている。

曲面のファサード

バロック建築にとって欠くことのできない特徴がドラマチックな効果であるとしたら、それを実現するために欠かせなかった手法の1つが曲面のファサードだった。そうしたバロック特有のファサードで最も有名なのが、イタリアの建築家ピエトロ・ダ・コルトーナが設計したサンタ・マリア・デッラ・パーチェであり、半円の凸面になった中央の部分と両翼の凹面の形状はあたかも劇場の舞台セットのようである。

ジャン・ロレンツォ・ベルニーニ、サンタンドレア・アル・クイリナーレ、ローマ、イタリア、1658〜'70年

ピエトロ・ダ・コルトーナ、サンタ・マリア・デッラ・パーチェ、ローマ、イタリア、1656〜'67年

バロックとロココ ＞ **イタリア・バロック**

ジャイアント・オーダー

巨大な円柱もしくはピラスターが2層以上の階層を通して伸びているもので、非常に強い象徴性と表現力を兼ね備える。ベルニーニはこれを、ローマのサン・ピエトロ広場の並外れた列柱廊や、ミケランジェロのドームの下に立つ豪華なバルダッキーノの「ソロモンの（ねじれた）柱」で用いた。

建築と彫刻の統合

ローマのサンタ・マリア・デッラ・ヴィットリア教会コルナロ礼拝堂の壁面に設置された祭壇にあるベルニーニの彫刻作品『聖テレジアの法悦』は、建築装飾の彫刻群の中央にとても精巧につくり上げられている。この彫刻はコルナロ礼拝堂の曲線と表情豊かな大理石で囲まれているが、その瞬間を見物する目撃者たちの彫像も両側の壁面に置かれていることによって、鑑賞者とその情景の向こう側にある超自然的な視点との境界が複雑になっている。

ジャン・ロレンツォ・ベルニーニ、バルダッキーノ、サン・ピエトロ、ローマ、イタリア、1623〜'34年

ジャン・ロレンツォ・ベルニーニ、聖テレジアの法悦、コルナロ礼拝堂、サンタ・マリア・デッラ・ヴィットリア教会、ローマ、イタリア、1647〜'52年

バロックとロココ > **イタリア・バロック**

錯覚

バチカンにあるベルニーニによるスカラ・レジア（段階柱廊）（1663〜'66年）には、空間的な錯覚の効果が存分に使われている。ダイナミックな空間に見せるために、先に行くほど細くなるような平面形状にし、さらに手前と奥に光のたまりをつくり視覚効果が強調されるように計画したのである。またバロックでは、絵画的な錯視も頻繁に用いられた。アンドレア・ポッツォ（1642〜1709年）によって遠近法を用いて描かれた聖イグナチオ・デ・ロヨラが祭られている教会（サン・ティニャツィオ教会）のフレスコ画『聖イグナティウス・デ・ロヨラの栄光』はその一例である。

アンドレア・ポッツォ、身廊のフレスコ画、サン・ティニャツィオ（聖イグナチオ・デ・ロヨラ）教会堂、マルス広場、ローマ、イタリア、1685年〜

バロックとロココ ＞ **ドイツと東欧のバロック**

地域：ドイツ、東欧諸国
時代：17〜18世紀
特徴：イタリアの影響、宮殿建築、ゴシックの影響、古典と宗教の建築的な統合、複雑な空間構成、タマネギ型ドーム

　三十年戦争（1618〜'48年）は、神聖ローマ帝国内とその周辺地域が主だった戦場となったものの、中欧と東欧の大部分がそこに巻き込まれていった。そのため、そうした地域にバロックが広まるのは遅れた。戦争中は建物の建設がほぼ中止され、再開したのは17世紀の後半になってからのことだった。

　神聖ローマ帝国はまさに諸領土の連合体であり、それぞれの支配者は王、君主、伯爵、さらには宗教権力にいたるまで非常に多様だった。三十年戦争を引き起こしたのは宗教の壁、特にローマカトリックとプロテスタントの間の確執であり、それがバロックを受け入れるかどうかを決定づける大きな要素にもなった。また、数多くの小国家の存在と、政治的、宗教的な違いは建築形態にも反映され、この地域ではさまざまな形でバロックが発展した。

　初期のバロック建築はハプスブルク家の統治者の命によるもので、ウィーンで発展し、続く世代にも影響を与えた。その立役者となったのがヨハン・ルーカス・フォン・ヒルデブラント（1668〜1745年）とフィッシャー・フォン・エルラッハだった。このうち特にフィッシャー・フォン・エルラッハは、ベルニーニの作品に強く影響を受けており、ハプスブルク家の神聖ローマ皇帝ヨーゼフ1世（在位1705〜'11年）やその弟カール6世（在位1711〜'40年）から依頼された建築に大きな曲線を描く形状を取り入れた。カール6世の建てた教会堂、カールス教会では、建築の歴史をさまざまな側面から非常に興味深い形で引用し、1つにまとめ上げている。

　この神聖ローマ帝国では、1つの統治単位のなかでさえさまざまなバロックの建物が誕生した。例えばバイエルン地域では、ほぼ同時期に活躍した建築家であるアザム兄弟とヨハン・バルタザール・ノイマンでもその設計には大きな違いがあった。アザム兄弟はもともと職人的な彫刻家で、そこから建築家に転身した。その作品はベルニーニの影響を受け、壮大で彫刻的な装飾が施されたことは言うまでもない。

　それに対してノイマンは、軍事工学の分野で高度な教育を受けていた。バンベルク近くに建つフィアツェーンハイリゲンのバシリカ聖堂（十四聖人のバシリカ聖堂）の、ピンクと黄金で彩られた内部空間はノイマンの傑作であり、ロココに迫る自由奔放さを持つが、特筆すべきはその見事な幾何学的構成である。ノイマンは身廊、側廊、翼廊から成る伝統的な平面デザインを楕円の連続に再構成し、その楕円を立面上のさまざまな部分で立体的に交差させて、感情だけでなく知性にも訴えかけるような効果を生み出した。

　ノイマンの複雑な空間構成の中には、ゴシックに極めて近い特徴が見られるものもあるが、こうした特徴をさらにはっきりと示しているのが、エキセントリックな作風のボヘミアン・バロックだ。特にヤン・サンティーニ・アイヘル（1667〜1723年）の作品や、東欧でよく使われていた中世風のタマネギ型のドーム屋根はボヘミアン・バロックの典型例である。

バロックとロココ ＞ ドイツと東欧のバロック

イタリアの影響

数々のイタリア人建築家のなかでも特に南ドイツのバロック建築に最も大きな影響を及ぼしたのは、グァリーノ・グァリーニである。その理由は、グァリーノ・グァリーニの傑作がある南ドイツは、職人たちが凝ったアイディアを実現できたトリノと地理的に近かったためといえるだろう。また、ベルニーニとボッロミーニの作品も、とりわけヴェルテンブルクのアザム兄弟に重要なインスピレーションを与えた。

エギト・クヴィリン・アザム、コスマス・ダミアン・アザム、ヴェルテンブルク修道院、バイエルン、ドイツ、1717〜'21年

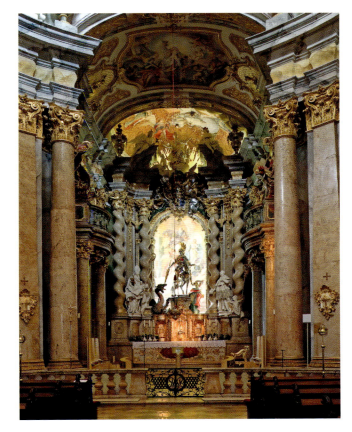

宮殿建築

神聖ローマ帝国には多くの小国家が分立していたため、バロックの建築家たちは数多くの宮殿設計の依頼を受けた。ウィーンにあるヒルデブラント設計のベルヴェデーレ宮殿上宮の見事な例をはじめとして、それらの宮殿のほとんどは、ジャイアント・オーダーと組み込まれた建物中央の正面部分によって広い外壁が分節されている。その特徴はフランスのルイ14世のヴェルサイユ宮殿から大きな影響を受けたものだった。

ヨハン・ルーカス・フォン・ヒルデブラント、ベルヴェデーレ宮殿・上宮、ウィーン、オーストリア、1717〜'23年

バロックとロココ ＞ **ドイツと東欧のバロック**

ゴシックの影響

ヤン・サンティーニ＝アイヘルはボヘミア人建築家で、その名が示すとおりイタリア系の人物だった。聖ヤン・ネポムツキー巡礼教会では、独自の手法が最も鮮やかに発揮されており、バロックの曲面のファサードと、ゴシックの尖頭アーチの窓が特異な融合を見せている。

ヤン・サンティーニ＝アイヘル、聖ヤン・ネポムツキー巡礼教会、ゼレナー・ホラ、チェコ、1719〜'27年

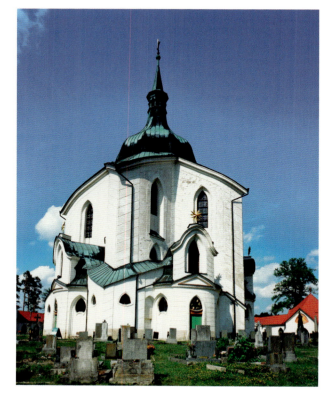

古典と宗教の建築的な統合

1713年、神聖ローマ皇帝でもあったカール6世※は、ウィーンで聖カルロ・ボッロメーオを讃える教会の建設に着手した。その依頼を勝ち取ったのがフィッシャー・フォン・エルラッハであった。正面は古代ギリシャ神殿の形態で、側面にはローマ・バロック式のパビリオンを備え、さらにカール6世の威光を示すためにトラヤヌス帝の記念柱を模したものを2本建て、それらを1つにまとめ上げた比類のないデザインだった。

ヨハン・ベルンハルト・フィッシャー・フォン・エルラッハ、カールス教会（正式にはザンクト・カール・ボロメウス教会堂）、ウィーン、オーストリア、1737年完成

※ ほかにハンガリー王、ボヘミア王を兼ねていた

バロックとロココ ＞ **ドイツと東欧のバロック**

複雑な空間構成

ドイツ中部、ブルッフザールの司教宮殿（ブルッフザール城とも呼ばれる）で、既存の建物に円形の階段室を新設することになった際に、その建築上の難題を解決するために参画を依頼されたのがヨハン・バルタザール・ノイマンだった。ノイマンは空間への理解が非常に深く、提示された建築上の制約も最大限に活かしてドイツ・バロックの傑作をつくりあげた。

タマネギ型ドーム

タマネギ型ドームは、下部が球根のように膨らみ、頂点に向かって細くなる形状をしたドームであり、中世以降は一貫してロシアと東欧の建築を特徴付けてきた。バロックの建築でも継続して用いられ、さらに「洋なし」「つぼみ」といった新たなバリエーションが導入された。フランチェスコ・バルトロメオ・ラストレッリ（1700～'71年）によるウクライナの首都キエフの聖アンドリーイ教会堂などにその例が見られる。

ヨハン・バルタザール・ノイマン、司教宮殿の階段室、ブルッフザール、ドイツ、1721～'32年

フランチェスコ・バルトロメオ・ラストレッリ、聖アンドリーイ教会堂、キエフ、ウクライナ、1747～'54年

バロックとロココ ＞ **スペインとラテンアメリカのバロック**

地域：スペイン、ラテンアメリカ
時代：17〜18世紀
特徴：ムーア文化の影響、アメリカ土着の文化の影響、チュリゲラ様式※、構造への抵抗、光のドラマチックな効果、重厚なモールディング

　16世紀末、ルネサンス建築が装飾を脱ぎ捨てて基本となる幾何学的な形状だけを見せたような、飾り気のない簡素な古典主義がスペインに広まった。この様式は、フアン・デ・エレーラ（1530〜'97年）の作品で頂点に達し、その名をとってエレーラ様式と呼ばれる。エレーラの最も有名な作品は、マドリッド近郊にフェリペ2世（在位1556〜'98年）が建てた、サン・ロレンソ・デ・エル・エスコリアルの巨大な王立宮殿を含む複合施設である。当初、この事業の任をフェリペ2世から受けたのは建築家のフアン・バウティスタ・デ・トレードであったが、建設事業が始まって間もない1567年に死去し、エレーラがそれを引き継ぐこととなった。エレーラは当初の計画を変更、拡張して、さらにファサードを再整理することで平面と立面を幾何学的にほぼ完璧に統合させた。

　対抗宗教改革の精神がイベリア半島にも広まるにつれ、それまでのエレーラ様式の特徴にバロックの特性を備えるものが増加した。17世紀中頃のことである。しかし、スペイン独特のバロックの表現が見られるようになったのは、ホセ・ベニート・デ・チュリゲラ（1665〜1725年）とその弟のホアキン（1674〜1724年）、アルベルト（1676〜1750年）の作品からである。チュリゲラ兄弟の影響を受けた作品はその名前を借りて「チュリゲラ様式」と呼ばれ、装飾が凝縮したその形態が、18世紀までのほとんどのスペインの建築を席巻した。そのドラマチックな効果が用いられたカサス・イ・ノボアによるサンティアゴ・デ・コンポステーラ大聖堂の西側正面の塔は、スペインで最も古くから残る優れた教会建築の1つである。

　チュリゲラ様式では、バロックに対するスペイン独特の解釈が表れている。そこにはかつてイベリア半島を支配したムーア人（アフリカ北西部のイスラム教徒）の建築の影響が見てとれることが多い。チュリゲラ様式のもう1つの源泉は、ラテンアメリカの土着の建築である。15世紀末にスペインからの侵略者がアメリカ大陸に初めて足を踏み入れて以降、スペインへ黄金が送られてくるようになった。その利益によって建てられた建物は、さまざまな点でその財を生み出した地域独特の建築を反映していたのである。

　何より明らかな傾向は、バロックがさらに西へと太平洋を渡り、新たなスペインの統治下へと広がったことである。そこには、帝国主義による拡大意欲と同等かそれ以上の宗教上の拡大意欲があった。18世紀の100年間にはラテンアメリカには数多くのバロックの教会堂が建設されたが、これは侵略者たちがラテンアメリカ原住民に対する精神的救済と位置づけていた、キリスト教化の思惑を反映したものだった。

※　スペインやスペイン領で17世紀後半から18世紀前半に用いられた建築様式。スペイン独自のバロック様式である

バロックとロココ > スペインとラテンアメリカのバロック

ムーア文化の影響

15世紀末にグラナダ王国が倒れるまで、8世紀以降、イベリア半島の大部分はムーア人に支配されていた。チュリゲラ様式とムーア文化の建築には類似点が見られることが多い。その一例がグラナダのアルハンブラ宮殿にあるアベンセラッヘの間であり、その見事な天井は数え切れないムカルナス※で覆い尽くされている。

アベンセラッヘの間、ライオン宮、アルハンブラ宮殿、グラナダ、スペイン、1354〜'91年

※ イスラム建築で用いられる装飾の一種

アメリカ土着の文化の影響

バロックは、キリスト教の到達を目に見える形で示すように南北アメリカ大陸へと広がり、そこで土着の建築物の要素を取り込む柔軟性を見せた。ペルーのクスコ（インカの首都であり、太陽の都として栄えた都市）にあるサント・ドミンゴ大聖堂の建設では、インカ時代の精巧な石組み技術により、インカ遺跡近くから採られた石材が、一部は切断し直すことなく使用された。

サント・ドミンゴ大聖堂、クスコ、ペルー、1559〜1654年

バロックとロココ ＞ スペインとラテンアメリカのバロック

チュリゲラ様式

チュリゲラ一族から名付けられたチュリゲラ様式は、建築作品全体を過剰なまでに装飾で覆い尽くすことが特徴である。用いられているのは、モールディングやスクロール、植物模様といった、基本的に古典の言語の流れを汲む装飾であるが、その配置方法は圧巻であった。スペインのグラダナにあるカルトゥハ修道院の聖具室では、極限近くまで凝縮された装飾が見られる。

構造への抵抗

古典建築とは、突き詰めて考えれば構造の表出だといえる。チュリゲラ様式の過剰なまでの装飾は、その特徴に真っ向から対抗しようとするものだった。トレド大聖堂にあるナルシソ・トメ作のトランスパレンテ（*El Transparente*）と呼ばれる見事な祭壇飾り（アルターピースとも呼ばれる）では、わずかに残された構造的表現すらも凝縮された装飾に覆い隠され、円柱の柱身でさえ完全に装飾の一部へと溶け込んでいる。

ルイス・デ・アレバロ、F. マヌエル・バスケス、聖具室、グラナダのカルトゥハ修道院、スペイン、1727〜'64年

ナルシソ・トメ、トレンスパレンテの祭壇飾り、トレド大聖堂、スペイン、1729〜'32年

バロックとロココ > スペインとラテンアメリカのバロック

光のドラマチックな効果

トレンスパレンテのもう1つの特筆すべき点であり、スペイン・バロックを特徴付ける重要な鍵が、ドラマチックであたかも天啓を示すような光の使い方であった。ナルシソ・トメは、この祭壇飾りの比類のない装飾をよりドラマチックに見せるために、リブ・ヴォールトの構造耐力を負担しないウェブの部分を取り払って、そこに光を集中的に当てた。

重厚なモールディング

イタリア・バロックでは既存の古典的な装飾の適用箇所の境界を押し広げたのに対して、スペイン・バロックでは古典のモチーフ自体の表現力を発展させ、強めようとした。ソロモンの(ねじれた)柱がたびたび用いられ、単純なモールディングでさえ、それ自体が建築的な表現であることをはっきりと示すために大きなサイズで施された。

ナルシソ・トメ、トレンスパレンテの祭壇飾り、トレド大聖堂、スペイン、1729〜'32年

ディエゴ・ドゥラン、カジェタノ・シグエンザ、サンタ・プリスカ教会堂、タスコ、メキシコ、1751〜'58年

バロックとロココ > **フランス・バロック**

地域：フランス
時代：17～18世紀初期
特徴：マンサード屋根、ドーム、ランドスケープデザイン、逸脱、豪奢な内装、重厚なルスティカ仕上げ

　フランス・バロックという言葉は、フランス王ルイ14世（在位1643～1715年）の建築というのと同義である。ルイ王朝下のフランスは、中央集権が進んだ絶対王政の国家であった。権力はパリ、後にはヴェルサイユという唯一の場所の、ただ1人の王の手中に置かれ、その言動は神の言葉として扱われた。ルイ14世の財務総監だったジャン＝バティスト・コルベールは、自称太陽王を讃美する方向へと芸術、とりわけ建築を導いた。

　コルベールは、科学や建築の分野などで数々のアカデミーを設立し、王立絵画彫刻アカデミーを再編成した。いずれも、フランスの権威をさらに拡大するために、優れた芸術家や建築家、技術者を確実に育て続けるためだった。またコルベールは、イタリア・バロックの巨匠ベルニーニが1665年にルーヴル宮の東側正面の設計のためにパリに招聘された際にもその説得に大きな役割を果たした。ベルニーニの設計案は不採用となったが、彼がパリで制作したルイ14世の胸像は、この王を示す最も優れた作品の1つとされている。

　ベルニーニの訪問にもかかわらず、フランスのバロックは南欧のものとはまったく異なる発展を遂げた。その違いとは、フランス建築の伝統を保ち続けたこと、そして、宮殿の建築と造園のデザインに密接に関わっていたことである。フランソワ・マンサール（1598～1666年）は、フランスでバロックの様式を初めて取り入れた建築家だった。そして、フランス的な建築言語のなかに取り入れる形で、主にオーダーを取り付け、重々しいルスティカ仕上げを用いることが多かった。マンサールの作品のうちパリにあるヴァル・ド・グラースの教会堂、そしてパリ近郊のメゾン城（現在はメゾン＝ラフィット城と呼ばれている）では特に、特徴的なマンサード屋根（屋根の傾斜が途中で変わる腰折れ屋根の一種）で覆われ、フランスの後世の建築家たちに影響を与えた。

　ルイ・ル・ヴォー（1612～'70年）によるヴォー・ル・ヴィコント城（1656～'61年）は、建築、内装デザイン、絵画、ランドスケープデザインが統合された典型的な例で、それはやがてフランス・バロックの特徴となっていった。そのデザインにはマンサールのメゾン城を思い起こさせるところもあるが、よりドラマチックであり、両翼は張り出してジャイアント・オーダーが並び、中央のドームと重なり合いながら連続するマンサード屋根が生き生きとしたスカイラインを描いている。内部は、画家のシャルル・ル・ブランが各部屋を豪華な壁画で飾るよう依頼を受けた。また外部は、造園家アンドレ・ル・ノートル（1613～1700年）による極めて秩序だった一連の幾何学的な通路と池、生け垣を通じて邸宅の建築が庭園へと広げられている。ル・ヴォー、ル・ブランそしてル・ノートルの3人は後にルイ14世の命を受け、フランス・バロックの最高傑作といえるヴェルサイユ宮殿の建築に携わることになった。

バロックとロココ > **フランス・バロック**

マンサード屋根

この屋根形式を生み出したのはフランソワ・マンサール自身ではなかったが、頻繁に使用したことからその名前が付けられた。もともとはより広い内部空間を確保するという実用的な目的があったが、マンサールやそれに続く建築家たちは、この屋根を象徴的に用い、フランス建築の伝統の連続性が示されることとなった。

フランソワ・マンサール、メゾン城、メゾン＝ラフィット、パリ近郊、フランス、1630〜'51年

ドーム

宮殿とともに、ドームを載く教会堂もフランス・バロックにとって重要な建築形態だった。最も名高いのが、ジュール・アルドゥアン＝マンサール（フランソワ・マンサールの兄弟の孫）によるアンヴァリッドのサン・ルイ教会に載る黄金のドームである。ルイ14世が主として退役後の傷痍軍人のために建てた大病院の中心にあり、セーヌ川を見下ろしている。

ジュール・アルドゥアン＝マンサール、アンヴァリッドのサン・ルイ教会堂、パリ、フランス、1675〜1706年

ランドスケープデザイン

ヴェルサイユ宮殿で、ル・ノートルがデザインしたランドスケープは、生け垣と並木、芝生で縁取られた長い通りが、宮殿から放射状に伸びるものだった。ヴォー・ル・ヴィコント城でかなり小さな規模で行っていたものと同じ組み合わせである。そしてトピアリー（庭木を動物・鳥などの形に刈り込んでつくる造形物）や彫刻、ドラマチックな噴水の数々がランドスケープのなかに置かれ、ルイ14世の領地の広がりを示していた。

アンドレ・ル・ノートル、ヴェルサイユ宮殿のオランジュリー庭園、ヴェルサイユ、フランス、1661年〜

バロックとロココ > **フランス・バロック**

逸脱

17世紀のフランス哲学においては、当時の作品は古代に勝るとも劣らないものだという主張を持つ「近代人」と呼ばれる近代派と、古典を尊ぶ「古代人」とが対立を繰り広げていた。パリのルーヴル宮の東側ファサードをデザインしたクロード・ペロー（1613〜'88年）は、建築家であり、科学者であり、そして完全な「近代人」だった。ペローは、それまで受け継がれてきた建築理念を跳ね除け、独自の構成と建築表現でファサードをつくりあげた。

クロード・ペロー、ルーヴル宮の東側ファサード、パリ、フランス、1665〜'80年

豪奢な内装

ルイ14世は、ヴェルサイユをかつての狩猟の館から世界で最も大きな宮殿の1つに変貌させるために、ル・ヴォーとル・ブラン、ル・ノートル、後にはジュール・アルドゥアン＝マンサールを登用した。その内装は建築と金箔の細工や天井画、壁画が組み合わさって、これ以上のものはないというほど目を楽しませてくれる。

ジュール・アルドゥアン＝マンサール、シャルル・ル・ブラン、鏡の間、ヴェルサイユ宮殿、ヴェルサイユ、フランス、1678〜'84年

バロックとロココ ＞ **フランス・バロック**

重厚なルスティカ仕上げ

フランス・バロックでは、ルスティカ仕上げと呼ばれる石造建築の隣り合う石材の目地を強調する手法がよく用いられた。フランスの建築では以前より使われてきた手法だが、特に16世紀の建築家ジャック・アンドルーエ・デュ・セルソー（1520～1585年頃）とその孫サロモン・ド・ブロス（1571～1626年頃）の作品、なかでもブロスのリュクサンブール宮殿（1615年着工）に顕著に表れている。

ジュール・アンドゥアン・マンサール、オランジュリー、ヴェルサイユ宮殿、ヴェルサイユ、フランス、1684～'86年

バロックとロココ ＞ **イギリス・バロック**

地域：イギリス
時代：17世紀中頃〜18世紀初期
特徴：簡素さ、変化に富むスカイライン、中世の影響、要石の強調、折衷主義、ドーム

イギリスでは、ヨーロッパ大陸より遅れて、まったく違った形でバロックが発展した。プロテスタントの国であるイギリスでは、ローマカトリックと結びついたヨーロッパ大陸のぜいたくなバロック建築に対する抵抗があり、17世紀に入ってきた古典建築に対してすら、時間が経ってもなお幾分懐疑的だった。しかし、まもなく1665年に若きクリストファー・レンがパリを訪れ、現地に滞在中だった巨匠ベルニーニに会ったことをきっかけに、バロックへのつながりができた。そして、その翌年ロンドン大火の大惨事が起こったことで、レンの思考が首都ロンドンの再建へと向かったことは明らかである。

ロンドン大火からわずか数日後、クリストファー・レンはイングランド王チャールズ2世（在位1660〜'85年）に、ロンドンを大通りで規則的に整理されたバロックの街へ変貌させる再建計画を提出した。しかし、このレンの計画は、首都をすぐに再建する必要があったことと、私有地の地主の反対意見を優先させたことで頓挫した。結果としてロンドンの街は従来通りの中世の都市計画に沿って再建されたが、建築物の織りなすスカイラインはまったく新しいものとなった。セント・ポール大聖堂のドームと、50を超える教会堂の尖塔がそびえ立つ輪郭線──いずれもレンの功績とされる──は、ロンドンが最初の近代都市となることを告げていた。

クリストファー・レンは建築家であると同時に科学者でもあり、建築上の課題に対して、経験主義の考えを用いて創意に富む解決策を展開した。その1つが古典的な建築と中世の尖塔の形態との調和に見られる。レンは有能な助手を数名抱え、そのなかで最も有名なのがニコラス・ホークスムアであった。事務員からレンの右腕にまでなったホークスムアは、劇作家から建築家へと転身したサー・ジョン・ヴァンブラがカースル・ハワード※やブレナム宮殿でその理想像を実現させる際にも重要な役割を果たした。

しかし、ホークスムアの作品として最もよく知られているのは、1711年に結成された50の教会堂を新たに建築する委員会（The Commissions for Building Fifty New Churches）によってイギリス中に建てられた6つの教会堂である。これらの教会堂には、イギリス固有のゴシックからエジプトに至る近東地域の建築まで、幅広い建築様式の影響が混ざり合っていた。ロンドンのクライスト・チャーチ・スピタルフィールドに見られるドラマチックな西側正面のデザインと風変わりなゴシックの尖塔は、ロンドンのさまざまな世代の興味をかきたてた。

ところが、ホークスムアの教会堂が完成する前に、バロックは時代遅れになってしまった。第3代バーリントン伯爵リチャード・ボイル（1694〜1753年）の作品に見られるパラディオ主義（p.98参照）が、18世紀のイギリス建築を形づくることになったのだ。そして特にホークスムアの建築は、あまり知られないどころか、その奇抜さと過剰さのために嘲笑の対象となってしまった。

※ キャッスル・ハワードとも呼ばれる。ハワード家（カーライル伯爵家）の個人宅。『秘密の花園』（バーネットの童話）のモデルになったといわれる

バロックとロココ > **イギリス・バロック**

簡素さ

イギリス・バロックの建築家たちは、装飾を控え、その代わりに建築的な効果として光と影を巧みに扱う傾向があった。その傾向はホークスムアの作品に顕著で、ファサードがアーチ状もしくは円形の窓といったごく基本的な図形の反復に留められている場合もある。

サー・ジョン・ヴァンブラとニコラス・ホークスムア、ブレナム宮殿、オックスフォードシャー、イギリス、1705〜'24年

変化に富むスカイライン

クリストファー・レンの多くの教会堂は、周りの建築物に囲い込まれて低層部がほとんど見えないため、建築的な重点がほぼ尖塔だけに置かれた。その後すぐ、ヴァンブラ、ホークスムア、そしてトーマス・アーチャー（1668〜1743年頃）が、1つ1つの建築物の屋根のラインに変化を付け始めた。特にアーチャーのセント・ジョンズ・スミス・スクエアのシルエットが鮮烈で風変わりである。

トーマス・アーチャー、セント・ジョンズ・スミス・スクエア、ロンドン、イギリス、1713〜'28年

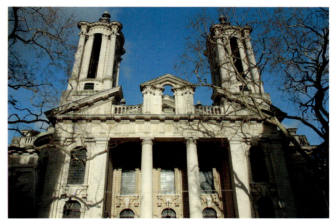

中世の影響

イギリスでは18世紀初頭になると、中世建築は時代遅れなだけでなく、道徳的な退廃と見なされるようになった。それにもかかわらず、建築家たちは慎重に中世の要素を取り入れ、それによって明らかに過去のものとなったイギリス建築とのつながりを生み出していた。ヴァンブラは、ケンブリッジシャーのキンボルトン城へ「城郭風」の要素を加えたことで有名であり、それだけではなくロンドンのグリニッジには自ら中世を模した城を建てている。

サー・ジョン・ヴァンブラ、ヴァンブラ城、グリニッジ、ロンドン、イギリス、1719年完成

バロックとロココ > **イギリス・バロック**

要石の強調

強調されたキーストーン(アーチ構造の頂部に置かれる要石)は、イギリス・バロックの建築を見分ける際に最もわかりやすい特徴である。イギリス最初のバロック建築は、イニゴー・ジョーンズの弟子ジョン・ウェッブ(1611〜'72年)が1660年代に設計したグリニッジのキング・チャールズ・ブロックであり、その影響で大きな要石がたびたび用いられるようになった。初期バロックの様相を見せるウィリアム・タルマン(1650〜1719年)設計のチャッツワース・ハウスの南側ファサードもその一例である。

ウィリアム・タルマン、南側ファサード、チャッツワース・ハウス、ダービーシャー、イギリス、1696年完成

折衷主義

イギリス・バロックの建築家たちは、さまざまな材料からインスピレーションを得ていた。ホークスムアは、イギリスから出たこともなかったが、時間的にも距離的にも遠く離れた建築に関心を寄せた。そのため、作品には初期キリスト教の様式からエジプトの建築に至るまで多様な要素が見てとれる。対照的なのがジェームズ・ギブス（1662～1754年）であり、ローマでバロックの大家カルロ・フォンターナの下で修行を積み、その影響はセント・メアリー・ル・ストランド教会などの作品に見られる。

ドーム

クリストファー・レンはロンドン大火が起きる前から、その頃パリに建てられていたドームを戴く教会堂を見て、当時のセント・ポール大聖堂にローマのサン・ピエトロに匹敵するようなドームをつくりたいと考えていた。そして大火後にはセント・ポール大聖堂を再建したばかりでなく、ロンドン市内にドームを持つ3つの教会堂を建設した。なかでも壮麗なセント・スティーブン・ウォールブルック教会が最も有名である。

ニコラス・ホークスムア、セント・メアリ・ウールノス教会、ロンドン、イギリス、1716～'24年

サー・クリストファー・レン、セント・スティーブン・ウォールブルック教会、ロンドン、イギリス、1672～'79年（尖塔は1713～'17年）

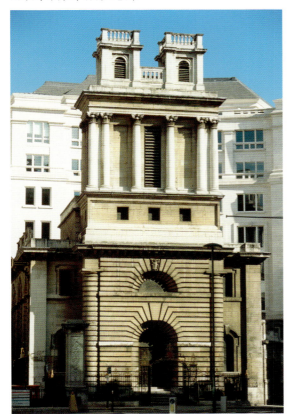
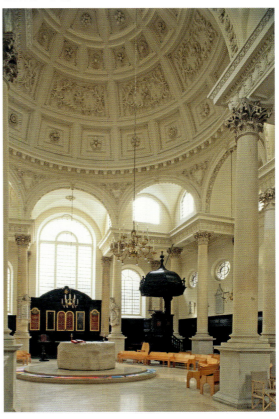

バロックとロココ ＞ **ロココ**

地域：ヨーロッパ、特にフランス、ドイツ、ロシア
時代：18世紀
特徴：*Gesamtkunstwerk*（全体芸術）、連続した空間、巧みな技術、アシンメトリー、植物文様の装飾、世俗建築

　ロココは、バロックの最終段階であり、その極論的なまでに過剰につくり込まれた作品には、バロックの根源である幻想的でドラマチックな特性が多種多様な手法で取り込まれている。例えば、ロココ以前であれば、グァリーニによる最も複雑で何層にも重なり合った作品でも、建物はその構造による表現で定義づけられ、その表現方法はルネサンスにまで立ち返ることのできる考え方に基づいていた。あの凝縮された装飾によって建築的な構造など無視されているように見えるスペインのチュリゲラ様式（p.82参照）ですら、実際には建築的、理論的な枠組みの原則に関しては損なうことなく残し、包括しようとしていたのである。

　ロココは、直前のバロックともまったく異なり、そうした建築的な構造による表現への固執を超越しようとした。そのため、装飾がいくら凝縮してもその表層の下地となってしまう構成はほとんど発展せず、装飾そのものが空間を構成する基本的な原単位となった。そして最も純粋なロココの空間は、壁面などの表層の連続から成ると考えられていた。光が交差し、光沢のある、時にはパステルカラーの素材が用いられ、何よりも、自由な流れを持ちぜいたくに金箔を施した装飾があらゆる方向へと見るものの目を惹きつけて感覚を圧倒させるもの、それがロココの空間だった。

　バイエルンのロココの教会堂には、ノイマンが設計した先進的なフィアツェーンハイリゲン巡礼聖堂を受けてつくられたビルナウの教会（1746〜'49年）やヴィースの教会（1745〜'54年）といったすばらしい例もあるが、そうした教会堂は常に後期バロックとして扱われる。そして、ロココと最も関連深いとされるのは世俗的な建物であり、主として壮大な宮殿や、教養のあるエリートたちが集まって文学や哲学について意見を交わすサロンだった。ロココの作品として最初期の有名なものの1つがドイツ、ドレスデンのツヴィンガー宮殿である。ツヴィンガーはザクセン選帝侯だったアウグスト強王（在位1694〜1733年）の宮殿で、マットホイス・ダニエル・ペッペルマン（1662〜1736年）が設計し、1711年に建設が始まった。このツヴィンガー宮殿の設計にあたってはエルベ河畔まで拡張し、オランジュリー沿いの大観覧席を備える豪華な野外劇場兼イベント会場をつくることが計画されていた。未完に終わったものの、その装飾の上に装飾を重ねた豪華な建築は、壮大さと幻想が魔法のように見事に組み合わされている。そして、このロココの時代における最も優れた建築は、イタリア人建築家フランチェスコ・バルトロメオ・ラストレッリがロシアに建てた宮殿であった。なかでも特筆すべきは、サンクトペテルブルクにある冬宮で、長く壮麗なファサードはロココの装飾の持つ効果で華やぎが満ちている。

　ロココはあらゆる分野の視覚芸術（ヴィジュアルアート）へと浸透した。フランスのジャン＝アントワーヌ・ヴァトーやフランソワ・ブーシェのような画家たちは、柔らかなパステルカラーと繊細な筆運びで牧歌的なテーマをしばしば描いた。一方で、多くの芸術家たちのなかでフランスのフランソワ・ド・キュヴィリエ、ジュスト＝オレール・メッソニエ、イギリスのトーマス・チッペンデール、トーマス・ジョンソンといった建築家や室内装飾や家具のデザイナーたちは、ロココの流れるような、しばしば曲がりくねるような形状を家具やその他の応用デザインへと持ち込んだ。

バロックとロココ > **ロココ**

Gesamtkunstwerk（全体芸術）

「全体芸術」と訳されることの多いドイツ語の Gesamtkunstwerk のコンセプトは、19世紀のドイツに表れ、特に作曲家リヒャルト・ワーグナー※の音楽と関連づけられている。しかし、最初に Gesamtkunstwerk という表現が登場したのはそれよりも以前のバロック、とりわけロココの建築においてであり、内部空間における表層と装飾、家具、タペストリー、さらには絵画の一体性のことを指した。

ヨハン・バルタザール・ノイマン、鏡の間、ヴュルツブルクのレジデンツ（司教館）、バイエルン、ドイツ、1740〜'45年（第二次世界大戦後に再建）

※　19世紀中葉のドイツを代表する作曲家、指揮者。ロマン派歌劇の頂点であり、また「楽劇王」の別名で知られる

連続した空間

ロココの建築家たちは、バロックが記念碑的な形状をつくろうとして、その結果、空間が構造に縛られていた点を超越した。ロココの空間は、流れるような曲線、複雑な幾何学形状、凝縮された装飾物に満たされており、バイエルンにあるヨハン・ミヒャエル・フィッシャーのオットーボイレン修道院に見られるように、建築的な構成は表層の表現に支配されてしまっている。

ヨハン・ミヒャエル・フィッシャー、オットーボイレン修道院、バイエルン、ドイツ、1737〜'66年

バロックとロココ > **ロココ**

巧みな技術

ロココの職人の巧みな技術を超えるものは、後にも先にもほとんどないだろう。金箔で飾られ、絵画と一体となることも多い複雑なプラスターのモールディング、繊細な彫刻の施された鏡枠、そしてフランスのジュスト＝オレール・メッソニエやイギリスのトーマス・チッペンデールといったデザイナーによる家具といったものが、職人の技術に挑戦を促し、それを実現することでつくり手たちも目立つ存在となった。

ニコラウス・パカッシ、シェーンブルン宮殿の内装、ウィーン、オーストリア、1743〜'63年

アシンメトリー

ロココのデザイナーたちは、ルネサンス以来、インテリアや建築の世界を支配してきたシンメトリーの呪縛から抜け出した。建築を装飾のための流動的な下地と捉えることで、ロココのデザイナーたちはそれまで存在した装飾的な形態のバリエーションを大いに増やし、アシンメトリーや未完結の形態が持つ魅力を最大限に活かしたのである。

フランソワ・ド・キュヴィイエとヨハン・バルタザール・ノイマン、アウグストゥスブルク城、ブリュール、ドイツ、1700〜'61年

バロックとロココ > **ロココ**

植物文様の装飾

ロココのほとんどの装飾には、一見すればアラベスク文様やグロテスク文様とは似ても似つかないが、両者と同様に、さまざまな形状に解釈された植物の模様が取り入れられている。こうした文様は建物の織物や家具の一部としてスタッコや木でつくられることが最も多い。ロココの植物文様は必ずねじれ、曲がりくねっていて、そこでよく使われる絡まり合ったラッフルリーフの形状は、ほぼ抽象画のような性格を持っていることも多い。

フランソワ・ド・キュヴィイエ、アマリエンブルク、ニンフェンブルク宮殿、ミュンヘン、ドイツ、1734〜'39年

世俗建築

バロックは、対抗宗教改革の精神を文化的に訴える主要な手段となっていたため、宗教的な建築との結びつきが最も強かった。それに対して、ロココは主に宮殿や邸宅建築との関連が深かった。パリでは、ロココの普及は新しいタイプの社交の場となったサロンの登場と同時期に起こり、そうしたサロンはロココの様式で飾られることが多かった。

ジェルマン・ボフランとシャルル＝ジョゼフ・ナトワール、公妃の楕円形のサロン、スービーズ館、パリ、フランス、1735〜'40年

新古典主義

　紀元79年、イタリアのナポリ湾の脇にそびえるヴェスヴィオ山で大噴火が起こり、ローマ帝国の一都市であったポンペイとその近くの豊かな保養地ヘルクラネウム（現エルコラーノ）を灰の雨が覆い隠した。そしてそのまま何世紀もの時が過ぎ、街は見捨てられ、埋もれ、忘れ去られてしまった。16世紀と17世紀にヘルクラネウムの一部が発見されたが、埋め戻されただけだった。しかしスペインの技術者ロケ・ホアキン・デ・アルクビエレの下で働く作業者たちがナポリ王の宮殿の基礎工事中にヘルクラネウムを発見し、1738年に初めて発掘チームでの作業を開始した。そして1748年、アルクビエレはポンペイを発見する。ローマ帝国時代の2つの街は徐々に姿を現し、建物のなかにはフレスコ画やモザイク、日用品の数々、そして何よりも心を動かす人々の暮らしの跡、そうしたものすべてがまるで時が止まっていたかのように残されていた。この非常に広範囲に及ぶ建物群が残された遺跡をヨーロッパ中の人々が見に訪れた。

　この発見は、古代ローマの文化に対するそれまでの一般的な見解を根本から覆すような一石を投じた。例えば、従来は古代ローマの芸術の最高峰と見なされていた彫刻作品は発掘の過程でほとんど発見されなかった。一方で、発見された数多くのフレスコ画はさまざまな特徴を持ち、なかには際どい性描写も見られたことは、18世紀の多くの敏感な人々にとって驚くべき事実だった。さらに、アルクビエレのほとんど強奪的な発掘方法には、特にドイツの美術史家ヨハン・ミアヒム・ヴィンケルマンから激しい非難が寄せられた。それにもかかわらず、この発見は新古典主義に明らかに影響を及ぼした。新古典主義には、同時期の啓蒙思想[※1]により主張されていた権威に対して疑問と対抗心を投げかける精神も反映されたのである。

始原の小屋 (The 'Primitive Hut')

　グランド・ツアーと呼ばれる国外旅行をするようになったヨーロッパの裕福な青年たちにとって、古代文化に直接触れることは必須の教養となった。それにつれて、古代の建築の起源に注目が集まるようになった。特に影響力があったのが、イエズス会修道士で司祭のマルク・アントワーヌ・ロージエによる『建築試論』（1753年）であり、そのなかで彼はあらゆる「真の」建築の基礎となるのは「始原の小屋」であると唱えた。ロージエは、建築とは自然を模したものだというウィトルウィウス的な考え（p.52参照）をさまざまな方法で再検証し、古代の建築は交差した梁が木の幹に支えられた単純な構造の「始原の小屋」から進化したものだと訴えたのである。ロージエにとって、柱とは木の幹から「自然」に発生したものだった。その一方で、装飾的なピラスターを「不合理」で、建築をその根源的な目的から堕落させる兆候の表れと見なした。ロージエの考えには史実による裏付けもほとんどなく非現実的な点も多かったが、建築を原点から考え直す道筋をつくったという点で重要なものだった。こうした概念的なアプローチは、新古典主義の鍵となる革新で、よくある装飾的に古代を模すだけのものとはまったく対照的であった。

19世紀へ

　19世紀の産業革命とまったく新しい建築技術と素材の出現は、新古典主義に幅広い影響を与え、建築の形態と理論を新たな方向へと導いていった。新古典主義は、建築の原点にもう一度焦点を絞ることで、新しい近代的な建築スタイルをどう扱うかというこれまでにない難問をやや反直観的に避けようとしたのかもしれない。しかし、その主張は建築の原点とするものが有効であってはじめて成立するもので、一旦実践してみると、とても普遍的に適用できるものではないことが露呈した。ドイツの建築家であり理論家であったゴットフリート・ゼンパー（1803〜'79年）は、さまざまな方法で新古典主義の原則と近代的な状況とを調和させた。そして著書『建築芸術の四要素』（1851年）では、建築とは、織り、型をつくり、木工や石工、金属細工を施すといった創作の過程で基本的に決定づけられる循環的な要素に依存すると主張した。さらに、建築の原型となるものが妥当な建築表現を持つような条件が、宗教的、国家的、社会的、加えて産業上の縛りからどのようにしてつくりだされたのかを解説した。そうして、新古典主義の原則は、秩序だった意味のある形態をつくることによって急速な技術の変化を建築的に解釈していったのだと考えられる。それは、多くの点でモダニストの機能主義に先んじるものであった。

※1　フランスを中心として興った思想。これまで囚われてきた価値観と思想を批判し、理性を持って人間性の解放を目指す

新古典主義

パラディオ主義
クラシック・
リヴァイヴァル
グリーク・リヴァイヴァル
帝政様式
ピクチャレスク
崇高美

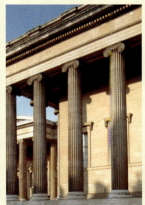

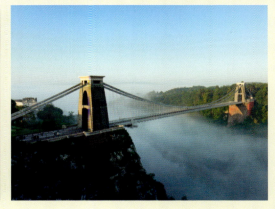

新古典主義 > **パラディオ主義**

地域：イギリスとアメリカ
時代：18世紀
特徴：「全体の統一」、寺院のような正面、「自然」な風景式庭園、公共建築、見本帳のような建築、秩序の示唆

　1715年、建築家のコーレン・キャンベル（1676〜1729年）は『ウィトルウィウス・ブリタニクス』第1巻（全3巻）を出版した。本書は建築上の綱領としてよく知られ、キャンベルは当時のイギリスの建築の状況を説明し、イギリス独自の建築スタイルを明文化しようとした。キャンベルが手本としたのはマニエリスムの建築家アンドレア・パッラーディオで、16世紀中頃にイタリアのベネト州に設計した数多くの大邸宅で最も知られた人物であった（p.68参照）。

　パッラーディオの作品に関する知識は、それより1世紀前にすでにイギリスに伝わっていた。イニゴー・ジョーンズが1610年代にイタリアでパッラーディオの建築に直接触れ、パッラーディオの手によるドローイングを大量に持ち帰っていたためである。ジョーンズはパッラーディオから学んだことを、ホワイトホール宮殿のバンケティング・ハウス（1619〜'22年）やグリニッジのクイーンズ・ハウス（1616年着工）といういずれもロンドンにある建物などで実践していた。しかしこのジョーンズのパラディオ主義は、ジェームズ1世（在位1603〜'25年）とその息子チャールズ1世（在位1625〜'49年）の宮廷と密接に関係し、イングランド内戦の開始とともにジョーンズは失脚した。サー・クリストファー・レンはジョーンズを高く評価してはいたが、建築家としての経験上バロックに属するレンの建築は、理論的にも形態的にもジョーンズの作品とは一線を画していた。『ウィトルウィウス・ブリタニクス』ではレンとサー・ジョン・ヴァンブラの作品も取り上げられているが、キャンベルはその目に見える豪華さを非難し、代わりにパッラーディオや、「イギリスのウィトルウィウス」と称されたジョーンズの作品に見られるような合理的な理想を提唱した。

　キャンベルの見解が第3代バーリントン伯爵のリチャード・ボイルに影響を与えたのは明らかで、ボイルはロンドンのピカデリーにあるタウンハウス（バーリントン・ハウス）のファサードの改修を任せるためこの建築家を1718年頃に雇い入れた。この頃までにバーリントン卿はすでにイタリアを訪れており、再訪することで自身の建築哲学を形成しようとしていたのだろう。だが、バーリントン卿はパッラーディオの作品には直接触れたにもかかわらず、ローマの建築から直接学ぶことはなかった。代わりに、パッラーディオが古代ローマ建築について体系的な調査をし、そこから規則性を抽出した『建築四書』（1570年）に頼った。パッラーディオとジョーンズという権威ある解釈者を通して、古代からの建築の系統を辿り、バーリントン卿と貴族仲間たちは自分たちをアウグストゥス帝の再来のように見なしていた。さらにはバーリントン卿と貴族仲間たちは、彼らの建築様式を「高貴な」感性の持ち主だけしか理解できないと考えられていた調和やプロポーション、美徳といったコンセプトに体系化し、社会的身分の低い人々に真似されることを避けたのである。

　バーリントン設計のロンドンにあるチジック・ハウス（1729年完成）はパッラーディオのヴィラ・ロトンダ（1566〜'70年）をモデルにしたもので、バーリントンの建築的な哲学を総合的に示している。キャンベルが失脚した後、バーリントンはウィリアム・ケント（1685〜1748年）を代わりに据え、よい共同関係を築いた。その関係は非常に緊密なもので、同時代の評論家ホレス・ウォルポールは「芸術のアポロン」としてのバーリントンにとってケントは「適切な司祭」であると述べている。しかし、ケントは単なる司祭ではなく生まれつき創造性が豊かな人物であり、ほかの建築家たちとともにパラディオ主義を確立させた。結果として、パラディオ主義はその後数十年にわたりイギリスの上流階級にとって選択肢の1つとなる建築様式となった。

新古典主義 > **パラディオ主義**

「全体の統一」

パラディオ主義について最も雄弁に語った理論家ロバート・モリス（1701または'02〜'54年頃）は、『Essay in Defence of Ancient Architecture（古典建築の弁護についてのエッセイ）』（1728年）において、パラディオ主義はゴシックやバロックの「醜く」「ばかばかしく」「化け物じみた」形態とは対極をなすものだと論じた。そして、「美しさ、甘美さ、調和は古典建築の構成のなかに統合されている」と主張した。すべての構成要素が一体となって「全体の統一」がつくりあげられ、キャンベルのミアワース城ではそれが見事に実践されている。

コーレン・キャンベル、ミアワース城、ケント、イギリス、1720〜'25年

寺院のような正面

パラディオ主義のアイディアは、遠くアメリカまで到達し、そこではトーマス・ジェファーソン[※]がパラディオ主義のさまざまな手法を取り入れた。その1つがモンティチェロの自邸に見られる、住居に古代寺院の正面デザインを取り入れたものである。これは言うまでもなくパッラーディオが行った革新のなかでも最も重要で影響力があった、『建築四書』において古代ローマの建築を現代に即して解釈した結果である。

トーマス・ジェファーソン、モンティチェロ、シャーロッツビル、バージニア州、アメリカ、1769〜1809年

[※] アメリカ合衆国第3代大統領。博学で、建築、園芸、考古学などに通じていた

新古典主義 > パラディオ主義

「自然」な風景式庭園

ウィリアム・ケント（イギリス、1685〜1748年）は画家としては平凡で、建築家としても悪くはない程度だったが、造園家としては優れていた。興味深い人物で、バーリントン卿の専門的な代理人という立場をはるかに超える存在だった。そして、その最大の革新は「自然化」を庭園デザインへと広げたことだった。ケントのつくりだす不規則な風景は、巧妙に配置された神殿やオベリスク、彫像でアクセントが加えられ、ケント自身が見てきたイタリアの古今の庭園を思い起こさせる。

ウィリアム・ケント、ロウシャムの庭園、オックスフォードシャー、イギリス、1738〜'41年

公共建築

17世紀末に近代的な政治体制が登場したことで、その機能を担うことができる新たなタイプの建築が必要となってきた。パッラーディオは邸宅だけでなくベネト州内の宮殿や教会、劇場まで設計していて、その建築言語は『建築四書』からもわかるように必要に応じてさまざまな建物への応用が利くものだった。その一例が兵舎と英国陸軍の参謀本部が置かれていたホース・ガーズである。

ウィリアム・ケントとジョン・ヴァーディ、ホース・ガーズ、ロンドン、イギリス、1751〜'58年

新古典主義 > **パラディオ主義**

見本帳のような建築

イタリア人建築家ジャコモ・レオーニによる『建築四書』の英訳（1716〜'20年）によってパッラーディオの考えはイギリスでも広く知られるようになった。しかし、建築家の一部はそれを建築専門書というよりは見本帳として扱った。詩人のアレキサンダー・ポープは、流行していたパラディオ窓がほとんどその意味や機能を理解されないまま装飾的に使われている状況を風刺した。レオーニは、パラディオ主義に深い理解を示しながらも、しばしば自分の作品ではバロックとそれとを融合させた。

ジャコモ・レオーニ、クランドン・パーク、サリー、イギリス、1730〜'33年

秩序の示唆

都市の景観においては、パラディオ主義の見本の影響を受けたのは壮大な都市の大邸宅や公共建築だけではなかった。窓やコーニスの配置によって、古典的な装飾なしでも根底に秩序があることを暗示する「秩序の示唆」は、比較的特徴のないタウンハウスにさえも導入されており、パラディオ主義の潜在的かつ道徳的な特質で満たされていた。これらは希望的観測によって進められる開発や都市の拡張といった事業に対抗するものであった。

ジョン・ウッド（息子）、ロイヤル・クレッセント、バース、イギリス、1767〜'71年

新古典主義 > クラシック・リヴァイヴァル

地域：ヨーロッパとアメリカ
時代：18世紀中頃～19世紀中頃
特徴：古代ローマの装飾、引用、円柱、原型的な形状、アーチ、格子状（グリッド）の都市

　クラシック・リヴァイヴァルが1750年頃にヨーロッパで始まっていたとすると、常識的には違和感を覚えるだろう。なぜならルネサンス以来、古典主義は建築表現の一様式としてずっと優勢な地位を維持していたからだ。パラディオ主義は、見るからに豪華で奔放なバロックへの反発から生まれたものであり、パッラーディオを介して建築の古代とのつながりを再度主張しようとするものだった。しかし、1750年代までには、建築家たちはグランド・ツアーでの経験に触発され、さらにはロージエの古典建築の起源に関する書籍を読んで、古代建築の遺跡から直接インスピレーションを得ることを求め始めていた。

　クラシック・リヴァイヴァルの中心人物の1人が、スコットランド出身の建築家ロバート・アダム（1728～'92年）であった。父であるウィリアム・アダム（1689～1748年）がスコットランドを代表する建築家であったにもかかわらず、ロバートは古代ローマの遺跡に直接触れる経験の利点を認識していた。そして1754年、イタリアへのグランド・ツアーへと旅だった。まずイタリアを周遊してからローマへ向かい、そこでフランスの芸術家シャルル＝ルイ・クレリソ（1721～1820年）や、高名なイタリアの画家で建築家のジョヴァンニ・バティスタ・ピラネージ（1720～'78年）と知り合った。そして彼らの指導の下、絵画技術を磨き、古典とは流動的で発展的なものであり、建築に大いに流用できる可能性があるという考えを築き上げていく。ロバート・アダムは、ロンドンに戻る前にクレリソとともに5週間の遠出をして、ダルマチア海岸沿いのスパラトロ（現在のスプリト、首都ザグレブに次ぐクロアチアの第2の都市）にある古代ローマのディオクレティアヌス帝の宮殿遺跡を訪れた。そこでは、アダムとクレリソに4人のイタリア人が加わったチームで詳細な遺跡の調査を実施し、地勢的な風景画とディオクレティアヌス帝（在位284～305年）時代のその場所の想像上の景色をカプリッチョ※として大量に描いた。

　アダムは、ロンドンに戻ると間もなく『*Ruins of the Palace of the Emperor Diocletian at Spalatro in Dalmatia*（ダルマチアのスパラトロにあるディオクレティアヌス帝の宮殿遺跡）』（1764年）を出版し、それによって名声を得るとともに、カラフルで非常に華麗な新古典主義の装飾と豪勢な職人技が組み合わさったことで有名な「アダム・スタイル」のインテリアの材料として頻繁に引用した。そして、弟のジェームズ（1732～'94年）と事務所を構え、それから20年間、アダムはイギリスで最も人気の建築家となった。また、古くからのライバルで、同じく1750年代後半にイタリアを訪れていたサー・ウィリアム・チェンバーズ（1723～'96年）とともに王室付建築家に任命された。

　「アダム・スタイル」のインテリアの流行は比較的すぐに過ぎ去ったが、クラシック・リヴァイヴァル自体は新しい方向へと発展した。それを形づくったのがフランスの建築理論家カトルメール・ド・カンシー（1755～1849年）や、建築の原型的な形状へ立ち返ることで新古典主義と現代性が融合できると考えていたドイツの建築家ゴットフリート・ゼンパーであった。都市規模では、1791年にフランス出身のピエール・シャルル・ランファン（1754～1825年）によってアメリカ合衆国の新首都となるワシントンD.C.が設計された。その格子状の街路計画は、古代ローマの規則正しい都市計画と啓蒙思想の特徴である合理的な基盤が融合したものであった。

※　「奇想画」と呼ばれる現実と空想の混じった風景画

新古典主義 > **クラシック・リヴァイヴァル**

古代ローマの装飾

ロバート・アダムは、暖炉や家具、カーペットをはじめとする室内の装飾品を、総合的な室内装飾計画としてまとめ上げた、おそらく最初の建築家であった。アダムは弟のジェームズとともに職人集団を抱えて複雑なデザインを実現させた。そのデザインは、グロテスク模様やアラベスク模様、その他の新古典主義のモチーフから成り、ロココとは対照的に感覚だけではなく知性にも訴えかけるものだった。

ロバート・アダム、サイオン・ハウス、ロング・ギャラリー[※1]、ミドルセックス[※2]、イギリス、1762年

[※1] 決していつも気候に恵まれているとはいえないイギリスの地で、より日々を楽しむために生まれたカントリーハウスの長い空間
[※2] イングランド南東部の旧県名

引用

すでに貴族の邸宅を手がけていたパラディオ主義の建築家たちに続き、ロバート・アダムもケドルストンホールで新古典主義らしい興味深い引用を数多く行った。南側正面の目玉として取り付けられた凱旋門形状のブラインド・アーチは、ローマにあるコンスタンティヌス帝のアーチ(p.15参照)の影響が強く見られる。内部の格子の付いたドームはパンテオン(p.14参照)を参考にしたものであり、円柱の並ぶホールは古代ローマの大邸宅のアトリウムを連想させる。

ロバート・アダム、南側正面、ケドルストンホール、ダービーシャー、イギリス、1760〜'70年

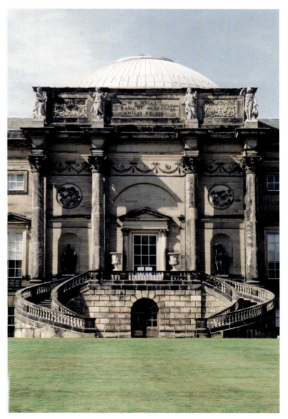

新古典主義　>　クラシック・リヴァイヴァル

円柱

フランスではロージエの後継者ジャック＝ジェルマン・スフロ（1713〜'80年）が、パリのサント・ジュヌヴィエーヴ修道院（現在はパンテオンと呼ばれている）の設計に取り組んでいる際にめざましい革新を起こした。ギリシャ十字※の平面形状を縁取るように自立した柱をぐるりと並べ、周階廊をつくりだしたのである。壁やピラスターではなくこのように円柱を使うのは、ロージエの「始原の小屋」に従ったものであった。

ジャック＝ジェルマン・スフロ、パンテオン（旧サント・ジュヌヴィエーヴ修道院）、パリ、フランス、1752〜'92年

※　交わる直線の長さがまったく同じの十字

原型的な形状

ドイツのドレスデンにあるゼンパー設計のオペラハウスは、実は同じ場所に建てた1つ目のものが1869年に焼け落ち、ゼンパーが建て直した2つ目のものである。2つとも、フリードリヒ・ジリー（1772〜1800年）が1790年代に設計した（未完の）新古典主義の劇場から影響を受けたことが明らかである。しかし、ゼンパーはさらにその先へと進んだ。建築はボリュームの連続で構成され、友人だった作曲家のリヒャルト・ワーグナーが生み出した音楽や演劇の革新が満ちる、特別な空間形状がその内部にあることを明確に表現してみせている。

ゴットフリート・ゼンパー、ゼンパーオーパー、ドレスデン、ドイツ、1871〜'78年

アーチ

アーチ（p.12参照）は、古代ローマ建築の典型的な構成要素で、最大の革新ともいえる。そのためクラシック・リヴァイヴァルにおいても主要な特徴になり、アーケードとして配列されることも多かった。王室付建築家チェンバーズはロンドンのサマセット・ハウスの設計で、長いファサードを背が高く、19世紀の築堤まではそのなかまでテムズ川が流れ込んでいたアーケード上に置いた。これは、チェンバーズのライバルであったロバート・アダムが上流のアデルフィ※に設計したものの巨大版であった。

サー・ウィリアム・チェンバーズ、サマセット・ハウス、ロンドン、イギリス、1776〜1801年

※　アダムらによる住宅開発地域でテラスハウスが有名

新古典主義 > **クラシック・リヴァイヴァル**

格子状の都市

1791年、フランス出身のランファンは、アメリカ合衆国初代大統領ジョージ・ワシントンからポトマック川沿いにつくる新たな首都の設計を依頼された。ランファンは、現在のアメリカ合衆国議会議事堂とホワイトハウスの位置を決めることで、新たな憲法に記された政府の構造を空間のなかへと刻み込んだ。ランファンは、この重要な構想にあたって、古代ローマの慣習と啓蒙思想の鍵となる理性とを組み合わせようとした。

空から眺めたアメリカ合衆国議会議事堂とワシントンD.C.、ピエール・シャルル・ランファン（計画）、アンドリュー・エリコット（改訂）、アメリカ、1791年着工

新古典主義 ＞ グリーク・リヴァイヴァル

地域：ヨーロッパ、特にイギリスとドイツ
時代：18世紀中頃〜19世紀中頃
特徴：多色装飾、考古学上の正確さ、古代ギリシャのドリス式オーダー、古典の「解釈」、引用、アンティークの商品化

グランド・ツアーの行き先として一番人気だったイタリアには、植民都市であったパエストゥムに代表される重要な古代ギリシャの遺跡があり、イタリア人画家ピラネージの作品に鮮明に記録されていた。ただ、ギリシャ自体は18世紀当時まだオスマン帝国の一部であり、はるか彼方の地という認識のままだった。そのため、2人のイギリス人建築家、ジェームズ・「アニーシアン」・スチュアート[※]（1713〜'88年）とニコラス・レヴェット（1720〜1804年）は、1748年にギリシャへ行く決断をした際（実際は1751年にならないと出発しなかったが）、多くの人が通るグランド・ツアーのルートの先の、あまり知られていないところを探検しようと考えていた。しかし、現地で疫病が猛威を振るい、実際には1754年に急遽帰国することとなった。その短い間に、2人は発見した遺跡を入念に調査した。スチュアートが報告書作成をしている傍ら、レヴェットは地勢的な観点から三角測量したものを詳細に記録した。

イギリスに戻ってから数年後に、スチュアートとレヴェットは『The Antiquities of Athens（アテネの古代遺跡）』（1762年）の第1巻を、続いてさらに2巻と3巻を出版した。スチュアートはそのはしがきで、ローマ以上にギリシャ、とりわけアテネの文化が優れているとして、「ギリシャにこそ最も美しい神殿が建てられていて、最も純粋で優雅な古代建築を見ることができる」と断言した。これらの著作は、著者のギリシャに対する稀少で特別な知識を建築設計の依頼主となる可能性のある人々に宣伝するものでもあった。宣言して当然のことであり、また、ちょうどギリシャが西洋文明の誕生の地だったとする考えが興ってきたことも反映していた。

古代ギリシャ文化に対する興味を確立させ、広めた主要人物の1人が、ドイツの美術史家ヨハン・ヨアヒム・ヴィンケルマンだった。彼は若い頃から古代ギリシャの文学と美術に没頭し、1750年代には直に古代に触れて学ぶためにローマに移住した。ヴィンケルマンは自らの観察と調査の技術で、古代ローマの美術史上の作品や発想の多くはもともと古代ギリシャのものだったという結論に至った。そしてそれも一端となって、1764年の最高傑作『古代美術史』では、古代ギリシャ文化を模倣と競合の真の見本だと位置づけた。

ヴィンケルマンの功績はヨーロッパ中に影響を与え、とりわけドイツでは哲学者イマヌエル・カントや作家ヨハン・ヴォルフガング・フォン・ゲーテといった次世代の学者や作家だけではなく、建築にも大きな影響を与えた。最もよく知られているのが、プロイセン人の建築家カール・フリードリッヒ・シンケル（1781〜1841年）である。プロイセン国王フリードリヒ・ヴィルヘルム3世（在位1797〜1840年）とその息子の皇太子で後のフリードリヒ・ヴィルヘルム4世の支援を受け、ベルリンにプロイセンの国の象徴でありながら5世紀のアテネの発想を併せ持つ重要な建築物をいくつか実現させた。シャウシュピール・ハウス（1818〜'21年）、アルテス・ムゼウム（旧博物館、1823〜'30年）、バウアカデミー（1832〜'36年）は、「もしギリシャ建築の精神的な原則を損なうことなく、それを私たちの時代環境に適応させることができたなら……現在の議論に対して最も真に近い答えを導くことができるだろう」という主張を実践したものであった。

※ 「アニーシアン」とは、アテネ人を意味するニックネーム

新古典主義 > **グリーク・リヴァイヴァル**

多色装飾

ヴィンケルマンは古代の彫刻は元から白かったと信じ、白いほど形態も美しいという考えを広めた。そんななか、ギリシャ彫刻は鮮やかに彩色されていたと初めて述べたのがフランスの建築理論家カトルメール・ド・カンシーの『Le Jupiter Olympien（オリンポスのジュピター像）』であった。さらに、特にジェームズ・スチュアートが設計をする際、彩色によって装飾的な建築効果を強めていることから、すでにギリシャ文化に多色装飾が不可欠だったと考えられていたことがわかる。

ジェームズ・スチュアート、ペインティッド・ルーム、スペンサー・ハウス、ロンドン、イギリス、1759～'65年

考古学上の正確さ

グリーク・リヴァイヴァル様式は、西洋文化の歴史の記録を看板に掲げる大英博物館を設計するにあたって論理的な選択だった。サー・ロバート・スマーク（1780～1867年）はアテネのアクロポリスにあるエレクテイオン神殿のイオニア式オーダー（実際その現物のカリアティード（女人像柱）の1つは大英博物館に収蔵されている）をデザインに取り入れた。スマークの古代建築からの引用は正確なものであり、この画期的な啓蒙プロジェクトの特徴である論理的な観察の精神を反映していた。

サー・ロバート・スマーク、大英博物館、ロンドン、イギリス、1823～'52年

古代ギリシャのドリス式オーダー

ルネサンスの建築理論家は、トスカナ式と同じく重厚でシンプルなモールディングを持つ古代ローマのオーダーを好み、古代ギリシャのドリス式オーダーにはほとんど目を向けていなかった。18世紀末に向けて次第に普及した古代ギリシャのドリス式は、模様のない広がった柱頭と、フルーティングと呼ばれる縦溝があって柱礎を持たない円柱に特徴があった。また、メトープとトリグラフを持つエンタブラチュアを支えるという点では、古代ローマのドリス式と同じ特徴を持っていた。

ウィリアム・ウィルキンス、ザ・グランジ、ノーシントン、ハンプシャー、イギリス、1804～'09年

新古典主義 > グリーク・リヴァイヴァル

古典の「解釈」

プロイセンの建築家シンケルは、古代ギリシャ建築から大きな影響を受けてその流れを汲む形態をよく用いた一方で、古典の単なる模倣になることを拒んでいた。そして古代ギリシャ建築は模範にするにふさわしいが、「芸術作品は、種類を問わず、新しい要素を含み、芸術の世界に対して何らかの生きた追加を行うべきだ」と主張した。その考えは古代ギリシャを反映しながらも、明らかに建設当時の建物でもあるベルリンのアルテス・ムゼウムに示されている。

カール・フリードリッヒ・シンケル、アルテス・ムゼウム(旧博物館)、ベルリン、ドイツ、1823〜'30年

新古典主義 > グリーク・リヴァイヴァル

引用

グリーク・リヴァイヴァルの建築では、個々の要素だけでなく古代ギリシャの建物や構造が丸ごと取り入れられることもあった。ハミルトンの設計したエディンバラのカールトン・ヒルの上に立つスコットランドの詩人ロバート・バーンズのモニュメントは、アテネのリシクラテス記念碑（p.9参照）をやや大きくしただけで、その姿を忠実に再現している。

アンティークの商品化

古代ギリシャのあらゆるものが流行し、建築だけでなく全分野のデザイナーたちに大きな恩恵を手にし得るチャンスがもたらされた。最も成功したのが、イギリスの陶芸家ジョサイア・ウェッジウッドであった。有名な「ジャスパーウェア」はアンティークの陶器の形状と外見を再現したもので、工業規模に近い形で製作され、その後広い市場で販売されることになる。

トーマス・ハミルトン、バーンズ・モニュメント、エディンバラ、イギリス、1820〜'31年

ウェッジウッドの「ジャスパーウェア」、イギリス製、18世紀後期

新古典主義 > **帝政様式**

地域：フランス
時代：18世紀後期〜19世紀中頃
特徴：コリント式オーダー、記念碑性(モニュメンタリティ)、略奪、帝国の象徴性、厳格さ、室内装飾

　18世紀になって公共圏※1という概念が生まれ、啓蒙思想がいっそう広まったことで、教会と国家に対して根本的な疑問が投げかけられた。フランスでは、啓蒙思想の哲学者と理論家はともに、高圧的なカトリック教会とブルボン王朝による絶対王政に対する民衆の不満の増大をその思想に反映させ、利用していた。ジュネーブ出身の偉大な哲学者ジャン＝ジャック・ルソーは、後世に最も影響を及ぼした『社会契約論』(1762年)において、「宗教的に寛容で、民主主義が繁栄し、主権が法によって定義される市民社会」を提唱した。その社会契約の本質は、個人の権利は、絶対王政下では制約を受けるものの、「一般意思※2」に服従する形で保障され、人民のなかの1人としての各人は「一般意思」に対して明確な権利を持つというものだった。

　新古典主義が模範とした古代ローマの共和政は、哲学と政治の両方のみならず、芸術の議論のなかでも理想化された。新古典主義の偉大な画家ジャック・ルイ・ダヴィッドの『ホラティウス兄弟の誓い』(1784年)には、共和主義者の理想であった英雄的な自己犠牲の精神が映し出されている。人物を大胆な三角構成で配置した背後では、3本のほとんど装飾のないドリス式オーダーのアーチがその場面を縁取っている。けばけばしいロココとは対照的な、その完全な厳格さは、目前に広がる情景をいっそう引き立てている。禁欲的な古代ローマを模した新古典主義を好む傾向は、フランス革命を挟んで、家具や服飾などあらゆる装飾芸術に浸透した。反対派の人物を残虐な手段で弾圧し、フランス全土に恐怖政治(1793〜'94年)を敷いた独裁政治家マクシミリアン・ロベスピエールは、ダヴィッドの友人であり、ダヴィッドはロベスピエールが理性崇拝のプロパガンダとして開催した「最高存在の祭典」の演出もした。

　そうした激動の状況下で、新たにつくられた建築物はほとんどなかった(ただしパリのノートル・ダム大聖堂をはじめとしたいくつかの宗教施設は「理性の神殿」として取り込まれた)。そして建築は、ナポレオンの出現によって、ようやく政治や個人の儀式といった重要な役割を中心的に担う存在になった。ナポレオン・ボナパルトは、政治的なさまざまな策謀を重ねた後に、わずか数年の間に砲兵司令官から総司令官、統領、そしてついには皇帝に上り詰め、1804年にはノートル・ダム大聖堂において、教皇ピウス7世から王冠を戴くのではなく、その目の前で自ら戴冠した。軍事戦略の天才であったナポレオンは、自らの勝利を記念することの重要性も認識しており、とりわけアウステルリッツの戦い(1805年)では、権力をいっそう強めるために記念碑的な建造物が必要と考えた。フランス革命前後のこの時期は、共和制時代のローマ文化を範としていたが、ナポレオンとその建築家、特にシャルル・ペルシエ(1764〜1838年)とピエール＝フランソワ＝レオナール・フォンテーヌ(1762〜1853年)の2人組は、帝政時代のローマ建築の形態と表現に影響を受けていた。時には大げさなほどに象徴性を見せつける新古典主義の建築様式のなかでも、凱旋門と列柱はその最たる例であった。ペルシエとフォンテーヌが手がけたルーヴル、テュイルリー宮殿、マルメゾン城といったパリとその周辺での作品は、壮大な装飾を持ち重厚であることが多かった一方で、啓蒙思想の影響を受けた論理的な原則と帝国主義的な表現が融合し、永遠に響き合うような建築をつくりあげていた。

※1　人々が自由で対等に議論する場。「公共性」ともされる
※2　公の利益を目指す国家の意思

新古典主義 > **帝政様式**

コリント式オーダー

ナポレオンの時代の帝政様式（アンピール様式とも呼ばれる）で多用されたコリント式オーダーは、ダヴィッドが描く厳格なドリス式オーダーや、革命前後の簡素な新古典主義とは対照的だった。ベルナール・ポワイエ（1742〜1824年）はパリのブルボン宮に12本のコリント式オーダーのポルティコを増築し、セーヌ川越しのコンコルド広場とその向こうのラ・マドレーヌ（通称マドレーヌ寺院）を望む記念碑的なファサードを生み出した。

ベルナール・ポワイエ、ブルボン宮（現フランス国民議会（下院）議事堂）のポルティコ部分、パリ、フランス、1806〜'08年

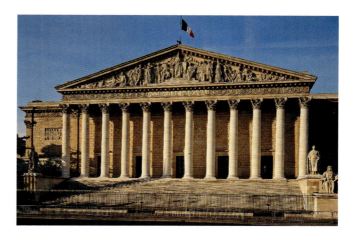

記念碑性

ピエール＝アレクサンドル・ヴィニョン（1762〜1828年）は、大陸軍の栄光を讃える神殿の設計を紆余曲折の末にナポレオンから個人的に依頼された。ヴィニョンは、フランス南部のニームに見事な形で残っている古代ローマ神殿メゾン・カレ（p.13参照）に影響を受け、八柱式の周柱平面で、52本の円柱に20mの高さを持つ記念碑的な神殿を建てた。しかし、完成する前にナポレオンは失脚し、ラ・マドレーヌとして知られる教会へと変更する決定が下された。

ピエール＝アレクサンドル・ヴィニョン、ラ・マドレーヌ、パリ、フランス、1807〜'42年

略奪

ペルシエとフォンテーヌが設計したパリのカルーゼル凱旋門は、ルーヴルと当時のテュイルリー宮殿※との間に、ローマのコンスタンティヌス帝の凱旋門（p.15参照）を下敷きにしてつくられた。ナポレオンの勝利を祝うバス・レリーフ（浅浮き彫り）のほかに、創建当時はナポレオンがヴェネツィアのサン・マルコ寺院から略奪した馬の像が門の上に載っていた。この門の完成前に、さらに大きな凱旋門（エトワール凱旋門）がジャン・シャルグラン（1739〜1811年）に依頼された。

シャルル・ペルシエとピエール＝フランソワ＝レオナール・フォンテーヌ、カルーゼル凱旋門、パリ、フランス、1806〜'08年

※ 1851年、パリ・コミューン鎮圧の最中に焼失

新古典主義 > **帝政様式**

帝国の象徴性

帝政様式は、鷲や花冠、ナポレオンを表すNの文字などの象徴的なモチーフに満たされ、支配されていた。ヴァンドーム広場に建つナポレオンのアウステルリッツの戦いでの勝利を記念する円柱では、ローマのトラヤヌス帝の記念柱を下敷きに、ダヴィッドの徒弟であったピエール＝ノラスク・ベルジェレがブロンズのレリーフをデザインした。そして、その頂部にはフランスの彫刻家アントワーヌ＝ドニ・ショーデによる平和をもたらす戦いの神マルスの姿のナポレオン像をモデルに、イタリアの彫刻家アントニオ・カノーヴァが制作したナポレオン像が置かれた。

ジャック・ゴンドゥワンとジャン＝バティスト・レピール、ヴァンドーム広場の円柱、パリ、フランス、1806～'10年

新古典主義 > **帝政様式**

厳格さ

ダヴィッドは、1780年代に『ソクラテスの死』（1787年）、『ブルータス邸に息子たちの遺骸を運ぶ警士たち』（1789年）――後者はすでにフランス革命が始まってから発表されたが――などを制作し、そうした絵画は人々の英雄的な自己犠牲の精神を喚起しようとするものだった。厳格な新古典主義の情景設定によっていっそうドラマチックさが強調され、建築と政治的、個人的な行動原理をつなげていた。

ジャック＝ルイ・ダヴィッド、ホラティウス兄弟の誓い、油彩／カンヴァス、1784年

室内装飾

新古典主義の影響は、室内装飾にまで広がった。ナポレオンのマルメゾン城では皇后ジョセフィーヌがペルシエとフォンテーヌに依頼をしてさまざまな豪華な改修を行い、そのテーマからは軍事的な要素は失われていた。天蓋のモチーフが皇后自身のものをはじめとした複数の寝室で取り入れられ、当時の最も優れた家具職人の1人フランソワ＝オノレ＝ジョルジュ・ジャコブ＝デマルテの手による寝台と組み合わされた。

フランソワ＝オノレ＝ジョルジュ・ジャコブ＝デマルテ、皇后の寝台、マルメゾン城、リュエイユ＝マルメゾン、フランス、1810年

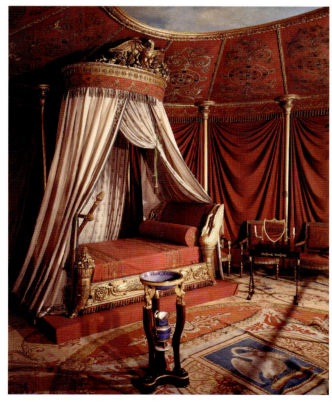

新古典主義 > ピクチャレスク

地域：ヨーロッパ、特にイギリスとフランス
時代：18世紀後期〜19世紀初期
特徴：アシンメトリー、人工廃墟、絵画的、田舎風、エキゾチック、ピクチャレスクな都市計画

　ピクチャレスクとは、文字通りに読むと「絵のような」という意味だが、厳密にいえばイタリア語の「ピットレスコ（*pittoresco*、絵になる）」が語源である。後者の定義では、ピクチャレスクという言葉が18世紀中頃から後期にかけて交わされた文化的な議論における、ある特定の美の理想を表すものとして取り込まれたことが明らかである。フランスのニコラ・プッサン、クロード・ロラン、イタリアのサルヴァトール・ローザといった17世紀の画家たちが理想化した古典的な風景画は、特にイギリスで長期にわたって高く評価され、風景式庭園へと影響を及ぼしていた。しかし、ピクチャレスクを美学的なカテゴリーの1つとして論理的に位置づけたのは、「美」の知覚に対する「崇高」の存在を論じたイギリスの哲学者エドマンド・バークだったことはほぼ間違いない。

　形態の調和と均整、素材の質といった古典的な原理に由来していた「美」は、この時代、先天的なものか後天的なものかという議論へと発展していった。イギリスの文筆家ジョゼフ・アディソンは、1712年発行の『スペクテイター』紙のエッセイで美に関する第1と第2の「想像力の喜び」を一般に広めた。そしてその第1は目で見ているもの、第2は記憶と、過去の経験の類似化に由来するものだとした。これに対して「崇高」は生の本能的な感覚であり、心理的なものだけでなく、そびえ立つ山や壮大な峡谷、時には建築作品といったものを体験する際に受ける身体的な圧倒感も含まれた。文筆家ユーヴドール・プライス（1747〜1829年）は、ピクチャレスクの概念に関する最も重要な作品の1つ『ピクチャレスク論』（1794年）において、形態の対比や同化といった絵画的な構成、さまざまな規模や関係性は、「美」と「崇高」という両極にあるものの間のどこかの位置にあって、その相関関係によって最も審美的な喜びを生み出すと論じた。

　プライスの仲間だったイギリスの理論家リチャード・ペイン・ナイト（1750〜1824年）は、自邸だったヘレフォードシャーのダウントン城で、おそらく初めてピクチャレスクを実践した人物である。ナイトは、クロード・ロランの絵に直接的なインスピレーションを受けたと主張して、ゴシックの特徴を持つ（内装は新古典主義のスタイルだったが）アシンメトリーの邸宅をデザインし、あらゆる角度から眺めてピクチャレスクであるような方法を駆使した。ナイトがゴシックを用いたのは、啓蒙思想の精神から生まれた疑問に端を発する調査が古代だけでなくイギリス独自のゴシックの遺産へも及んだことを反映していた。この傾向は、18世紀末に向かうにつれ国内、特にヨークシャーにあるファウンテンズ修道院跡やリーヴォール修道院跡、後に J.M.W. ターナーに描かれたことでも有名なモンマスシャーのティンターン修道院跡といった廃墟へのピクチャレスク・ツアーが増加することにも見られた。

　しかし、ピクチャレスクの思想が最も大きな影響を与えたのは、間違いなく風景式庭園の分野であり、多くの庭園の設計を手がけたハンフリー・レプトン（1752〜1818年）の作品にとりわけ影響が見られる。レプトンは、ランスロット・「ケイパビリティ」・ブラウン（1716〜'84年）[1]の死後、イギリスの代表的な造園家の地位を得た。ブラウンのデザインでは大がかりな土工事が必要になることが多かったのとは対照的に、レプトンは既存のランドスケープに木々や建築的なアイ・キャッチャーを巧妙に配置することで効果を増幅させたり「向上」させたりする傾向があった。レプトンはまた、得意の水彩画の腕を活かし、有名な「レッド・ブック」[2]に「完成前」と「完成後」の庭園の風景を描いてみせることが多く、それを通して依頼主にデザインの絵画的な構成を伝えるとともに、自らの才能を宣伝していた。

[1] ケイパビリティはニックネームで、造園の依頼主に「さらにすばらしい庭園になる将来性（ケイパビリティ）がある」と言うのが口癖だった
[2] レプトンが水彩画を綴じるのに用いた赤い革表紙の冊子

新古典主義 > **ピクチャレスク**

アシンメトリー

多くの建築家や室内装飾家、造園家たちが、古典的なデザインの型にはまった堅苦しさの解消法としてアシンメトリーが持つピクチャレスクの可能性を試すことにふけった。しかし、アシンメトリーと戯れたのはゴシックの造形だけではなかった。イギリスの建築家で都市計画家のジョン・ナッシュは、アッティンガム・パークの近くに暮らしていた第2代バーウィック男爵であるトーマス・ノエル・ヒルのためにクロンクヒルを設計した。このクロンクヒルでは、イタリアの邸宅が非常に自由に解釈されていて、ロッジアや広く突き出た庇、円錐型の屋根が設けられた。

ジョン・ナッシュ、クロンクヒル、シュロップシャー、イギリス、1802〜'05年

新古典主義 > **ピクチャレスク**

人工廃墟

初代リトルトン男爵のジョージ・リトルトンは政治家であり、プリンス・オブ・ウェールズ（イギリスの第一王位継承者）だったフレドリックの側近だった。リトルトンは建築家サンダーソン・ミラー（1716～'80年）に依頼して、自邸ハグリー・ホールの敷地内に人工廃墟の城を設計させた。ミラーのデザインは、4つの塔を角に置く平面計画を基本としながら、そのうち1つの塔しか完成させず、ほかは「廃墟化した」ように見せた。さらに、ほかの塔との間を窓の部分を空けたままにした壁でつなぐことでピクチャレスクらしいシルエットを生み出している。

サンダーソン・ミラー、人工廃墟の城、ハグリー・ホール、ウスターシャー、イギリス、1747年着工

絵画的

造園家レプトンの「レッド・ブック」は、庭園のデザインがいかに絵画のように構成されているかを見せるのに重要な役割を果たしていた。例えばケンウッド・ハウスでは、巧妙な配置で木々をまとめて植樹し、小道を通すことで庭園全体に広がる眺めを分断した。小道は、庭園のあちこちに仕掛けられたピクチャレスクの効果が完全に発揮される地点へと見る人を導く。ケンウッド・ハウスの疑似的な橋はおそらくレプトンが手がけるより以前につくられたものだが、レプトンの構成のなかで不可欠な要素となっている。

ハンフリー・レプトン、ケンウッド・ハウス、ハムステッド、ロンドン、イギリス、1786年

田舎風

フランス王妃マリー・アントワネットは、夫のルイ16世が王位に就いた後、小トリアノン宮殿※を与えられた。そして、その宮殿の庭園にピクチャレスクの村里をデザインするようリシャール・ミック（1728～'94年）に命じた。村里には農家と酪農場があり、権謀術数が渦巻くヴェルサイユ宮殿での日々から田舎に隠遁したように振る舞えるようになっていた。ミックはこの村里を設計するにあたってさまざまな地域の建築スタイルを用い、人気の高いピクチャレスクの「コテージ・スタイル」のなかでも最も有名な作品になった。

リシャール・ミック、王妃の村里、小トリアノン宮殿近辺、ヴェルサイユ、フランス、1783年

※　ヴェルサイユ宮殿の庭園にある離宮の1つ

新古典主義 > **ピクチャレスク**

エキゾチック

新古典主義は、その土地の中世の遺産だけでなく、遠く離れた国の建築も世の中に広めた。中国趣味のデザインがヨーロッパ中を席巻し、スウェーデン王グスタヴ3世（在位1771～'92年）にドロットニングホルム宮殿の敷地内に優雅で豪華な装飾を持つ中国離宮をつくらせた。ピクチャレスクの概念は、18世紀中頃から見られるようになったこうしたデザインの流用にとって、心理的な土台となったのである。

カール・ヨハン・クローンステットとカール・フレデリック・アーデルクランツ、中国離宮、ドロットニングホルム宮殿、ローベン、スウェーデン、1760年

ピクチャレスクな都市計画

1811年、ジョン・ナッシュ（1752～1835年）はプリンス・リージェント（後のイギリス国王ジョージ4世、在位1820～'30年）の命を受け、ロンドンのリージェンツ・パークとその周辺のマスタープランを作成することになった。ナッシュのデザインでは、スタッコの外壁の見事なテラスと邸宅が優雅に後退して三日月状のカーブを形成していた。ナッシュはリージェント・ストリートやカールトン・ハウス・テラス、マーブル・アーチ、バッキンガム宮殿といったプリンスから命じられたほかのプロジェクトともデザインに統一性を持たせていた。

ジョン・ナッシュ、パーク・スクエアとパーク・クレセント、ロンドン、イギリス、1819～'24年

新古典主義 > 崇高美

地域：ヨーロッパ、特にイギリスとフランス
時代：18世紀後期～19世紀中頃
特徴：古典的な崇高美、想像上の崇高美、形態の崇高美、工業的な崇高美、技術的な崇高美、天上の崇高美

「崇高」の概念は、グランド・ツアーでヨーロッパの裕福な子弟が得た経験と密接に関係している。グランド・ツアーでは、アルプス越えの際に考えたこともなかったようなスケールのランドスケープに触れ、最終的にイタリアに到達してみれば、見事な神殿や広大な遺跡から高貴さを漂わせた彫像に至る幅広い古代の遺物を目にして圧倒されたに違いない。古代の遺物を描いた印刷物は広く出回っていたが、その並外れた威厳を伝えるものはごくわずかだった。イタリアの芸術家ジョヴァンニ・バッティスタ・ピラネージは、そのわずかな作品をつくることができた1人であり、独特の雰囲気を持つ版画はローマの遺物を不思議な異世界のように描き出していた。有名な『牢獄』(1745年～)のエッチング連作は、想像の入り交じった迷宮状の地下空間で、顔の見えない囚人たちが膨大な数の機械を動かしている様子を描いている。ピラネージは古代の遺物と直面してインスピレーションを受け、その際の大きな心理的影響を強調したのであった。

こうしたタイプの経験は、イギリスの哲学者エドマンド・バークが1757年に大きな影響力を持つエッセイ『崇高と美の観念の起原』で論じた「崇高」の概念の浸透にとって重要なものであった。バークによると「美」は秩序と構成のなかに存在する一方で、「崇高」は究極の恐怖である畏怖を心の底から感じることであり、それを引き起こすのは圧倒的な美の経験、言うまでもなく自然がその最たるものだが、建築もその1つだとされていた。バークの打ち出した理論は、美の観念に大きな影響を及ぼした。ドイツの哲学者カントとアルトゥル・ショーペンハウアーはバークの理論をさらに発展させ、また論評を行った。イギリスの建築では、ジョージ・ダンス(1741～1825年)やその弟子ジョン・ソーン(1753～1837年)の作品に間接的な影響が見られる。ダンスはローマにいた頃にピラネージに出会っており、その主要な作品のいくつかからはイタリアでの影響が見てとれる。ロンドンにあったニューゲート監獄(1769～'77年)やセント・ルーク精神病院(1780年)はいずれも取り壊されているが、どちらにも用いられている簡素なファサードは、建物の内部で営まれている不穏な生活を匂わかしていた。同様にソーンの作品にもほぼ装飾のないものが多いが、ソーンの場合は光の使い方に特徴があった。ソーンはロンドンにあるイングランド銀行や、規模は小さいがリンカーン・イン・フィールズの自邸でも、気に入りの意匠だったペンデンティブ・ドームをドラマチックに使い、光をその建築に欠くことのできない構成要素として取り込んだ。

フランスでは、「崇高」は建築家のエティエンヌ＝ルイ・ブーレー(1728～'99年)とクロード＝ニコラ・ルドゥー(1736～1806年)の作品に最も深く結びついている。ブーレーは比較的寡作な上、現在まで残っている建築物はごくわずかだが、1780年代から1790年代にかけての作品に見られる幻想的な建築観によって最も人々の記憶に留められている。ブーレーは、装飾などをすべて取り払って建築物を幾何学的な形態にまで戻し、アイザック・ニュートン記念堂など、かつて類を見ない誇大妄想的な建築を生み出した。ルドゥーもまた心のなかではそうした野心を持っていたに違いなかったが、実際に建てたものは、古代の直接的な模倣を超え、架構のない抽象的な形態をより強めながらも人々に受け入れられやすくしたものだった。ブーレーとルドゥーが明らかに影響を与えた1人に、ジャン＝ニコラ＝ルイ・デュラン(1760～1834年)がいた。デュランはエコール・ポリテーク(フランス国立理工科学校)の建築学の教授を務め、建築とは基本となる構成要素が理論的に組み合わせられたものだという概念を広め、さまざまな点で次世紀に現れる建築の規格化の先駆けとなった。

新古典主義 > **崇高美**

古典的な崇高美

ピラネージの版画連作『牢獄』はカプリッチョ※の流れを汲み、建築的な題材が集合した想像上の姿を描いている。しかし、古代の建築の形態をドラマチックな光と陰影を用いて劇的に強調している上に、スケールも比較的大きいことで、どこか不気味で異世界のような感じを受ける。ピラネージのエッチングは、多くの建築家たちだけでなく、イギリスのサミュエル・テイラー・コールリッジやアメリカのエドガー・アラン・ポーといった作家の作品にも影響を与えた。

ジョヴァンニ・バッティスタ・ピラネージ、牢獄、(7)跳橋、エッチング、1760年

※ 現実と空想の混じった風景画。p.102参照

幻想上の崇高美

フランスのブーレーの幻想的な建築の例として最も名高いのは、建てられることはなかったが、17世紀のイギリスの科学者アイザック・ニュートンの偉業を讃えるために計画された記念堂である。そのデザインは、円形の土台上に直径150mの球体が載り、それをぐるりとイトスギが取り囲むという、誇大妄想的な上にまったく建築不可能なものだった。この作品はブーレーの新古典主義への関心を反映するとともに、ニュートンの発見した根源的な物理学上の法則に対して、形態と幾何学で応じたものでもあった。

エティエンヌ＝ルイ・ブーレー、夜間の断面図、アイザック・ニュートン記念堂（建設されず）

新古典主義 > 崇高美

形態の崇高美

ルドゥーの作品のうち、代表作アル＝ケ＝スナンの王立製塩所以降で最も特筆すべきものは「パリの市門」と自ら呼んでいたパリへ入るための門の数々である。これらの門は境界の役割も持ち、税金を徴収し、密輸を防止するために建てられたもので、アテネにあるアクロポリスへの入口で象徴性の高いプロピュライアを手本としてつくられた。飾り気のない石造りと厳格な形態の繰り返しによって、建物自体がそれほど大きくなくても壮大な規模に見えるよう工夫されている。

クロード＝ニコラ・ルドゥー、ラ・ヴィレットの関門、パリ、フランス、1785〜'89年

工業的な崇高美

イギリスのルイス・キュービットによるキングス・クロス駅の巨大なアーチは、背後にある駅構内に架かる2つの大屋根と直接的な関係がある点から見て、機能主義に極めて近い建造物といえる。しかし、その圧倒的に大きなスケールはヴィクトリア朝時代の技術（すぐ隣にあるジョージ・ギルバート・スコットのミッドランド・グランド・ホテルの凝ったゴシックのつくりとはまるで異なる。p.127参照）の精神と野心を伝えている。そして、「崇高」がそれまでは存在しなかった工業的な建築物に対してどのような意味を与えられるのかを例として見せている。

ルイス・キュービット、キングス・クロス駅、ロンドン、イギリス、1851〜'52年

技術的な崇高美

グレート・ウェスタン・レールウェイのチーフエンジニアだったイザムバード・キングダム・ブルネル（1806〜'59年）は、ロンドンのパディントン駅（高く浮かぶように架かる駅構内の大屋根は後にブルネルが設計した）からブリストル、エクセターをつなぐ路線を敷く仕事を任された。途中の、エイヴォン川のはるか上に架けられたブルネル設計の吊り橋はほかに類を見ないものであり、未だに恐れと驚きを感じさせられる。また、当時の技術発展が着々と進んでいたことを象徴的に物語っている。

イザムバード・キングダム・ブルネル、クリフトン吊り橋、ブリストル、イギリス、1829〜'31年設計、1836〜'64年工事

天上の崇高美

ジョン・ソーンは、1792年から1824年にかけてリンカーンズ・イン・フィールズ（ロンドン中心部にある広場兼公園）の北側沿いの3軒続きの家屋を購入し、改築した。3軒は一体となってソーンの自宅用の居住空間、事務所、そしてソーン自身が収集したすばらしいアンティークの「博物館」の役割を果たす一方で、建物そのものでもソーンの建築観が示されている。有名なブレックファースト・ルームは、ソーンが光に高い関心を持ち、光は実体の形状とともに建築に欠かせない要素だと考えていたことを理路整然と示している。

サー・ジョン・ソーン、ブレックファースト・ルーム、サー・ジョン・ソーンズ・ミュージアム、リンカーンズ・イン・フィールズ、ロンドン、イギリス、1808〜'13年

折衷主義

　ルネサンス以降の建築家は、基本的に「建築とは自然を模したものだ」というウィトルウィウスの考えに従ってきた。だが、イギリスで18世紀末に向けて興った産業革命は、そのような前提をはじめ、建築に関わるあらゆる事象に大きな衝撃を与えた。産業革命以前、建築家にとってパトロンといえば国か教会、貴族といった限定された相手にほぼ限られていた。しかし経済と社会の変化によって、新たな階級である中産階級(ブルジョワジー)のパトロンたちが登場したのだ。裕福な会社のオーナーや資本家、実業家たちは、大規模な建築を行う資本も心積もりも持ち合わせていた。かつてない労働者の組織化とそのなかでの階層化、そのほかの社会の変化によって、工場や倉庫だけでなく、病院や刑務所、銀行、公営図書館、市庁舎、そして鉄道の駅舎といった新たなビルディング・タイプ※も生まれてきた。また、鉄や板ガラスに代表される新素材や技術の進歩は、建築家にとって新しい構造設計の可能性をもたらす一方で、それまでの建築言語と新素材の調和に対する疑問も投げかけた。建築家よりも技師の方が先に、鉄、そして鋼材の可能性を切り開くことができたのも何ら不思議はない。技術の発展によって、建築家と技師という2つの専門性の間には決定的な亀裂が生じたのである。

様式の相対主義

　産業革命によって始まったパトロンという言葉の意味の大変動や新しいビルディング・タイプ、そして新素材は、それまで優勢だったルネサンスの原則や、最終的には、建築上の理論や慣例を支配していた古典的な原則までも浸食してしまった。この唯一の包括的で権威ある古典的な様式に相対性がなくなると、新たに古典の規範外の、なかには西洋の伝統からは無関係なものまで含んだ建築様式が人々の間で広まり、正統性を得るようになった。その結果、そうした状況を表現する折衷主義が生まれ、ゴシック・リヴァイヴァルがボザール様式の学問的な古典主義と共存できるようになり、帝国主義がもたらした東洋趣味によって中国、インド、エジプト、ムーア、マヤに至るまで様式は多様化した。

ラスキンとモリス

　産業革命によって建築家たちは比較的自由に建築様式を選べるようになった。だが、イギリス人のジョン・ラスキン(1819〜1900年)や後のウィリアム・モリス(1834〜'96年)の一派は、近代化による新しい社会や経済、素材の状況が伝統的なクラフトマンシップに与える影響について懐疑的だった。ラスキンは建築が機械化と規格化の波に侵されることに激しく反対した。著書『建築の七灯』(1849年)は、職人(クラフツマン)の直接的な気持ちの表れとして建築に対する7つの考えをまとめたもので、誠実な技量と素材の質に対する忠実さによって究極の美が成し遂げられるはずだと述べている。ラスキンはゴシックに向かう傾向にあったようで、ゴシック・リヴァイヴァルの建築家A.W.N.ピュージン(1812〜'52年)の初期の考え方を継いでいた。ピュージンは建築を通して中世の美学と道徳的な現実に立ち戻ることを目指していた。ラスキンは、伝統的な美の価値やクラフトマンシップを擁護し、その多くはアーツ・アンド・クラフツ運動によって美と社会の再生を統合させようとしたウィリアム・モリスに引き継がれた。

構造合理主義

　ピュージンとラスキン、そしてモリスは、それぞれに違いはあるものの、基本的には近代化がもたらした社会的、美的、宗教的な激動に対してそれを否定する態度をとった。しかし、ほかの思想家、特にフランスの建築家ウジェーヌ=エマニュエル・ヴィオレ=ル=デュク(1814〜'79年)は近代的な素材にはもっと明らかな可能性があると見てとった。ヴィオレ=ル=デュクの建築もゴシックを参考にしていたが、その理由はまったく異なり、中世のゴシック建築が独特かつ合理的に石やレンガの構造上の可能性を発揮していたと考えていたためだった。ヴィオレ=ル=デュクは同様の合理的なアプローチが鉄や板ガラスなどの新しい工業化時代の素材にも適用されるべきだと主張した。その考えの実践はかなり難しかったが、ヴィオレ=ル=デュクはフランス中の数多くの中世建築を創造的に修復したことでよく知られている。いずれにせよ、ラスキンの主張した近代化への不介入のアプローチとはまったく異なるものだった。

※　ある構成や形式といった共通の特徴を持つ施設の類型

折衷主義

- ゴシック・リヴァイヴァル
- オリエンタリズム
- ボザール
- アーツ・アンド・クラフツ
- アール・ヌーヴォー
- アール・デコ

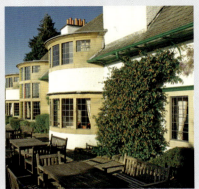

折衷主義 ＞ ゴシック・リヴァイヴァル

地域：ヨーロッパ、特にイギリス、さらにアメリカとカナダも
時代：19世紀
特徴：復元的ゴシック、構造的ゴシック、自然なゴシック、折衷ゴシック、ラスキニアン・ゴシック、モダン・ゴシック

　ゴシック建築は、醜く、不合理で不健全であり「ゴシック以外の」純粋な古典にとって有害だというのが、ルネサンス期以降ずっと継続する一般的な考え方だった。「ゴート人」と「西ゴート人」の異教徒の群れが、5世紀から6世紀にかけて古代ローマの建築だけでなく文明そのものを破壊した、とジョルジョ・ヴァザーリが16世紀中頃に主張したことが根強く残っていたのだ（p.66参照）。かつて、イギリスのニコラス・ホークスムアやジョン・ヴァンブラは古典建築とゴシックの要素を組み合わせようと試みていたが、建築様式としてはほとんど影響を与えることができなかった。ホレス・ウォルポールは、ミドルセックスのトゥイッケナムにあるストロベリーヒルズに空想的な「ゴシック」の邸宅を建て、ゴシックがピクチャレスクをうまく強調するのに役立つところを例示してみせたが、そこには考古学上の正確さや中世にゴシックが持っていたはずの意味への関心はほとんどなかった。

　1830年代までには、失われた中世の宗教的な伝統に回帰しようというオックスフォード運動※の議論が目立つようになり、最終的にはアングロ・カトリック主義へと形を変えていった。その傾向を建築的に最もよく示したのは、建築家で理論家のA.W.N.ピュージン（自身は1834年カトリックに改宗）が残した数多くの作品だった。ピュージンは、本物の中世のゴシックの建築様式によって、中世のモラルの高い信仰と社会に立ち返ることが容易になると主張した。それを証明するため、著書『Contrasts（コントラスト）』（1836年）では15世紀と当時の建物を並べてみせた。中世の修道院がもたらした寛容な慈愛の精神と、19世紀の救護院がもたらした過酷な状況のはっきりした違いは、それぞれの建物に明らかに示されているというのである。

　ジョン・ラスキンはピュージンのことを蔑んでいるようなものだったにもかかわらず、その作品から多くの着想を得ていたように見える。『ヴェネツィアの石』（1853年）では、以前の『建築の七灯』での理論がさらに広げられ、ラスキンの建築理論がおそらく最も論理的に述べられている。ラスキンはそうした作品中で、古典的な伝統のことを、異教徒に由来し、リヴァイヴァルにおいてはそのことに無感覚であり、また職人たちを奴隷的に働かせ続けるものだとして拒否している。そして、ゴシックはそれと対照的に自然で流動性があり、職人たちには独自の表現をする機会があると主張した。ラスキンにとって、ゴシックとは「本物」と同じ意味を持つ言葉であり、工業化以前の働き方や、素材と職人と、究極的には神との間に誠実な関係性が保たれることであった。

　ヴィオレ＝ル＝デュクは、ゴシック・リヴァイヴァルにとって重要な3人目の理論家であったが、ほかの2人の感傷的な色合いの強いリヴァイヴァルとはまったく異なる方向性を持っていた。そして『建築講話』（1863〜'72年）において、建築とは、伝統的なものでも現代的なものでも、構造の原理に基づき、材料本来の特性に忠実であるべきだと主張した。そして、形態は二の次として、そうした原理が最も明らかに働いているのはゴシックだと述べた。ヴィオレ＝ル＝デュクは、自らの概念をいつも建築作品で裏付けることに成功していたわけではない。しかし、その構造理論と素材への誠実さがモダニズム（p.148参照）の考え方に影響を与えたのは明らかだ。

※　オックスフォード大学を中心とした信仰復興のためにイギリス国教会にカトリックの要素を復活させ、教会を刷新しようという運動

折衷主義 > ゴシック・リヴァイヴァル

復元的ゴシック

教会建築学協会（The Ecclesiological Society）は、ケンブリッジからロンドンに移った後にケンブリッジ・カムデン・ソサエティ（The Cambridge Camden Society）から名前を変えた団体だが、1830年代と40年代には大きな影響力を持っていた。というのも、彼らがゴシック建築の再興を通して、中世の精神と修道会を再現することができると宣言したためである。したがって設計の正確さが鍵となり、建築家が守らなければならない数々の決まりが『A Few Words to Church-builders（教会建築に関する注意事項）』（1841年）にまとめられた。

構造的ゴシック

ヴィオレ＝ル＝デュクは、建物の形態は基本的に構造を反映していなければならず、材料はそれが本来持つ特性を真に残す方法で使用しなければならないと主張した。そして、近代的な素材によって大きなスパン※や背の高い構造が可能になるなら、そうした構成材は使われるべきところへ合理的に使用することを主張した。ヴィオレ＝ル＝デュクのコンサートホール設計案にもその考えが現れている。

※　柱と柱の間など支点間の距離

A.W.N. ピュージン、セント・ジャイルズカトリック教会堂、チードル、チェシャー（イギリス西部）、1841〜'46年

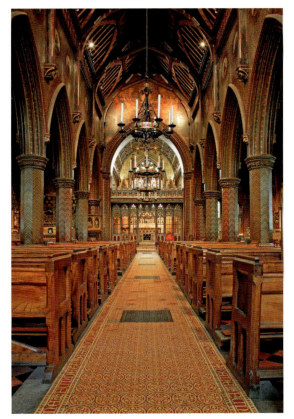

ウジェーヌ＝エマニュエル・ヴィオレ＝ル＝デュク、コンサートホール設計案（1866年頃）、『建築講話』（1863〜'72年）より

折衷主義 > ゴシック・リヴァイヴァル

自然なゴシック

建築家たち、特にヴィオレ＝ル＝デュクは、しばしば「自然な」ゴシックの構造のインスピレーションを得るために動植物の骨格系を調べた。オックスフォードにある自然史博物館の天井は、細長い鉄でゴシック風の形状が形成されていて、その下に展示されている骨格標本と呼応し合っている。また一方では、地質学の参考になるように博物館の建築全体にさまざまな種類の石材が用いられている。

トーマス・ディーンとベンジャミン・ウッドワード、自然史博物館、オックスフォード、イギリス、1854〜'58年

折衷ゴシック

建築家ジョージ・エドモンド・ストリートは、数多くの教会堂の設計依頼を受けているが、最高傑作は間違いなくロンドンの王立裁判所である。ストリートのデザインは、イギリス・ゴシックの様式と形態の両方をある種統合させたようなものだ。また、英国法の成立を目の当たりにした当時の精神を映し出している。

ジョージ・エドモンド・ストリート、王立裁判所、ロンドン、イギリス、1868〜'82年

折衷主義 > **ゴシック・リヴァイヴァル**

ラスキニアン・ゴシック

ラスキンは、ゴシックの装飾の多様性には職人に独創性をもたらす自由があると讃えた。そして中世の姿をそのまま再生するのではなく、ゴシックを進化させることを提唱した。ウィリアム・バターフィールド（1814〜1900年）によるマーガレット・ストリートのオール・セインツ教会堂には、豊かな多色装飾とレンガの構造的な利用が見られる。教会建築学協会好みであり、ラスキンの考えが反映されている。

モダン・ゴシック

新たなビルディング・タイプや技術の出現によって、ゴシックをかつてない方法で取り入れ、適合させる可能性がもたらされた。ジョージ・ギルバート・スコットが設計したミッドランド・グランド・ホテル（現在のセント・パンクラス・ルネッサンス・ロンドン・ホテル）は、完成当時、世界的に最先端を行くホテルだった。スコットはこのデザインでホテルが併設されるセント・パンクラス駅にゴシックの外見を与えたが、その背後にはウィリアム・ヘンリー・バーロー（1812〜1902年）が設計した、駅舎に架かるほとんど柱のない大屋根が浮かんでいる。

ウィリアム・バターフィールド、オール・セインツ教会堂、マーガレット・ストリート、ロンドン、イギリス、1850〜'59年

ジョージ・ギルバート・スコット、ミッドランド・グランド・ホテル、ロンドン、イギリス、1865〜'76年

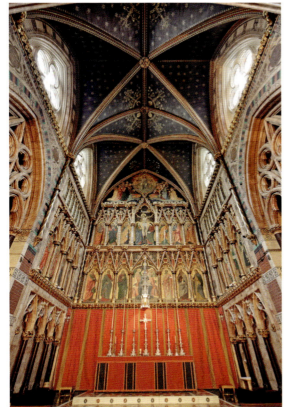

折衷主義 > **オリエンタリズム**

地域：ヨーロッパ、アメリカ
時代：18世紀中頃〜20世紀初期
特徴：インド風、エジプト風、ムーア風、マヤ風、中国風、帝国主義

植民地主義の拡大がもたらした東洋と西洋の交流は、建築に長期にわたって幅広い影響を与えた。モダニズムが出現するまで、なかには出現後でさえも、東洋と西洋の関係は建築においてもそれ以外においてもオリエンタリズムという有力な枠組みにほぼ支配されていた。ポストコロニアル※の理論家エドワード・サイード（パレスチナ出身のアメリカ人）は、画期的な著書『オリエンタリズム』（1987年）において、植民地を探索した者たちが非西洋の文化に最初に出会った瞬間から、非西洋文化すべてが特異で脚色された「オリエント」として認識され、そう呼ばれるようになったと主張した。何世紀にもわたる帝国主義による拡大過程では、非西洋の文化を兵力で支配し、西洋の手によって「オリエント化させる」ことがしばしばあった。すなわち、西洋文化こそ文明、学問そして進化の模範であると自負する一方で、「オリエント」は野蛮であるとして、そこに住む人々や文化、知的停滞状態を軽んじたのである。サイードの主張によれば、西洋文化を非西洋文化、すなわちオリエンタリズムを通して定義することによって「西洋」という概念が論理的な存在として出現したという。

オリエンタリズムの文化的な（建築を含む）形成は、異なる文化同士が初めて出会ってからほぼすぐに始まった。「新世界」は豊かであり、すぐに食い物にされた。イギリスやドイツの東インド会社のような国際的な商取引組織は、複雑な貿易ルートをつくり、茶葉やスパイスなどの日用品だけでなく、さらに価値の高い磁器などの文化的な品々も運んだ。例えば、青と白の中国製の陶磁器は魅力的でオリエンタルなものとして、17世紀から18世紀にかけてヨーロッパ中で流行した。

建築の世界では、はじめはオリエンタリズムのスタイルは風景式庭園内のような文化的にも社会的にもコントロール可能な場所に使われることがほとんどだった。そして、庭園にピクチャレスクの幅広い幻想性をつくりだす役割を担っていた。イギリス南部のサセックスにある海沿いの街ブライトンのロイヤル・パビリオンは、ジョン・ナッシュがプリンス・オブ・ウェールズ（後のプリンス・リージェントであり、即位してジョージ4世となった）のために設計したもので、初めてオリエンタリズムを全面に打ち出した建築の1つであった。ムガル（当時のインドの王朝）の影響を受けた外観とシノワズリ（中国趣味の美術様式）の内部空間は、イギリス帝国のインドに対する支配をはっきりと象徴したものだった。その後、19世紀から20世紀にかけて、オリエンタリズムの建築はさらに多様化を進めた。様式の折衷化が進んだのと、エジプト風やムーア風、さらにはマヤ風の建築に商機があったためである。

帝国主義による植民地建築は、多種多様な状況に直面した。1911年からイギリス領インド帝国の行政首都となったニューデリーの都市計画で、サー・エドウィン・ラッチェンス（1869〜1944年）とハーバート・ベイカー（1862〜1946年）はイギリス・バロックを基に主要な形状を描き、そこにインドの建築の要素を注意深く取り入れた。多くの点でイギリスの帝国主義を表現してはいるものの、象徴的な建築語彙を取り入れている点からはインドという独立した国家の必要に応じるだけの柔軟性が見てとれる。

※ 1980年代に提唱された。かつての植民地支配とその影響をさまざまな観点から考察、研究すること

折衷主義 > **オリエンタリズム**

インド風

ムガル様式は、ムガル帝国のアクバル大帝（在位1556〜1605年）の時代に発展し、そびえ立つドームと華々しい装飾性だけでなく、西洋の古典的な伝統にも通ずるシンメトリーが大いにイギリスの建築家たちの興味を引いた。ジョン・ナッシュによるロイヤル・パビリオンは、ムガル帝国の伝統を色濃く反映しながらも、それをイスラム建築の要素と融合させている。

ジョン・ナッシュ、ロイヤル・パビリオン、ブライトン、イギリス、1787〜1823年

折衷主義 > オリエンタリズム

エジプト風

ナポレオンのエジプト遠征によって、ヨーロッパとアメリカではエジプトのあらゆるものに対する関心が爆発的に高まった。1848年に着工したワシントン記念塔は高くそびえ立つオベリスクであり、1884年に完成した当時、世界で最も高い人工の構造物であった。若い国というのと同義と考えられていた永続性と普遍性を表現するため、数多くの作品がエジプトの影響を受けていたが、この記念塔はなかでも最も目立った例であった。

トーマス・スチュアート、エジプシャン・ビルディング、バージニア医学校（現バージニア・コモンウェルス大学）、リッチモンド、バージニア、アメリカ、1845年完成

ムーア風

馬蹄型アーチ、ファサード面の重なり、抽象的なレンガ模様といったイスラム的なムーア建築は、14世紀のスペイン、グラナダのアルハンブラ宮殿（p.81参照）に代表され、19世紀から20世紀初期のイギリスとアメリカの建築家を特に惹きつけた。ムーア風のドームやミナレット（イスラムの宗教建築に付随する塔）は、アメリカの多くのホテルや劇場の建築で豪華さと神秘性の象徴として用いられた。

ジョン・A. ウッド、タンパ・ベイ・ホテル（現ヘンリー・B・プラント博物館、タンパ大学）、タンパ、フロリダ、アメリカ、1888〜'91年

マヤ風

1920年代から30年代のアメリカの建築家は、コロンブス到達前のメソアメリカ文明※に大きな関心を持った。ヨーロッパの伝統を超える方法を模索する建築家たちには、マヤ文明は比類のない土着建築の参照先だった。アメリカの建築家フランク・ロイド・ライトはカリフォルニアの住宅にマヤの建築の要素を取り入れ、イギリスの建築家ロバート・ステイシー＝ジャッド（1884〜1975年）はマヤの装飾的な言語をアール・デコの形態に融合させた。

ロバート・ステイシー＝ジャッド、アズテック・ホテル、モンロビア、カリフォルニア、アメリカ、1924年

※ オルメカ、マヤ、インカといった、スペインによる征服以前に高度な文明を持っていた中米の文明圏の総称

折衷主義 > **オリエンタリズム**

中国風

イギリスの建築家サー・ウィリアム・チェンバーズは、大多数の建築家とは違って、スウェーデン東インド会社での勤務時代に実際に中国（さらにインドのベンガルも）を訪れた経験があった。ジョージ3世（在位1760〜1820年）となるプリンス・オブ・ウェールズに建築を教え、後にその妹オーガスタ妃にロンドンのキュー・ガーデンズ（現在の王立植物園）の建築物の設計を依頼された。チェンバーズは、庭園に多数の建築物をデザインしたが、その1つが自身の中国建築に関する知識を活かした10層の仏塔（パゴダ）である。

帝国主義

サー・エドウィン・ラッチェンスのヴァイスロイズ・ハウス（当時の英領インド総督の邸宅だった）は、ラッチェンスがサー・ハーバート・ベイカーとともに都市計画を行ったニューデリーの街の行事や行政の中心地に、その頂点として建っている。サー・クリストファー・レンの、とりわけロンドンのグリニッジ病院計画案（実施されたものとされなかったものがあるがその両方）から強い影響を受けながらも、ラッチェンスは現地インドの建築を引用した。その結果、ヴァイスロイズ・ハウスは多色装飾、装飾的な細部、そしてチャハトリ（閉じられていないドームのような形状）などの特徴を持つものとなった。

サー・ウィリアム・チェンバーズ、仏塔、キュー・ガーデンズ、キュー、ロンドン、イギリス、1761年

サー・エドウィン・ラッチェンス、現インド大統領官邸（旧ヴァイスロイズ・ハウス）、ニューデリー、インド、1912〜'30年

折衷主義 > ボザール

地域：フランス、アメリカ
時代：19世紀中頃〜20世紀初期
特徴：うろこ状のファサード、ハイ・ファサード、鉄の構造、軸構成による平面計画、公共建築、近代的なビルディング・タイプ

　ボザール様式は、この様式の主要な実践者たちが学んだパリにあるエコール・デ・ボザール（フランス国立高等美術学校）からその名が付けられた。その教えに、アメリカを中心にほかの建築学校も接した結果、同じ手法と哲学でこれに追随した。この学校の歴史は17世紀までさかのぼる。1648年、ルイ14世の実質的な宰相であった枢機卿ジュール・マザランは王立絵画彫刻アカデミーを設立した。それに相当する建築学校である王立建築アカデミーは、1671年にマザランの後任者ジャン＝バティスト・コルベールによって創設された。コルベールは文化、特に建築には太陽王ルイ14世の威厳を具現化し、いっそう輝かせる力があると考えていた。1816年、この2つの教育機関は統合されて芸術アカデミーとなり、さらに1863年にナポレオン3世の政府による支配から独立し、名前をエコール・デ・ボザールと変えたのである。

　このボザールの教育機関としての理念は、その長い歴史を反映している。芸術、建築ともに、古典的、伝統的なものが理想とされ、ほぼその点だけに教育の重点が置かれていたのである。学生は、工学技術や建設技術といった問題に気をとられることなく、古代ギリシャやローマの建築、時にはルネサンスやバロックの作品について学んだ。アトリエは現役の建築家によって運営され、学生はその指導下で数々の設計技術を学んだようだ。最初のスケッチ作成から、しばしば練り上げたプレゼンテーション用の図面を作成し、時には審査会や講評会が開かれたのだろう。

　こうした厳格でアカデミックな指導法は、結果としてやや画一的なボザール様式につながった。堂々とした古典的なファサードには豊かな装飾と彫刻が重ねられた。内部空間のデザインはおおむね外観の建築言語を踏襲し、さらに手の込んだ金箔張りや、磨かれたさまざまな種類の大理石による多色装飾の効果が加えられた。また、軸で構成された平面計画では、大きく時には儀式的な空間と、サービス用のエリアが分けられた。ボザール様式の建築にはそうしたものすべてが備わり、あたかも劇場のように人為的ではあったが、実際には大げさだということはなかった。装飾と彫刻の配置が理論的に定められ、全体で1つの図像として建築のコンセプトを表現しようとしていたためである。

　ボザール様式は19世紀後半から広く用いられ、特にアメリカでは20世紀に入ってもそれが引き続き用いられた。ヘンリー・ホブソン・リチャードソン（1838〜'86年）やチャールズ・フォレン・マッキム（1847〜1909年、マッキム・ミード・アンド・ホワイト建築事務所の設立者）、ジョン・マーベン・カレール（1858〜1911年）とそのパートナーのトーマス・ヘイスティングス（1860〜1929年）といった影響力のある建築家が何名もパリのボザールで学んでいた。一方で、マサチューセッツ工科大学が1892年に最初にエコール・デ・ボザールの教育概念を取り入れ始めて以降、いくつかのアメリカの学校もそれに倣った。そしてまさにその翌年、アメリカにおけるボザールの影響は確固たる地位を築くことになった。『ホワイト・シティ』※として有名なシカゴ万国博覧会が、クリストファー・コロンブスのアメリカ大陸発見400年を記念して開催されたのである。万博の建設総指揮者を務めたダニエル・バーナム（1864〜1912年）が配置した広い大通りと、真っ白なボザール様式の建物群は、夜になると電灯で照らし出された。そこで意図されていたのは、アメリカのある種の形式主義と、近代化の猛襲との文化的な好対照を象徴的に見せることであった。

※ 展示用パビリオンが白一色に統一されていたことから名付けられた

折衷主義 > **ボザール**

うろこ状のファサード

ボザール様式のファサードは、通常素材感のある外壁の仕上げになっているか、古典的な要素や彫刻に一部を覆われて層状になって、全体を調和のとれた形でまとめ上げていた。シャルル・ジローが設計したパリのプティ・パレでは、彫刻的な装飾の連続によって、それがなければ別々の構成要素になるものが1つのファサードとしてつなげられている。うろこ形状が使われるようになったのは、ボザールでは建築のアイディアを透視図にして提出する伝統があり、その図の上に光と影の効果を水彩でつけていたためだった。

シャルル・ジロー、プティ・パレ、パリ、フランス、1896〜1900年

折衷主義 > ボザール

ハイ・ファサード

典型的なボザール様式のファサードを構成するのは、まず高い階高の地階（基礎構造物レベルにある）で、地上に見える壁面はルスティカ仕上げで、建物下階の役割も果たした。その上には高いピアノ・ノビーレ（主階）があり、オーダーの形状とアーチがはめ込まれた開口部が連なることが多い。さらに上部にはコーニスと幅の広いアティックの層があり、レリーフで飾られることも多い。パリのガルニエ宮※のような特に壮麗な作品では、全体が調和のとれた形でまとめられ、その上部には彫像や、時には傾斜の緩いドームが載せられた。

シャルル・ガルニエ、ガルニエ宮、パリ、フランス、1861〜'74年

鉄の構造

フランスの建築家アンリ・ラブルーストは（1801〜'75年）はエコール・デ・ボザールで学び、ボザールの伝統の一部をつくるとともにそれを引き継いでいたにもかかわらず、他方では合理主義者の構造の考え方からも影響を受けていた。ラブルーストは、サント・ジュヌヴィエーヴ図書館や、その少し後のフランス国立図書館の閲覧室などの多くの作品で、鉄の骨組みをドラマチックに用いて上方へと広がる空間を生み出した。

アンリ・ラブルースト、閲覧室、フランス国立図書館、パリ、フランス、1862〜'68年

※　フランス国立歌劇場。パリ・オペラ座、オペラ・ガルニエとも呼ばれている

折衷主義 > **ボザール**

軸構成による平面計画

フランスのセーヌ県知事オスマン（1809〜'91年）は建築家というよりは都市計画家であったが、1853年から1870年に手がけたパリ大改造はボザールの伝統の考えを採用し、それを都市計画全体に活かしたものだった。オスマンは、大通りをつくる（一説では、暴動などでバリケードがつくられない広さを確保する目的があったとされる）ために中世から続く都市構造を取り壊した。交差点には新たなモニュメントが置かれ、エトワール凱旋門をはじめとした既存の建造物も大きくつくり替えられた。

知事ジョルジュ＝ウジェーヌ・オスマン、エトワール広場（現シャルル・ド・ゴール広場）、パリ、フランス、1853〜'70年

公共建築

ボザールの建築家たちは、街や都市の自信を象徴する壮大な公共建築を依頼された。カレールとヘイスティングスによる記念碑的な作品であるニューヨーク公共図書館は、アメリカで最も名高いボザール建築であり、成熟したボザール様式の典型的な例となっている。数多くの私邸や商業建築、いくつかの都市計画にも同様の例が見られる。

カレール＆ヘイスティングス、ニューヨーク公共図書館、ニューヨーク市、アメリカ、1897〜1911年

近代的なビルディング・タイプ

近代社会の到来によって、建築物の重要性はその規模から推し量ることができるという既成概念は覆された。工場、倉庫、駅舎といったものはいずれも大規模な構造物が必要で、その建設によって大きな混乱が起こることがあった。そうした新しい大規模建造物をつくる際に、公共建築の外観として馴染みのあるボザール建築が採用された。

リード＆ステムとワレン＆ウェットモア、グランド・セントラル駅、ニューヨーク市、アメリカ、1903〜'13年

折衷主義 > アーツ・アンド・クラフツ

地域：イギリス、アメリカでも
時代：19世紀中頃〜20世紀初期
特徴：ヴァナキュラー、ピクチャレスクな感覚、居住空間、地域の素材と手工業、地方志向、田園郊外

イギリスの思想家でデザイナーのウィリアム・モリスが精神的にも理論的にも主導したアーツ・アンド・クラフト運動は、近代化によってもたらされた脅威と新たな状況に対して美的、観念的に反発する動きだった。モリスは、ラスキンの影響を受け、美しさと日常の職人の手仕事とをもう一度結びつけようと力を尽くした。そして、労働者同士すら分断する非人間的な状況に対して強硬に反対する熱心な社会主義者として、もし芸術家と建築家がもう一度手仕事に立ち戻るなら、機械による専横を覆すことができると訴えた。近代化に抵抗しながらも（そして、1877年の古代建築物保存協会の創設の主要メンバーだったにもかかわらず）、新たにモリス商会を設立し、中世後期の作品から着想を得た家具や装飾品、カーペットなどを制作して商業的にも芸術的にも成功を収めた。モリスは多くの伝統技法をよみがえらせたが、過去の模倣に終始することのないように注意を払い、秩序を再生し、激動の時代においても原則的に誠実であり続けるよう試みた。

建築におけるアーツ・アンド・クラフツ運動は、近代社会や醜悪な工業都市が出現する以前の伝統的で素朴なライフスタイルに戻そうという感傷的な歴史主義の特徴を持っていた。伝統的な建築技法は折衷的な建築様式に組み込まれた。その一例が、建築家フィリップ・ウェッブ（1831〜1915年）によって設計されたケントにあるモリスの自邸レッド・ハウスで、クイーン・アン様式の上部の円い窓には中世の影響が見られる。この運動を導いていたもう1人の建築家がリチャード・ノーマン・ショウ（1831〜1912年）だったが、彼はモリスほど近代的な形態に反対することはなかった。ショウは当時の新しい建築計画と、ハーフティンバーやジャコビアン様式[1]から北方ルネサンスやイギリス・バロックに至るまでさまざまな様式を巧みに組み合わせた。

アーツ・アンド・クラフツの思想は国際的に広まった。ドイツでは建築家ヘルマン・ムテジウス（1861〜1927年）が主唱者となり、芸術家や建築家、デザイナー、実業家で結成されたドイツ工作連盟に大きな影響を与えた。アメリカの建築家では、ヘンリー・ホブソン・リチャードソンのアーツ・アンド・クラフツの考えを直接表現した建築作品が最も目を引き、続くルイス・サリヴァン（1856〜1924年）やフランク・ロイド・ライト（1867〜1959年）にも大きな影響を及ぼした。

19世紀には、近代化の衝撃に反応する数多くの動きが生じ、それまでにはない社会や都市のモデルが提案された。フランスの社会思想家シャルル・フーリエのユートピアの理想像から生まれたのがイギリスのヨークシャーのリーズに近いモデル・ヴィレッジ、ソルテアで、1851年から実業家のサー・タイタス・ソルトが自身が経営する工場で働く労働者たちに質のよい住宅環境を提供するために建設された。また、エベネザー・ハワードは『*To-morrow: A Peaceful Path to Real Reform*（明日――真の改革にいたる平和な道）』（1898年）[2]で田園都市論を提唱し、大きな影響を与えた。その考えは空想家の楽観的な思想と工業都市の過密状態を憂いた結果生じた道徳上の信念が一体になったものだった。ハワードは、緑が豊かでありながらも職場と住宅が近接する郊外住宅のモデルを提唱した。また、個々のアイデンティティと理想的な社会とのつながりの間のバランスを向上させられるのは住宅であると考え、家族が暮らす住宅を非常に重視した。ハワードは具体的な建築様式を特定しなかった。しかし、最初にハワードの考えが反映された新しい街、ハートフォードシャーのレッチワース田園都市で建設されたのは、田園都市とアーツ・アンド・クラフツという2つの動きの相乗効果を受け、そのほとんどがアーツ・アンド・クラフツのスタイルの住宅だった。

※1　15世紀初期のジェームズ1世時代の様式。大陸の影響を受け、前期は軽快、後期は重厚な特徴をもつ
※2　1902年に『明日の田園都市』と改題して再刊

折衷主義 > **アーツ・アンド・クラフツ**

ヴァナキュラー

もしアーツ・アンド・クラフツ運動の「マニフェスト」を示すといえる建築物があるとしたら、それは間違いなくベクスリーヒースにあるウィリアム・モリスの自邸レッド・ハウスだろう。赤いレンガを用いて、中世とクイーン・アン※の様式を混ぜ合わせて建てられている。ヴァナキュラー（その土地の風土に合わせた土着の建築特性）であることに明確に焦点を絞り、洗練された建築によくあるような正面性を重視する思想（façadism）を控え、建物（と庭）を構成するあらゆる要素に職人の細心の注意が払われている。

※ 18世紀前期のアン女王の時代にイギリスで生まれた様式を起源とする。全体的に家の形が不規則で、外観にさまざまな装飾を施したデザインが特徴

フィリップ・ウェッブ、レッド・ハウス、ベクスリーヒース、ケント、イギリス、1859年

折衷主義 > アーツ・アンド・クラフツ

ピクチャレスクな感覚

1875年から建設が始まったロンドン西部のベッドフォード・パークは、イギリス最初の田園郊外（Garden Suburb）の住宅地だとされている。住宅開発業者ジョナサン・カーは新しい住宅地の開発にあたって、当時建築家として第一人者だったリチャード・ノーマン・ショウに多数の住宅デザインのプロデュースを依頼した。ショウのデザインではほとんどの住宅がクイーン・アン様式だったにもかかわらず、まったく新しい家並みをつくりだした。自然でピクチャレスクな多様性を持ち、アーツ・アンド・クラフツのデザインの特徴を思い起こさせるものだった。

リチャード・ノーマン・ショウ、ベッドフォード・パーク、ロンドン、イギリス、1875〜'86年

居住空間

アーツ・アンド・クラフツの建築家たちは、職人の手仕事とデザインが人々の日々の生活スタイルに直接結びつく場は個人の住宅であると考えていた。この考え方はモダニズムにも大きな影響を与えた。イギリス北部の湖水地方ウィンダミアにあるブラックウェルは、マンチェスターの醸造家エドワード・ホルトが週末を田舎で過ごすための別邸として建築家でインテリアデザイナーでもあったM.H. ベイリー・スコットによって設計された。デザインと使用されている素材のバランスがよく、調和のとれた居住空間を実現している。また、モリス商会とチャールズ・ヴォイジー（1857〜1941年）の家具が取り入れられている。

M.H. ベイリー・スコット、ブラックウェル、ボウネス＝オン＝ウィンダミア、カンブリア、イギリス、1398〜1900年

折衷主義 > **アーツ・アンド・クラフツ**

地域の素材と手工業

建築家で家具やテキスタイルも手がけたヴォイジーのデザインは比較的シンプルだが、実は高度に洗練された職人の手仕事の精神がそこには隠されていた。ブロードレイズでは、地元産の石材を使い、ブラックウェル（p.138参照）と同じカンブリア地方のランドスケープが眺められるように大きなボウ・ウィンドウを設けた。建築史家のニコラス・ペヴスナーは、ヴォイジーの幅の広い窓と装飾のない壁面の使い方は、モダニズムの形態を先取りしたものだと評した。ただし、ヴォイジー自身は作品をそのように解釈されることを拒否していた。

チャールズ・ヴォイジー、ブロードレイズ、ウィンダミア、カンブリア、イギリス、1898年

地方志向

田園都市は、近代的な工業都市の過密と人口の一極集中に対して代替策を提示しようとしたものだった。そこでは、居住者の生活環境を向上させる一方で、労働者にとっての地域ごとの中心の必要性を踏まえ、まだ新しい概念だったゾーニング※の手法を用いて、工場、住居、緑地を分離した。その結果、ロンドン郊外のレッチワース田園都市に見られるように、街はほぼ全体として郊外の特徴を備えることになった。

レイモンド・アンウィンとバリー・パーカー、レッチワース田園都市、ハートフォードシャー、イギリス、1903年着工

※ 用途ごとなどに空間を明快に分割する。建物、都市の両方に用いられる

田園郊外

エベネザー・ハワードの考えを多く取り入れながらも、実際の田園都市のコンセプトはその信念に逆行していた。郊外都市が既存の都市に付け加えられたことで、間接的にハワードが緩和しようとしていた状況をかえって悪化させたのだ。ロンドンにあるハムステッド・ガーデン・サバーブでは、アーツ・アンド・クラフツによる郊外の田園住宅をつくりだすことを目指していた。後にはそこにモダニズムの住宅も加わり、田園都市の考えがモダニズムの都市計画へも影響を与えたことを示している。

G.G. ウィンボーン、リットン・クロス、ハムステッド・ガーデン・サバーブ、バーネット・ロンドン特別区、イギリス、1934〜'36年

折衷主義 ＞ **アール・ヌーヴォー**

地域：ヨーロッパ、特にブリュッセル、パリ、ウィーン
時代：19世紀後期〜20世紀初期
特徴：有機的な形態、明確な近代性、象徴主義、素材のコントラスト、反歴史主義、反装飾主義

19世紀の終わりに出現して1914年の第一次世界大戦勃発まで流行したアール・ヌーヴォーは、最初のアヴァンギャルド[※1]な建築だったといえるだろう。伝統そのものを否定するのではなく、歴史主義を否定するアール・ヌーヴォー（フランス語で「新しい芸術」を意味する）は、ドイツではユーゲントシュティール（Jugendstil）と呼ばれ、デザインや装飾芸術のあらゆる分野に及ぶ芸術運動となった。アール・ヌーヴォー様式は1900年のパリ万国博覧会でセンセーションを巻き起こし、瞬く間に国際的な現象となった。その一因は、印刷物やグラフィックデザインの普及にもあった。しかし、初めて登場したアール・ヌーヴォー建築は、ベルギーの首都ブリュッセルのヴィクトール・オルタ（1861〜1947年）とアンリ・ヴァン・デ・ヴェルデ（1863〜1957年）の作品だった。オルタが1890年代に手がけた3軒のホテルや、かつてベルギーの社会主義政党の本部が置かれて先駆的な建物だったもののすでに取り壊されてしまった「人民の家」が優れた実例であった。

アール・ヌーヴォーはさまざまな点で、昔ながらの手仕事の主観性と近代の工業生産の客観性とをつなぐ特性を備えていた。前者は、現在のスペイン、カタルーニャ地方の建築家アントニオ・ガウディ（1852〜1926年）のアール・ヌーヴォーに緩やかに属するデザインに見られる。ラスキンの影響を受けたガウディの建築は、ゴシックを意識したものだった。それに加え、特筆すべき複雑な象徴性と幾何学と、職人の手仕事に基づいてカタルーニャの建築を特徴付けた。それに対して、エクトール・ギマールによるパリのメトロの駅の入口は、アール・ヌーヴォーの形態を地下鉄という新たな近代的インフラの存在とのつなぎ役として取り入れ、客観的な立場をはっきりと示した。

1900年代までに、それまでアール・ヌーヴォー様式の作品をつくっていた多くの建築家は次のステップへと進んだ。こうした傾向を最もよく表している作品が、スコットランドの建築家でデザイナーのチャールズ・レニー・マッキントッシュが設計したグラスゴー美術大学（1897〜1909年）である。マッキントッシュは、敷地が急勾配であることを慣習に囚われずに活用して連続するさまざまな空間をつくり、採光をそれぞれの用途に合わせて（北側の光を作業スタジオに、トップライトをミュージアム空間にというように）計画した。内部空間の木と鉄の併用はダイナミックな素材の並びを生み出し、建築様式としてはアール・ヌーヴォーを思わせる建物ではあるが、空間と光の使い方には驚くべき独創性が見られる。

マッキントッシュの作品は、イギリスでは当初あまり関心を持たれなかったが、ウィーンのクンストラーハウスを離脱した芸術家と建築家が1897年に設立したゼツェッション[※2]に影響を与えた。オーストリアの建築家オットー・ワグナーが書いた『近代建築』（1895年）は、ゼツェッションにとって重要なテキストであった。ワグナーはそのなかで、建築はアール・ヌーヴォーの思想を保ちながら歴史主義を退け、それに併せて適切に近代的な素材と技術とを使うべきだと主張した。ワグナーが設計した郵便貯金局（1894〜1902年）などのゼツェッションの建築には、アール・ヌーヴォーの特徴となるほとんどの装飾物は控えられ、シンプルにデザインされる傾向があった。そしてこの近代的な建築思想を築こうとする試みは、装飾による偶発性から逃れるためのものであり、アドルフ・ロースは有名なエッセイ『装飾と犯罪』（1908年）のなかでそれが当然の結論であると著した。

※1　前衛。急激な変革を求める芸術の精神
※2　分離派とも呼ばれる。保守的な既成の芸術団体クンストラーハウスから離れ、自由な創造を目指した

折衷主義 > **アール・ヌーヴォー**

有機的な形態

アール・ヌーヴォーのデザインは、流れるような有機的な形状が多用されていることから簡単に見分けることができる。ほとんどの場合、花々や植物のつる、葉は鉄細工でつくられていて、さまざまな点でエコール・デ・ボザールの学問的な思想を意識した表現ともいえる。ブリュッセルにあるオルタのタッセル邸では、そうした形状が階段廻りに取り入れられ、緊張感と動きを生み出している。

ヴィクトール・オルタ、タッセル邸、ブリュッセル、ベルギー、1892〜'93年

明確な近代性

ギマールによるパリのメトロの駅のデザインの根本にあったのは、ベルエポック（the *Belle Époque*）※と明らかに関係する「大量生産」だった。それまでになかった力強い有機的な形状は、地下にできた新たな交通手段の近代性を地上に宣言している。ギマールの構造はヴィオレ＝ル＝デュクの影響を受け、デュクが後期に主張した構造合理主義を大部分で追随していたが、ゴシックを目指す傾向はまったく見せなかった。

エクトール・ギマール、地下鉄ポルト・ドーフィーヌ駅、パリ、フランス、1900年

※ 古き良き時代。特に20世紀初頭のパリで芸術や科学技術が発達した平和な時代

折衷主義 > アール・ヌーヴォー

象徴主義

スペインのバルセロナにあるサグラダ・ファミリアはガウディの最高傑作であり、あらゆる点で幻想性を高め、アール・ヌーヴォーを目指しながらその先へと進んだ建築である。ガウディは、北アフリカのベルベル人の建築やゴシック、さらに有機的な形態などを取り入れて、バルセロナという都市の格子状の街区がもたらす合理性と自身のつくりあげた感覚的ともいえる建築の間にダイナミックな緊張感を生み出した。この作品は、ガウディと同じカタルーニャ出身の芸術家であるサルヴァドール・ダリに代表されるシュルレアリスム（超現実主義ともいわれる芸術の形態）を思わせる。

素材のコントラスト

チャールズ・レニー・マッキントッシュは、イギリス北部、スコットランドにあるグラスゴー美術大学の校舎を設計した。ほかの箇所よりもやや遅れてつくられた二層吹抜けの図書館の周辺部分を囲むように、ブラケット[※]で支えられたメザニン（中間階）を挿入した。木製のブラケットは、本棚やほかの家具類と相まって、ダイナミックで直線的な形状をつくりだすとともに、その素材感と、アール・ヌーヴォーを思わせる抽象的な印象の照明器具とのコントラストを生み出している。

※ 壁や柱から水平に突き出して、軒や棚を支える受け木

アントニオ・ガウディ、聖家族教会（サグラダ・ファミリア）、バルセロナ、スペイン、1884年着工

チャールズ・レニー・マッキントッシュ、グラスゴー美術大学図書館、グラスゴー、スコットランド、イギリス、1908年

折衷主義 > **アール・ヌーヴォー**

反歴史主義

ウィーンのゼツェッションの芸術家と建築家たちは、クンストラーハウスの保守的な歴史主義を明確に否定し、また、リングシュトラーセ（ウィーンの中心部を囲む環状道路）沿いを占めていた面白みのない19世紀中頃の建築にも反発した。ヨゼフ・マリア・オルブリッヒ設計のゼツェッション館（分離派会館とも呼ばれている）は、内部は画家のグスタフ・クリムトによって装飾されている。そして、この建物はゼツェッションが促進し、また発行した月刊誌のタイトル『Ver Sacrum（聖なる春）』（1898～1903年）にも凝縮された新しい精神を、建築的に表明している。

ヨゼフ・マリア・オルブリッヒ、ゼツェッション館、ウィーン、オーストリア、1897～'98年

反装飾主義

オーストリアの建築家アドルフ・ロースは、装飾に時間と力を費やすことは無駄であり、罪に等しいと考えた。その一方で、当時の建築界には彫刻や絵画といった装飾によって建築物がより意味を持つようになるという認識も存在した。ブリュッセルのストックレー邸は、建築家ヨーゼフ・ホフマンが実業家で美術品コレクターのアドルフ・ストックレーのために設計した私邸だった。飾り付けらしいものはほとんど見られないが、それでも各部の装飾的な表現や建物の形態によってさまざまな着想や発想が維持されている。

ヨーゼフ・ホフマン、ストックレー邸、ブリュッセル、ベルギー、1905～'11年

折衷主義 > **アール・デコ**

地域：アメリカ、ヨーロッパ
時代：1920年代と30年代
特徴：スピードとムーブメント、魅惑的、直線、異国風、古典主義の名残、幾何学的な形態

　アール・デコは、パリで1925年に開催された現代産業装飾芸術国際博覧会で突如として世界の舞台に現れた。通称アール・デコ博とも呼ばれるこの博覧会は、その根底に再びパリをデザインやファッション、最高級製品の中心地に戻す狙いがあった。各国の出展に加えて一流のデザイナーや百貨店のパビリオンもあり、それぞれが流行の品を魅力的に披露した。さらにパリの街全体がその一環となり、大通りの店舗のショーウィンドウは見事に飾り付けられ、道や橋、公園は夜になるとドラマチックにライトアップされた。エッフェル塔を飾ったのは、自動車メーカーのシトロエンのロゴで、フランスの工業とデザインとともにあからさまな消費主義を象徴していた。

　この博覧会の開催者は、参加者に「モダン」であることを依頼していた。しかし、スウェーデン、ドイツ、フランスといった多くの国のパビリオンは、伝統とモダンという両極にまたがった展示を行った。その根源的な矛盾は、さまざまな点でアール・デコを特徴付けるものでもある。その矛盾を表した一例が、建築家ピエール・パトゥが手がけて高く評価されたパビリオン、コレクショヌール館（コレクターの館）で、各室の内装を室内装飾家ジャック＝エミール・リュールマンが行った。リュールマンはそのパビリオンのグランド・サロンのデザインで、モダンなデザインを大胆につくりあげるためにパリの一流の芸術家やデザイナーを集めたが、部屋自体の楕円の形状とサロンという存在そのものは過去の伝統に立ち返ったものであった。

　また、この博覧会では、モダニストの展示が行われたことも特筆すべき点だ。モダニズムの建築家ル・コルビュジエ（1887～1966年）は、自ら設計を手がけたエスプリ・ヌーヴォー館で大批判を浴びた「ヴォアザン計画」[※1]を展示し、ロシアの構成主義（p.170参照）の建築家コンスタンティン・メーリニコフ（1890～1974年）によるソビエト館では、ロシア革命後に起こった大胆で実験的な芸術活動が紹介された。モダニストによるそうした先駆的な試みとは対照的に、この展覧会で同様に展示されてその後数十年にわたって発展したアール・デコには、知的な内容や社会的、精神的な課題への取り組みはほぼなかった。アール・デコは、本当の意味で「様式」でしかなく、折衷的な様式で無分別に装飾物や、色、豪華な素材、艶やかな表面などを受け入れてきたことに対する反動だったのである。

　アール・デコは、近代化がもたらす可能性に対して漠然とした期待を示したが、それは過去を打ち破ることへの期待（モダニズムがそうだったように）ではなく、むしろ大衆化やさらにはぜいたくな「消費主義」への期待だった。建築では特に新しい劇場や映画館に取り入れられたが、それはアール・デコの表現のごく一部でしかなく、そのほかにも遠洋航行船や自動車から電話機、ラジオに至るまであらゆるものにそのデザインが用いられた。アール・デコはジャズ・エイジ[※2]と、イギリスの作家イヴリン・ウォーが小説『卑しい肉体』（1930年）で風刺した流行に乗ってパーティーを楽しむ享楽的な「ブライト・ヤング・シングス（陽気な若者たち）」の興奮と魅力を象徴するものだったのである。

※1　パリの中心部を超高層ビルに建て替える計画
※2　1920年代のアメリカの好景気がもたらした狂騒の時代

折衷主義 > **アール・デコ**

スピードとムーブメント

アール・デコは、近代のスピード感を具現化してみせた。その特性は自動車や列車、遠洋航行船のデザインにも表れていたし、また逆にそのデザインを形成しているものでもあった。建築の世界でそれに相当したのが「摩天楼」とも呼ばれる高層ビル、なかでもウィリアム・ヴァン・アレン設計のクライスラー・ビルディングだった。このビルは、数ヵ月というわずかな期間で建設されたにもかかわらず、当時、世界一高い超高層建築物になった。

ウィリアム・ヴァン・アレン、クライスラー・ビルディング、ニューヨーク市、アメリカ、1928〜'30年

折衷主義 > アール・デコ

魅惑的

建築家サー・オーウェン・ウィリアムズが手がけたイギリスの新聞社デイリー・エクスプレス社の社屋は、ロンドンで最初に本格的なカーテンウォールを採用した建物で、クロムめっき加工の金属縁の間に滑らかな色付きガラスと透明ガラスが組み合わされている。一方で、ロバート・アトキンソンによる豪華なエントランスは、外壁とは矛盾するようなアール・デコの装飾に満ち、金箔や銀、輝く巨大な吊り飾り、そして彫刻家エリック・オーモニアのエキゾチックな浮き彫りが、広告素材を持ち込む代理店の人々を驚かせた。

エリス&クラークとサー・オーウェン・ウィリアムズ(エントランスはロバート・アトキンソンによる)、デイリー・エクスプレス社、ロンドン、イギリス、1929〜'33年

直線

アール・ヌーヴォーが曲線的で、力強い有機的な形態を特徴としたのに対し、アール・デコは完全に直線的な建築を特徴とした。理由の1つには、ボザール様式の軸線による計画の影響が残っていたことが挙げられる。もう1つには、直線的な枠組みを用いることで、工場のような近代的なビルディング・タイプに求められる内部空間を実現するためでもあった。

ウォリス・ギルバート&パートナーズ、フーバー工場、ペリヴェイル、ロンドン、イギリス、1935年

異国風

ニュージーランドのネーピアにあるイギリスの新聞社デイリー・テレグラフ社の社屋は、1931年に地震で街のほとんどが崩壊した後に建てられた際、ピラスターや装飾によってエジプト建築をさりげなく取り入れるアール・デコの手法を用いた。このほかにも、マヤやアジアの建築などを参照する方法はアール・デコでよく見られるもので、当時の海外旅行への憧れとその実現性の高まりを示していた。

アーネスト・アーサー・ウィリアムズ、デイリー・テレグラフ社、ネーピア、ニュージーランド、1932年

折衷主義 > **アール・デコ**

古典主義の名残

アール・デコは近代を連想させる様式だが、その根底に古典的な考え方があることが計画から見てとれることも多かった。イギリスの建築家チャールズ・ホールデン（1876〜1960年）の作品は、アール・デコの特徴を緩やかに備えるだけで、古典的な感覚がモダニズムの形態や計画に優雅に組み合わせられていた。最もよい例がロンドンの地下鉄の駅であり、その1つがアーノス・グローヴ駅で、グンナール・アスプルンドがデザインしたスウェーデンのストックホルム市立図書館に影響を受けている。

チャールズ・ホールデン、地下鉄アーノス・グローヴ駅、ロンドン、イギリス、1932年

幾何学的な形態

直線的な建築をはじめ、アール・デコの幾何学的な形状はアール・ヌーヴォーの流れるような曲線とはまったく異なり、ジグザグ模様やシェブロン（V字型の模様）、何重にもなったアーチといった形状、ベークライト（プラスチックの一種）やアルミニウムなどの近代的な素材が頻繁に用いられた。数あるアール・デコの劇場や映画館のなかでも最もよく知られているニューヨークのラジオシティ・ミュージックホールでは、同心円状のアーチを用いて、ダイナミックな方法でステージに注意を促している。

エドワード・ダレル・ストーン（インテリアデザインはドナルド・デスキー）、ラジオシティ・ミュージックホール、ロックフェラー・センター、ニューヨーク市、アメリカ、1932年

モダニズム

19世紀を通して、建築家たちは産業革命がもたらす技術の進歩をどうやって建築に反映させるか、あるいはそれ以前にそもそも反映させるべきなのかを議論していた。今では、モダニズムは近代の精神を反映させるためだけではなく、道徳上の責任から必要性に迫られて登場したという解釈が一般的である。つまり、モダニズムは、近代化から生まれたさまざまな状況に対する文化面での反応であり、人々がそれまでの生き方や働き方を変え、さらにもっと根源的な自らを取り巻く世界をどう理解し、どう対応するかを考え直させる力があったという主張である。

『建築を目指して』

実験的な試みは早いうちから行われたものの、建築に本格的にモダニズムが取り入られたのは実際には第一次世界大戦が終了してからだった。1918年、スイス生まれの建築家シャルル＝エドゥアール・ジャンヌレ（1887〜1966年）は画家アメデエ・オザンファンと共著で『Après le cubisme（キュビズム以降）』[※1]を出版した。ジャンヌレは後にル・コルビュジエというペンネームの方が有名になる。2人はキュビズム[※2]の無理のある細分化を否定し、立体の概念こそが物体のあらゆる特性のなかで最も重視されるべきだと主張した。

数年後の1923年、ル・コルビュジエの著作で最も大きな影響力を持つ『建築をめざして』が出版されたが、その影響力は現在に至るまで未だに確実に残っている。コルビュジエは、伝統を捨て、近代という時代に即した新たな価値観を受け入れるよう建築家たちに向かって呼びかけた。コルビュジエは、そうした新しい価値観は遠洋航行船や航空機、近代には不可欠になっていた自動車のデザイナーたちにはすでに取り入れられていると見ていた。そして新たな建築を支配する「近代建築の五原則」をまとめた。次に挙げる基本的な原則である。まず、建物は細い支柱で持ち上げられるか、「ピロティ」を持つ。これにより、内部であっても外部であっても構造を支えるものは、空間を分けるものとは別になり、「自由なファサード」と「自由な平面」が可能になる。「横長の窓」によって太陽光が豊富に取り入れられる。最後に、「屋上庭園」によって建物に占められた地面を補う。この「近代建築の五原則」を最もよく表現しているのはル・コルビュジエ自身の住宅建築だが、ほかにも数多くのビルディング・タイプの建築物に強い影響を与えていることが見てとれる。

ル・コルビュジエは、自分の主張の大部分はまったく新しい考えであると主張したが、ドイツのヴァルター・グロピウス（1883〜1969年）やルートヴィヒ・ミース・ファン・デル・ローエ（1886〜1969年）といったル・コルビュジエとともにペーター・ベーレンス（1868〜1940年）の下で学んだ建築家たち[※3]もまた、モダニズムの進展の担い手として順調に活動を続け、いわゆる近代建築運動を代表することとなった。グロピウスは、1919年にドイツ中部のワイマールに先進的なバウハウス（総合的な芸術教育機関）を設立した。そこでは芸術、手工芸、工業デザインの柔軟な組み合わせによる教育が進められていたが、ちょうどソビエト連邦の芸術学校でも同じ動きが平行するように進んでいたのは留意すべき点である。1925年にバウハウスは同じくドイツのデッサウに移り、グロピウスにとって新たな建物をつくる機会になった。そして、その新校舎はあっという間にモダニズム建築の象徴（アイコン）となった。ミースは1930年からナチス体制の下、バウハウスが閉校する1933年までそこで教鞭を執った。

国際的なモダニズム

1932年、アメリカの建築史家ヘンリー＝ラッセル・ヒッチコックと建築家フィリップ・ジョンソン（1906〜2005年）が計画したある展覧会がMoMA（ニューヨーク近代美術館）で開催され（後にアメリカ各地で巡回開催される）、それがモダニズムを国際舞台へと押し上げた。この展覧会では、ル・コルビュジエ、ミース・ファン・デル・ローエ、グロピウスに加え、アメリカのフランク・ロイド・ライト（1867〜1959年）などの建築家たちを、新たな「インターナショナル・スタイル」としてひとまとめにして紹介した。しかし、モダニズムの建築が本当に国際的なものになったのは第二次世界大戦後であり、建築家たちが近代という時代の建築にふさわしい形態をどうつくるかという根本的な課題に取り組むなかで、それまでとはまったく異なる方向性を持って発展した。モダニズムの持つ大きな社会的指針によって、ヨーロッパでは戦後の再建プログラムが進められた。建築家たちは、皮肉にも戦争による破壊によって、世界を新しく再建するという野望を実現する機会を手にしたのだった。

[※1] この書籍内で、ピュリスム（P.162参照）という造形言語の純化を目指す動きが主張された
[※2] 複数の視点から捉えた対象を一枚の絵画に描く手法。パブロ・ピカソなどの作品が有名
[※3] 3人ともベーレンスの建築事務所に所属していたことがある

モダニズム

- シカゴ派
- 表現主義
- 新即物主義
- インターナショナル・スタイル
- 機能主義
- 構成主義
- 全体主義
- 本質主義
- ブルータリズム
- メタボリズム
- ハイテク

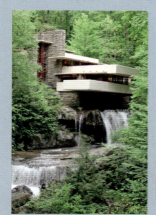

モダニズム ＞ **シカゴ派**

地域：アメリカ
時代：1880年代〜1900年代
特徴：鉄骨フレーム、直線的なファサード、立方体の形状、高さ、古典由来の装飾、石張り

　20世紀は摩天楼(高層ビル)といえばニューヨークだったが、19世紀最後の10年にこの近現代の典型となる建築形態が生まれたのはシカゴだった。最初にシカゴが重要とされたのは、アメリカ西部の玄関口の役割を担っていたためだった。19世紀中頃から鉄道が引かれることで徐々に西部開拓が進んでいったのである。1870年にはシカゴ大火が起こり、街の中心部の大半が焼け落ちた。シカゴは偶然にも、その破壊的な状況とその後の復興によってアメリカで経済的、そして建築的に最も重要な都市の1つとしての地位を確立したのである。

　シカゴ派は、19世紀末から20世紀初頭にかけてこの都市で活動していた主要な建築家たちの集団で、通常、少なくとも慣習的にはモダニストとは見なされていない。しかし、モダニズムによって投げかけられた根本的な課題が、「近代的な建設技術と新時代の精神との両方が反映された建物にふさわしい形態をどのようにして生み出すか」であったと考えるならば、シカゴ派の建築家たちはその課題に真っ先に取り組んでいた。

　1896年に発表されたエッセイ『The Tall Office Building Artistically Considered (芸術的に考慮された高層事務所建築)』で、シカゴ派の最も有名な建築家ルイス・サリヴァン (1856〜1924年)は、高層建築は積極的にその特徴を活かすべきだと主張した。つまり、高層建築が主として表現するものは垂直性であるべきだと提唱したのである。エッセイは、サリヴァンやほかの建築家がシカゴで10年以上前に実践したことを考察してまとめたものだった。このエッセイでは、ウィリアム・ル・バロン・ジェニー (1832〜1907年)が手がけたファースト・ライター・ビルの立方体が並ぶような形態は、鉄骨のフレームと各階の構造が外装を表現する、1つの論理的な存在として扱われた。また、ヘンリー・ホブソン・リチャードソンのマーシャル・フィールド百貨店 (1885〜'87年)のデザインは、その前にジェニーが採用した格子構造に古典の象徴性を抽象的に組み合わせたと述べている。そして、ルネサンスの宮殿(パラッツォ)をどことなく思わせながらも、粗い仕上げの石材のファサードの向こうに見える巨大な鉄骨フレーム構造によって近代性を表明しているとした。

　シカゴ派の作品で最も永続性のある建築は、ダンクマール・アドラー (1844〜1900年)とルイス・サリヴァンによるウェインライト・ビルで間違いないだろうが、これは実はイリノイ州シカゴではなく、ミズーリ州のセントルイスに建てられた。さまざまな構造が考案されたが、その根底にある鋼材フレームは格子の連続として外装に反映され、緩やかに古典の性格を見せる細部などほかのすべての要素がその格子に縛られた。ウェインライト・ビルでは、近代的な構造の新たな可能性を表現するものとして垂直性が強調されたが、それはある意味先見の明があったといえる的を射た見方で、その後、垂直性はモダニズムの建築で繰り返されるテーマとなった。

モダニズム > **シカゴ派**

鉄骨フレーム

一定の間隔で連続する垂直の支柱と水平の梁を組み合わせた、最も単純な形態の鉄骨フレームの構造によって、壁は荷重を支えるための主要部材ではなくなった。その結果、内部空間はそれまで以上に自由に構成できるようになった。リライアンス・ビルのフレームは初期のガラスのカーテンウォールを形成し、戦後にミースに影響された作品をつくる建築事務所スキッドモア・オーウィングズ・アンド・メリル（SOM）へ続く系統を生み出した。

直線的なファサード

柱梁構造の鉄骨フレームは、外壁に反映されると直線的な建築を生み出し、ファサードは水平の床面の直線と垂直の支柱、その間に設置される窓の格子構成になる特徴がある。サリヴァンは格子状の構造を分割し、建物の基礎となる階に店舗を入れ、その上に事務所を載せた。そして上下を行き来するための中央のコア※と、最上階で折り返すエレベーターを設けた。

※ 建築物の階段、エレベーター、パイプシャフトなどの共用部分が各階同じ平面の位置で集められた部分

バーナム＆ルート（チャールズ・アトウッドが主担当）、リライアンス・ビル、シカゴ、アメリカ、1890〜'94年

アドラー＆サリヴァン、ギャランティ・ビル、バッファロー、ニューヨーク州、アメリカ、1894〜'95年

モダニズム > シカゴ派

立方体の形状

鉄骨フレームの建築は、多くの標準化した部材を使用することで、それまでよりも早く、かつ、多くの場合は安く建設することが可能になった。垂直の支柱と水平の梁でできた柱梁構造を増幅させれば、同じ広さのフロアと平屋根を持つ立方体の形状ができあがる。この立方体の形態は、モダニズム建築を特徴付けるものとなった。

ウィリアム・ル・バロン・ジェニー、セカンド・ライター・ビル、シカゴ、アメリカ、1889年竣工

高さ

初期の「摩天楼」は、実のところそれほど高くはなかった。308mあったパリのエッフェル塔（1889年）に比べればずっと低かったし、教会のいくつかの尖塔より低いものすらあった。しかし、比較的小さな各フロアの平面に対して大きな居住空間をつくりだし、エレベーターの発明によって昇降も容易になった。シカゴ・ループ（シカゴのダウンタウンを環状に走る高架鉄道）の内側のように、初期の高層ビルが数多く建てられた場所は地価が高く、経済的な観点からも有利であった。

ウィリアム・ル・バロン・ジェニー、ホーム・インシュアランス・ビル、シカゴ、アメリカ、1884年竣工

モダニズム > **シカゴ派**

古典由来の装飾

アメリカでは、参照できる土着建築の伝統がわずかだったため(ラテンアメリカから着想を得ることはあったが)、建築家たちは装飾を検討する際にヨーロッパの事例を参考にする必要があった。しかし、一方ではヨーロッパの伝統とは無関係のものも取り入れる自由もあった。多くのシカゴ派の建築物はモダンな特徴と、抽象的な、時にはそのままの古典主義の特徴を併せ持っていた。

アドラー&サリヴァン、オーディトリアム・ビル、シカゴ、アメリカ、1886〜'89年

石張り

鉄骨フレームを使っていても、シカゴ派の建築のファサードでは石材やレンガ、型押しのテラコッタがよく使用された。こうした素材は徐々に増加し、かつてとはまるで違う広さを持つガラス面と組み合わされた。リチャードソンのマーシャル・フィールド百貨店の粗い仕上げの石材は、アメリカの岩が露出した風景を思い起こさせる、ヴァナキュラーな伝統とモダンの中間の特徴を持っていた。

ヘンリー・ホブソン・リチャードソン、マーシャル・フィールド百貨店、シカゴ、アメリカ、1885〜'87年

モダニズム ＞ **表現主義**

地域：ドイツとオランダ
時代：1910年代〜1920年代半ば
特徴：表現的な形態、近代的なビルディング・タイプ、自然主義、ダイナミズム、機能主義、単一の素材

ドイツでは、第一次世界大戦での敗戦後、政治的、経済的、社会的な大変動が起こり、それまで確かだったもの、特に帝政によって実現されていたものが覆された。一方で技術の進歩は、おおむね想定されていた方向へと向かった。モダニズムの建築家たちは、戦前ドイツでも足がかりを掴み始めていたが、敗戦とその後の余波でその方向性は決定的に変わってしまった。

戦争直後は経済的な混乱と物資の不足のあおりを受け、ほとんどの建築家たちは社会の再建構想を紙の上に展開するに留まっていた。ブルーノ・タウトの建築画集『アルプス建築』（1919年）は大胆なユートピア構想を描いたもので、知覚できる自然の摂理への回帰を象徴する光の爆発のなかに、山々の頂のようなガラスの建物がそびえるように見える。タウトがこの作品を発表したのと同じ年に、ヴァルター・グロピウスはバウハウスを設立したが、それは1913年の「新しい時代はそれ独自の表現を求めている」という自身が投げかけた言葉にさまざまな意味で応えるものだった。しかし、バウハウスで初期に発表された作品、特にスイス人の画家ヨハネス・イッテンに指導された生徒の作品には「プリミティヴィズム[※1]」の傾向が見られた。これに影響を受けたのが、同じくバウハウスで教鞭を執ったロシアの画家で理論家のワシリー・カンディンスキーによる、形態と精神状態との関係性についての考察であり、1912年に出版された『Concerning the Spiritual in Art（芸術における精神的なもの）』だった。そのアプローチは、信奉者によるアンチ・ダダ運動[※2]への関心と同様に、戦車など兵器が投入される近代化された戦闘の恐怖に対する反応からモダニズムがいっそう削ぎ落とされたものと考えられた。

表現主義の建築は、そういった流れのなかで出現し、1920年代初頭にオランダで活動していた多くの建築家によって特徴付けられた。特に有名なのが、オランダのミケル・デ・クラーク（1884〜1923年）とピーター・クラマー、そしてドイツのハンス・ペルツィヒ（1869〜1936年）とフリッツ・ヘーガー（1877〜1949年）、ペーター・ベーレンスだった。グロピウスや、さらにはミース・ファン・デル・ローエですら、初期の作品は表現主義であったと考えられているが、この時代の多くの建築家たちにとって、表現主義は早々に機能主義や合理主義的なアプローチに取って代わられたのであった。

エーリヒ・メンデルゾーン（1887〜1953年）は、表現主義との最も深く、また、永続性のある関係を持つ建築家で、ドイツのポツダムにつくったアインシュタイン塔（1920〜'24年）は間違いなく表現主義の最高傑作である。天文観測所と天体物理の研究室が置かれたが、その姿は彫塑的で自由な曲線を持ち、単一の物質から成る彫刻作品のようである。しかし、有機的な形態は用途上の必要性からつくられたもので、クーポラ[※3]で宇宙線を地下の研究室へ反射させることにより、塔は望遠鏡としての働きを担った。この想像と実用との同調は、突き詰めれば形態主義と機能主義との関係ともいえ、表現主義の建築を大きく特徴付けるものだった。だが、そのメンデルゾーンの作品でさえ、後に設計したイギリス、サセックスのベクスヒルにあるデ・ラ・ワー・パビリオン（1935年、アイヴァン・チャマイエフとの共作）に見られるように、ほかの建築家と同じような平凡なモダニズムの形態をとるようになった。しかし、それでも常に独特の彫刻的な特徴を保っていた。

[※1] 西洋の進歩の対極にある「原始的」な文化に影響を受けた概念
[※2] ダダイズムとは第一次世界大戦中に起こった理性や既存価値を否定する芸術運動
[※3] 小さなドーム状の構造物。円形か八角形の平面形を呈することが多い

モダニズム > **表現主義**

表現的な形態

表現主義の建築の特徴は、自由でゆったりと流れるような有機的な形態にあった。曲線、直角以外の角度による構成、統一されていない窓や扉の形状、何層にも重なるファサードといったものが、建築家の想像的な直感によって組み合わせられ、知性だけでなく感情に訴えかける建築物ができあがった。

近代的なビルディング・タイプ

表現主義の建築家は、工業的、科学的な用途の建築から百貨店や住宅開発まで、近代的なビルディング・タイプの依頼を受けることが特に多かった。ペーター・ベーレンスは、風変わりな時計塔を持つヘキスト染色工場や、ドイツの電気器具メーカー AEG のためのデザイン[※] などの工業関係の建築物において、その企業の理念やイメージといったものを建築の上でつくりあげることを目指した。その考えは、第二次世界大戦後の建築に大きな影響を与えた。

※ 有名なタービン工場をはじめ、社員寮や製品など幅広く手がけた

フリッツ・ヘーガー、チリハウス、ハンブルグ、ドイツ、1922〜'24年

ペーター・ベーレンス、ヘキスト染色工場、フランクフルト・アム・マイン、ドイツ、1920〜'25年

モダニズム > **表現主義**

自然主義

表現主義の建築では、自然、特に地質学的な形態がたびたび特徴とされ、ブルーノ・タウトは『アルプス建築』（1919年）で、クリスタルのような建築群が山頂の間にそびえるユートピア的な山の風景として建築のデザインを描いた。オーストリアの哲学者で社会改革主義者、建築家でもあったルドルフ・シュタイナー（1861～1925年）は、ゲーテアヌム※などの作品でそのタウトの理念を部分的に実現させた。

ルドルフ・シュタイナー、ゲーテアヌム、ドルナッハ、スイス、1924～'28年

※ シュタイナー自身も関わった普遍アントロポゾフィーの協会と精神科学自由大学の本部

ダイナミズム

「ダイナミズム」は、有機的な形態と近代的な材料を融合させるメンデルゾーンの信念を表すにふさわしい言葉である。メンデルゾーンの建築は、より合理的で直線的な形態が大部分を占める通常のモダニズムの建築とは共通点がほとんどないように見えるが、実はモダニズム的な材料や特徴が取り入れられることも多かった。作品のドラマチックさの一部は、鋼材やコンクリートの引っ張りや圧縮の特性を用いて造形の能力を最大限に活かすことで、モダニズムの固定観念を覆して生まれたものだった。

エーリヒ・メンデルゾーン、アインシュタイン塔、ポツダム、ドイツ、1920～'24年

機能主義

表現主義の自由な曲線の形態は、ただ建築家の想像から生まれたわけではなく、ほとんどの場合は機能上の必要から決められたという側面を持っていた。メンデルゾーンは、設計依頼を受けたルッケンヴァルトの工場で、つまらない工業建築になりそうなものを、機械のベルトや滑車のメカニズムを建築的に生き生きと表現し、楽しみを持った建築に仕上げた。それは後の厳格な機能主義の建築とはまったく異なる設計方法だった。

エーリヒ・メンデルゾーン、帽子工場内の染色工房、ルッケンヴァルト、ドイツ、1921～'23年

モダニズム > **表現主義**

単一の建築素材

表現主義の建築は、美的な観点から使用する材料を1つに絞ることも多かった。メンデルゾーンのアインシュタイン塔は、真っ白に仕上げた滑らかな一枚物の表面でまとめ上げることで、ほとんど彫刻のような特性がもたらされた。特にオランダの建築家はレンガやタイル、セラミックなどの素材をメンデルゾーンと同じような方法で用いた。ミケル・デ・クラークの傑作で、アムステルダムの住宅開発の1つであるアイヘン・ハールの集合住宅はその一例である。

ミケル・デ・クラーク、ミュージアム・ヘット・シップ、アイヘン・ハールの集合住宅の一部、アムステルダム、オランダ、1921年竣工

モダニズム > 新即物主義

地域：ドイツ
時代：1920年代半ば～1930年代半ば
特徴：直線的、合理性、鋼材とコンクリートとガラス、平面的な表面、工業的な大量生産品、連続住宅

　モダニズムの雑誌として大きな影響力があった『G』が初めて出版されたのは1923年のことだった。そのきっかけとなったのは、表現主義と関係の深い形式主義に対する拒否反応であり、ミース・ファン・デル・ローエも名を連ねた創刊者グループは、「建築の形態は客観的な合理性、経済性、近代の技術と建設手法によって決められるべきだ」と主張した。この見解はノイエ・ザッハリヒカイト（Neue Sachlichkeit）──一般的には新即物主義と翻訳される──として知られるようになり、ヴィジュアルアートや写真と並んで建築の流行を特徴付けた。

　バウハウスにおいても、グロピウスは、当初の表現主義寄りの教育内容から離れ、どうやって工業と芸術を統一させ時代の精神を反映した美をつくりあげるかという根本的な課題に向かう動きを始めていた。また、ヨハネス・イッテンに替わって、ハンガリーの写真家兼デザイナーであり、メディアの枠を超えて革新を進めたラスロー・モホリ＝ナギ（1895～1946年）が教鞭を執るようになった。モホリ＝ナギの影響に加えてデ・ステイル[※1]を代表する芸術家テオ・ファン・ドゥースブルフが1922年にバウハウスに滞在したことにより、バウハウスは公式に建築でも絵画でも、抽象的な直線形状を幾何学的に配列した形態への関心を高めていった。この幾何学的な配列というアプローチは、ちょうど同時期のソビエト連邦の高等芸術技術工房ヴフテマス（p.170参照）で実験され、実施されたものといくつかの共通点を持っていた。

　グロピウスは、表現主義から客観主義への移行が明らかに完了すると、1923年のバウハウス展を機会として「バウハウスは、機械はデザインの近代的な手段になると考え、折り合いをつける道を模索する」と宣言した。この大胆ともいえる願望が実際の建築として実現される機会が訪れたのが、1925年にバウハウスがワイマールからデッサウに移ったときだった。グロピウスの新校舎のデザインは、交差する立方体の形状が連なって、鋼材とガラスの斬新なファサードを持ち、一方で内部空間は用途と採光の必要性に応じて配置されたものだった。そしてそこには、建築とは芸術と工業的な客観性が容易に統合し得る分野である、というグロピウスの信念が力強く表現されていた。

　1920年代半ばまでに、ドイツの経済情勢は復調に向かい、大規模で低価格の住宅開発へと目が向けられるようになった。なかでもシュトゥットガルトで行われた有名な集合住宅展覧会、ヴァイセンホーフ・ジードルングが最も大きな影響を及ぼしたのは間違いない。1925年、ミース・ファン・デル・ローエは、ドイツ工作連盟[※2]から新しい住宅のプロトタイプを考える住宅展覧会の監督を依頼された。ミースの計画は、多くの人にそれなりの質の居住空間を提供するという田園都市（p.136参照）の原則を緩やかに守っていたが、それ以上にJ.J.P.アウト（1890～1963年）が手がけたオランダのロッテルダムとフック・ファン・ホランドの集合住宅の開発から影響を受けた。ミースは、この住宅展にそうそうたる顔ぶれのドイツの建築家たちを巻き込んだ。そこにはグロピウスにタウト（この頃には初期の表現主義の手法は影を潜めていた）、ハンス・シャロウン（1893～1972年）、ハンス・ペルツィヒが含まれ、加えてアウトやル・コルビュジエといったほかのヨーロッパ建築家も名を連ねた。それぞれの建築家のプロジェクトは独立したものとして扱われたが、デザインの上で白い外観とピロティ、横長の窓を持つという点は統一された。建物ごとの建築思想は形態とボリュームによってはっきりと、そして客観的に表現され、その後数十年の建築に影響を与える模範となった[※3]。

※1　20世紀初頭オランダで発刊された雑誌名であり、そこから興った客観性と単純性を追求した造形理念も指す
※2　イギリスのアーツ・アンド・クラフツ運動を受けてドイツに1907年に設立された団体
※3　住宅展の後も取り壊されなかったため、多くの建物が現存している

モダニズム > **新即物主義**

直線的

表現主義では曲線を持つ形態が多かったのに対して、新即物主義は真っ直ぐな線と平面で構成された直線的な形状によって、形態も空間計画も特徴付けられていた。経済的で合理的という特性は自然に備わったものと見られているが、実際のところはオランダのデ・ステイルの活動に影響を受けていた。そのデ・ステイルは、当初は芸術家の活動だったが、建築に重要な影響を及ぼした。

ヴァルター・グロピウス、バウハウス、デッサウ、ドイツ、1926年

モダニズム > 新即物主義

合理性

新即物主義の建築は、合理的な原則の上に成り立っていた。つまり、技術の利点を引き出すことで、最も経済的な方法で最大の建築上の効果を得ていた。これは、表現主義が個々人の直感に頼っていたことへの反動でもあった。実作においては、2つの違いはそこまで強烈ではないものの、やはり明らかだった。その一例として、タウトの設計するものが曖昧な空想的な建築から実際に建てることができる建築へと移行したことが挙げられる。

ブルーノ・タウトとマルティン・ヴァグナー、ブリッツ・ジードルンク、ベルリン、ドイツ、1928年

鋼材とコンクリートとガラス

1920年代半ばに、特にグロピウスとミースの建築（ル・コルビュジエの建築でも同様であるが）によって、鋼材、コンクリート、ガラスはモダニズム建築に欠くことのできない素材としての地位を完全に確立した。グロピウスが設計したバウハウスは、そうした素材の新たな形状と構造的な可能性を目に見える形に具現化した。キャンチレバー※のバルコニーは、それを最もドラマチックに見せている。

ヴァルター・グロピウス、バウハウス、デッサウ、ドイツ、1926年

※ 片持ち梁。張り出した形状になる

モダニズム > 新即物主義

平面的な表面

オランダの建築家 J.J.P. アウトは、1918年にロッテルダムの都市計画建築家を命じられ、表現力豊かであると同時に合理的な性質を持つデ・ステイルの影響を受けた言語を、すぐさま公式に開発へと取り入れた。ヴァイセンホーフ・ジードルンクでの作品は、ほかの多くの参加建築家と同様に、平面的な外壁の表面を内部のボリュームを表現するように用いることによって、連続住宅を個別の住居として強調してみせた。

J.J.P. アウト、ヴァイセンホーフ・ジードルンク 5-9 番、ドイツ、1927 年

工業的な大量生産品

新技術と工業製品によって、それまでにはなかった標準化とプレハブ工法※が、特に住宅供給を目的とする建物で可能になった。これによって、特定の社会課題に技術を利用する可能性が多くの人々に示された。グロピウスや、とりわけ1925年からフランクフルトの都市計画建築家に就任したエルンスト・マイ（1886～1970年）など、多くの建築家は時代に合った、また、合理的に進歩した標準住宅の開発を模索していた。

ヴァルター・グロピウス、テルテン・ジードルンク（低所得者層向けの集合住宅）、デッサウ、ドイツ、1926年

※ 建築物の部分を事前に工場で生産し、現場でそれを組み立てる工法

連続住宅

「住宅供給」のための建築物は「住宅」とは対照的で、資源を最も効率的に配分することにより建築特有の合理性が生まれるように、そうしたプロジェクトの多くの根底にあった社会主義的な命題を反映していた。独立して建つモダニズムの邸宅はそれとはまったく逆で、中産階級のぜいたくなものと考えられていた。ミースは、ヴァイセンホーフ・ジードルンクのために力を尽くした一方で、私邸のデザインでも大きな成功を収めた。

ルートヴィヒ・ミース・ファン・デル・ローエ、ヴァイセンホーフ・ジードルンク1-4番、シュトゥットガルト、ドイツ、1927年

モダニズム ＞ **インターナショナル・スタイル**

地域：ヨーロッパ、後に世界中へ
時代：1930年代〜1950年代
特徴：ボリューム、鋼材とコンクリートとガラス、非物質化、自由な平面、ピロティ、普遍性

　モダニズムは、1932年にヘンリー＝ラッセル・ヒッチコックとフィリップ・ジョンソンが主体となってMoMAで開催した「Modern Architecture: An International Exhibition（モダン・アーキテクチャー：国際展）」で国際的な舞台に躍り出た。そこでは、ル・コルビュジエやミース、グロピウス、アウトなどのヨーロッパの建築家と、フランク・ロイド・ライトとリチャード・ノイトラ（1892〜1970年）を中心としたアメリカの建築家との作品が並んで展示された。全体はモダニズム運動共通の美学で統一されたが、その根底には理論的もしくは社会的な、もっともらしくこじつけられた課題意識があった。

　ル・コルビュジエの1920年代のピュリスムの建築作品は、インターナショナル・スタイルの形成に大きな役割を果たした。フランスのポワシーにあるサヴォア邸（1928〜'31年）では、『建築をめざして』で概略が提唱されていたル・コルビュジエの「近代建築の五原則」が見事に具現化され、コルビュジエが目指す理想の住宅形態が総合的に表現された。また、コルビュジエの初期の作品の1つは大量生産される「住むための機械」として考案された「シトロアン住宅」（1922年）であり、ヴァイセンホーフ・ジードルンクでも建てられた住宅形式で、社会的にだけではなく、美学的な変革をも意図してデザインされていた。そしてそのアイディアの規模は都市の単位にまで広がり、1922年のサロン・ドートンヌでは、「シトロアン住宅」とともに「300万人の現代都市」が展示された。この「300万人の現代都市」では、さまざまな用途を持つ十字型の高層ビルが並び、そこに300万人が暮らす新しい都市が描かれた。そこには道路という概念はなく、車と歩行者は違う高さに分けられていた。このコンセプトは、パリの街を半分取り壊して十字の高層ビルが建ち並ぶ「現代都市」へ変貌させるという挑発的な「ヴォアザン計画」（p.144参照、1925年のパリのアール・デコ博に展示される）へと結びついた。さらに後の、大きな影響力を持った「輝く都市」構想（1935年）※では、初期のアイディアに見られる革命性を保ちつつも実現性を高めた直線的な計画を示した。

　一方で、ミースの作品は、ヴァイセンホーフ・ジードルンクで見せた禁欲的なモダニズムから進化し始めていた。バルセロナ・パビリオンは、正式には1929年のバルセロナ国際博覧会のドイツ館としてつくられ、モダニズムの特性を研ぎ澄ましてその本質を表現しながらも、大理石と縞瑪瑙（しまめのう）が魅惑的な色使いを見せる建築物だった。パビリオンでありながら展示用の空間を持たず、建築物そのもの（とわずかに配置されたミースの名高い「バルセロナ・チェア」などの家具）が、新生ワイマール共和国の精神を示していた。

　ナチスによる恐怖政治の下、多くの建築家がヨーロッパ大陸を抜け出した。バーソルド・リュベトキン（1901〜'90年）にとって終着点となったイギリスは、グロピウスやメンデルゾーン、マルセル・ブロイヤー（1902〜'81年）もアメリカに移住する前に一時滞在した場で、初期のイギリスのモダニズムの形成に力を貸した。一方ミースは、1933年のバウハウス閉鎖後、シカゴに移り、イリノイ工科大学の建築学科長を務めた。こうして建築家たちが移住したことで、モダニズムの影響はヨーロッパの外へと拡大した。そして、その本質的な部分は別として、建築の形式は国際的にある程度画一化されることとなった。

　ナチズムと戦争は、戦前のヨーロッパで発達したモダニズムの課題意識をいっそう強め、結果として戦後の再建計画のほとんどを決定づけた。また、ミースがシカゴで与えた影響によってアメリカではコーポレート・モダニズム（p.165参照）が確立された。これがインターナショナル・スタイルの統合の最終形だったといえるだろう。その例として、ヘルムース・オバタ・カッサバウム（HOK）、スキッドモア・オーウィングズ・アンド・メリル（SOM）の作品が挙げられる。

※　同年に書籍も出版されている

モダニズム > **インターナショナル・スタイル**

ボリューム

画家としてキャリアをスタートさせたル・コルビュジエの初期のピュリスムの絵画は、日常の品々の形態を削ぎ落として単純なボリュームとして描くことを目指していた。このアプローチは建築でも一貫していて、突き詰めれば、外皮とボリュームの関係を模索する作業だった。サヴォア邸では、そのコンセプトが最も完璧に表現された。直方体のボリュームはリボン・ウィンドウ（横長の窓）で裂かれてピロティの上に浮かび、一番上には屋上庭園が載っている。

ル・コルビュジエ、サヴォア邸、ポワシー、フランス、1928〜'31年

モダニズム ＞ インターナショナル・スタイル

鋼材とコンクリートとガラス

1920年代半ば以降、鋼材とコンクリート、ガラスはモダニズムの建築に欠かせない素材としての地位を完全に確立し、インターナショナル・スタイルの建築を特徴付ける形態とプログラム（建物の使われ方、それを整理した空間の機能構成）両面での数々の革新を可能にした。その1つである「自由な（制限を受けない）」平面とファサードは、ミースによるトゥーゲントハット邸で見事に実践されている。

ルートヴィヒ・ミース・ファン・デル・ローエ、トゥーゲントハット邸、ブルノ、チェコ、1928〜'30年

非物質化

建築を、連続するボリュームの配置と考え、それが鋼材とコンクリート、ガラスの使用で実現されたことで、ある種の非物質化※が進んだ。シンプルな骨組構造によって建物の皮膜は非常に薄くなり、建物全体の印象を際立たせるのは横長の窓や平滑な壁面となった。

ル・コルビュジエ、サヴォア邸、ポワシー、フランス、1928〜'31年

※ 素材の革新によって近代建築が軽くて透明な空間に向かったことを指す

自由な平面

ル・コルビュジエは「近代建築の五原則」の1つに「平面の自由なデザイン」を掲げた。空間内部に構造耐力を負担する壁をつくる必要がなくなり、全体の骨組構造のなかにさまざまな部屋が完全に自由に配置可能になったのだ。ミースのバルセロナ・パビリオンでは、優雅で自由な平面でオープンな広がりを持つ内部空間が生み出され、かつ内部と外部は確たる境界を持たずに一体となっている。

ルートヴィヒ・ミース・ファン・デル・ローエ、ドイツ館（現在はバルセロナ・パビリオンと呼ばれている）、1929年のバルセロナ万博時に建設、スペイン、1986年再建工事竣工

モダニズム > インターナショナル・スタイル

ピロティ

ル・コルビュジエの作品のなかで、動線や貯蔵のための空間を確保するためにとりわけよく用いられた特徴が、柱やピアで1階を持ち上げるピロティだった。イギリスで最初にインターナショナル・スタイルを理論的に踏まえた作品、バーソルド・リュベトキンの集合住宅ハイポイント1は、8階建ての一部をピロティで持ち上げ、地上階を動線、貯蔵、共有スペースのための空間として確保している。

普遍性

ル・コルビュジエの思想では普遍的であることが目指され、特に世界中に影響を与えた都市計画論においてその普遍性が実証された。第二次世界大戦後にインターナショナル・スタイルのもう1つの系統として現れたのが、コルビュジエの思想と同じく普遍性の高いコーポレート・モダニズムであり、その結果、世界中のビジネス街で「鋼材とガラス」という建築言語が見られるようになった。

バーソルド・リュベトキン、ハイポイント1、ロンドン、イギリス、1935年竣工

ルートヴィヒ・ミース・ファン・デル・ローエとフィリップ・ジョンソン、シーグラム・ビル、ニューヨーク市、アメリカ、1958年竣工

モダニズム ＞ 機能主義

地域：ヨーロッパ、特にドイツとスカンジナビア地域
時代：1930年代〜1960年代
特徴：技術崇拝、急進主義、地域の素材、不規則な平面、原理主義的な形態、非装飾

　機能が形態を支配するべき——シカゴ派の代表的建築家ルイス・サリヴァンの1869年のエッセイの言葉を借りれば、形態は機能に従うべき——という認識は、モダニズムの根源となる思想だった。オーストリアの建築家アドルフ・ロースは『装飾と罪』（もともと1908年に出版されていたが、世間に広まったのは1920年に『エスプリ・ヌーヴォー』誌で講評されてから）において、デザインは装飾を完全に排除する方向に進んでいると主張した。そのため、もうすぐ消えゆく装飾に時間と資源を費やすなど「罪」だったのである。

　第一次世界大戦後、モダニストたちは「過去の清算」を試み、装飾は非合理的でノスタルジーに満ちた過去の象徴だと嘲笑されるようになった。建築物の形態はかつてないほど機能上の要求によって定められるようになったが、建築家の関与は失われず、関わり方自体は表現主義では深く、新即物主義では浅かったものの、常に途切れることはなかった。そしてインターナショナル・スタイルとして知られることになる思想が、機能によって生み出される形態を近代にふさわしいものにするために現れた。

　しかし、機能に対する急進的な姿勢をより決然ととった建築家たちもいた。グロピウスの後継者としてバウハウスの校長を務めたハンネス・マイヤー（1889〜1954年）は政治的イデオロギー、また、アメリカのリチャード・バックミンスター・フラーは技術の変容の可能性への果てしない信念、とそれぞれの理由で機能主義の支持者たちはインターナショナル・スタイルの形式主義（formalism）を拒否した。機能主義が最も確固たる地位を得たのはスカンジナビア地域で、デンマークのアルネ・ヤコブセン（1902〜'71年）とフィンランドのアルヴァ・アアルト（1898〜1976年）という2人の偉大な第一人者が、機能主義が陥りがちな無情さを人間らしくしてみせた。

　モダニズムの到達は比較的遅かったが、その根底にある社会的な課題意識はスウェーデンやデンマークといった民主主義の進んだ社会にしっかりと受け入れられた。一方で1917年に独立したばかりだったフィンランドでは、国家のアイデンティティ形成のためにモダニズムの持つ新しい美学的な可能性が直ちに実行された。鋼材とガラスという建築言語はグンナール・アスプルンド（1885〜1940年）が主任建築家を務めたストックホルム博覧会のパビリオン群（1930年）を契機にスカンジナビアに持ち込まれ、すぐに地域の伝統と風土へと取り込まれた。デンマークでは、ヤコブセンがコペンハーゲン郊外のクランペンボーで手がけたベラヴィスタ集合住宅が1934年に竣工した。同じくヤコブセンによるベルビュー・ビーチと、やや遅れて完成した劇場と一体のリゾート地区にあり、典型的なジードルンク（Seidlung。ドイツ語で集落の意）の計画を引用しながらも、海岸線に沿うように建物を雁行させて見事な動きを加えている。こうした作品は真っ白で平らなインターナショナル・スタイルの形態をとっていたが、ヤコブセンはこの後まもなく使用する素材の幅を広げた。

　アアルトもまた、インターナショナル・スタイルの要素を自身の建築に適応させた。アアルトが自らの理念を打ち出した表現を見せ始めたのは1929年、フィンランドにあるパイミオのサナトリウムからだった。このサナトリウムの田園的な立地は、太陽と新鮮な空気によって肺結核からの回復を助けることを意図していた。アアルトは、採光と換気が最大になるように複数の棟から成る建物とした。病棟では「背骨」となるコンクリートの中心部から各階の床をキャンチレバーで張り出して、フレキシブルな内部構成と周囲が一望できる眺めを生み出した。

　機能主義は戦後も続いたが、手腕が下がり独善的で粗雑になる傾向にあった。1920年代から30年代にかけて発展した機能主義の原理が生んだ最後の傑作は、ハンス・シャロウンが設計したコンサートホール、ベルリン・フィルハーモニー（1960〜'63年）で間違いないだろう。

モダニズム > 機能主義

技術崇拝

バックミンスター・フラーのデザイン哲学は、技術ですべての人々の病を癒やせるという信念に満ちていた。実現に至らなかったダイマキシオン・ハウス（1929年）は近代における住宅について再考したものであり、中央の支柱から吊らされた未来的な構造には機能と技術の大胆な統合が見られた。バックミンスター・フラーは、ジオデシック・ドーム[※1]で最もよく知られ、その1つが1967年にカナダで開催されたモントリオール万国博覧会の際につくられたバイオスフィアである。

※1　バックミンスター・フラーが考案し、フラードームとも呼ばれる
※2　もとはモントリオール万国博覧会アメリカ館

急進主義

機能主義の根本はモダニズムを限界まで論理的に突き詰めたものだった。しかし、急進的な流れがいつもそうであるように、建築家は独善的になり、生命力と発想に欠ける建物をつくりがちだった。しかし、機能主義も正しい歴史的背景を慎重に適用すれば、スターリングとガゥワンのレスター大学工学部棟のように息をのむほどダイナミックな作品をつくりだすことができた。

R. バックミンスター・フラー、モントリオール・バイオスフィア[※2]、カナダ、1967年

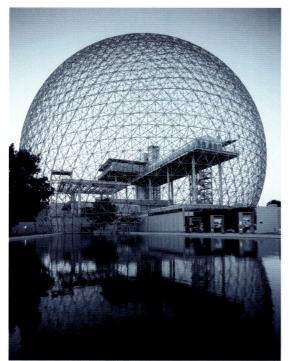

スターリングとガゥワン、レスター大学工学部棟、レスター、イギリス、1959〜'63年

モダニズム > 機能主義

地域の素材

インターナショナル・スタイルは少なくとも初期のうちは、白い平面で組み立てられた形態を特徴としており、外壁にはレンガが用いられることもあったがほとんどはコンクリートだった。そのようななか、スカンジナビア地域の機能主義はほかとは異なっていて、もっと幅広い選択肢があり、特にその地域の素材を用いることが多かった。アアルトの傑作、マイレア邸では親近感を覚えるような木材の使い方をしている。また、ほかの建物でもレンガや時にはレザーまでがよく用いられた。

アルヴァ・アアルト、マイレア邸、ノールマルック、フィンランド、1938～'41年

不規則な平面

機能主義者は、建物の計画は純粋にその機能が求める条件によってのみ決定されるべきだと主張していたため、シンメトリーである必要がなかった。そうした建築物は、何か特定の用途に使われるビルディング・タイプに適していた。1941年に完成したヴィルヘルム・ラウリッツェンによるコペンハーゲンの放送局は、それぞれの空間が異なる音響上の要求に応じて計画され、後にハンス・シャロウンが手がけたベルリン・フィルハーモニーへの取り組み方の先駆けとなるものだった。

シャロウン、ベルリン・フィルハーモニー、ベルリン、ドイツ、1960～'63年

原理主義的な形態

機能主義の生み出す形態は、ただ建物の空間に要求される条件に規定されるものと考えられていた。しかし、ヤコブセンとイーレク・ムラによるデンマーク第2の都市オーフスの市庁舎には、必要最小限のもの以外の一切を省いた原理主義的なアプローチが見てとれる。おそらく1936年にアスプルンドが拡張を手がけたスウェーデンのヨーテボリ市庁舎の影響を受けたもので、その形態には機能上の要求以外のものはほとんど表現されず、時計塔は余分な部分を削ぎ落とされてごく基本的な構造の姿を現している。

アルネ・ヤコブセンとイーレク・ムラ、オーフス市庁舎、オーフス、デンマーク、1941年供用開始

非装飾

機能主義者が原理主義的なアプローチをとることで生み出されたのは、作品に近寄りがたく、ほとんど非人間的な印象を与えることすらある飾り気のなさだった。しかし、特にアアルトをはじめとした建築家の手にかかれば、その飾り気のなさでさえ本質的で詩的な特性を帯びることがあった。ストックホルムにあるアスプルンドのすばらしい作品、森の葬祭場ではそれが印象的に表れ、この世のものとは思えないほどの静けさと美しさがもたらされている。

グンナール・アスプルンド、森の葬祭場、ストックホルム、スウェーデン、1917～'40年

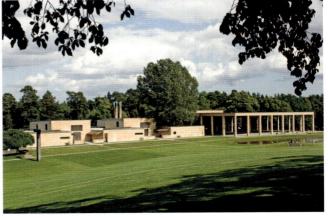

モダニズム ＞ 構成主義

地域：ソビエト連邦
時代：1920年代〜1930年代初頭
特徴：革命的、抽象主義、工業建築、社会プログラム、新しいビルディング・タイプ、伝統的な建造物

ロシア構成主義の並外れた野望を見事に描いたプロジェクトがあるとしたら、最終的には失敗に終わったとはいえ、それはウラジーミル・タトリンの「第三インターナショナル記念塔」にほかならない。この塔は、1919年から1920年にかけてデザインされ、ソビエト連邦西部の都市サンクトペテルブルクのネヴァ川をまたぎ、400mもの高さを持つ、巨大ならせん形の鋼材の塊となる予定だった。第三インターナショナルもしくはコミンテルンと呼ばれる、共産主義者の国際的な連携を図るとともに世界中に共産主義革命を広めることを目指した組織の本部として計画されたもので、この第三インターナショナル記念塔は、ロシア革命の記念碑であるとともに、「西側へ向けての広報」（タワーにはコミンテルンの運営本部が入り、ラジオ局の設備も備えていた）としての役割も担うことになっていた。芸術と建築、さらに工業技術が融合した、機能的な構造物であるとともに、その大きさと斬新な形態によって新たな社会主義の時代を象徴することが意図された。タトリンの塔が建設に至らなかった理由は、求められる技術が実現不可能だっただけでなく、1917年のロシア革命とその余波で起こった市民戦争の影響で建築資材が不足したために、建築家の作品のほとんどが紙の上のデザインに留められていたことも示している。

構成主義は芸術と工業と技術の根本的な融合で、革命の理想を反映、促進し得る新しい身近な視覚言語をつくりだそうとしていた。ナウム・ガボやアントワーヌ・ペヴスナーといった彫刻家の造形理論に触発され、初めは芸術界で起こっていたシュプレマティスム[※1]特有の抽象的な幾何学を受け入れた。シュプレマティスムは革命前にすでに確立されていた動きで、その特徴が最も顕著に見られるのがグループのリーダーであったカジミール・マレーヴィチ（1878〜1935年）の作品だった。リューボフィ・ポポーヴァやグスタフ・クルーツィス、エル・リシツキー（1890〜1941年）といった芸術家たちがシュプレマティスムの革新を自らの作品に適用し、三次元空間を強烈な個性をもって表す「構成」を生み出そうとした。1920年、それまで別々だった芸術と工業デザインの学校を統合し、ヴフテマス（高等芸術技術工房）が設立された。そこでは、ポポーヴァやクルーツィス、リシツキーに加え、大きな影響力のあったアレクサンドル・ロトチェンコ[※2]といった名だたる面々が教鞭を執り、空間、色、形態、構成といった幅広いトピックに関するあらゆる学問領域の教育を行っていた。そこでの教育内容はプロパガンダやタイポグラフからフォトモンタージュの合成に至る多様なデザイン理論に加え、建築の分野にまでまたがっていた。

建築家のアレクサンドル・ヴェスニン（1883〜1959年）は設立後間もなく、ヴフテマスの教授陣に加わり、兄のレオニド（1880〜1933年）とヴィクトル（1882〜1950年）とともに構成主義建築の主要なリーダーとなった。アレクサンドルとヴィクトルによる新聞社レニングラード・プラウダの本社ビル（次ページ参照）は未完に終わったが、そのデザインは、クルーツィスによる社会主義特有のプロパガンダのためのニューススタンドがわずか数年で大きくスケールアップしたといえる。1925年、ヴェスニン兄弟はモイセイ・ギンズブルグ（1893〜1946年）とともにOSA（現代建築家協会。オサ）を設立した。その目的は、ほかの構成主義者たちの作品に徐々に見られるようになっていた形式主義に対して、機能主義者として違いをはっきりと示すことだった。しかしOSAは関心の対象を、住宅供給や社会の階層を打ち壊すことを狙った多用途の建築へと変えていく。OSAによる作品の存在意義は構成主義の業績を明らかに示すことであり、建築は社会を変える道具になるという揺るぎない信念の実証だった。

※1 単純な幾何学模様による造形など、徹底的に抽象化を進めた絵画の形態
※2 絵画、グラフィックデザイン、舞台芸術、写真など多方面で活躍した

モダニズム > 構成主義

革命的

構成主義が目指したのはロシア革命の理想を反映することだけでなく、それを積極的に広めることだった。多くの芸術家や建築家によってアジプロ※やポスター、パンフレット、新聞、さらにはメッセージを音と画像で伝える構成主義特有のニューススタンドの斬新なデザインが発展した。ヴェスニン兄弟によるレニングラード・プラウダ社屋の計画は、昔ながらの新聞社の社屋と、サーチライトと回転する広告板が設置された急進的な機能主義建築が組み合わされていた。

※　アジテーション（扇動）とプロパガンダ（宣伝）を結びつけた言葉。扇動的宣伝

抽象主義

構成主義者は伝統的な建築様式を拒絶することで、「まったく白紙の状態（*tabula rasa*）」をつくりだそうとしていた。そうすることで、そこから真の革命的な建築が生まれると考えていたためである。構成主義はシュプレマティスムとヨーロッパのさまざまなモダニズムからの影響を受けてはいたが、それらは強固で極端なイデオロギーと組み合わされた。メルニコフの自邸には新たな幾何学形態と、建築の持つ新たな順応性への強いこだわりが見られた。例えば、使用されているダイヤモンド型の窓は簡単にアレンジできるようにデザインされている。

アレキサンドル・ヴェスニンとヴィクトル・ヴェスニン、レニングラード・プラウダ社屋案、1924年

コンスタンティン・メルニコフ、メルニコフ自邸、モスクワ、ロシア、1927〜'31年

モダニズム > 構成主義

工業建築

国家による経済統制の結果、予期せぬほど工業が拡大し、ソビエト連邦は時代遅れの農業中心の経済から近代的な工業国家へと様変わりした。そして、構成主義は数多くの工業建築や、大人数の労働者に食事を提供する工場の食堂の調理場にまで用いられた。調理場の新設は、女性を家庭内から解放して外で働くようにさせるという共産主義のイデオロギーにとって重要な目標を達成するものであった。

アレキサンドル・ヴェスニン、ニコライ・コリ、ゲオルギイ・オルロフ、セルゲイ・アンドリエフスキイ、ドニエプル水力発電所、ザポリージャ州ドニエプル川、ウクライナ、1927〜'32年

モダニズム > 構成主義

社会プログラム

ほかのどんなモダニズムの建築家よりも、建築が社会的行動に影響を与えられると強く信じていたのが構成主義者たちだった。建築を通して共同生活の新しい形を促進することを目指した住宅開発が数多く行われ、なかでも最も有名なものが、ギンズブルグのナルコムフィン・アパートメントである。睡眠や食事、洗濯、学習のための部屋をそれぞれ共同で使う構成になっており、そこには社会的な階層を壊そうとする明確な意図があった。

モイセイ・ギンズブルグとイグナティ・ミリニス、ナルコムフィン・アパートメント、モスクワ、ロシア、1930年

新しいビルディング・タイプ

ロシア革命後は、新しいビルディング・タイプの建設か、もしくは既存の建築物を社会状況に合うよう徹底的に改築することが必要となった。労働者クラブの建物も、新しい方法で人々を1つにして革命の理想を推し進めようとする、「社会の濃縮装置」として役割が求められた。メルニコフはモスクワだけで5つもの労働者クラブを設計したが、なかでもダイナミックなキャンチレバーの形態を持つルサコフ労働者クラブが最も視覚に強く訴えかける。

コンスタンティン・メルニコフ、ルサコフ労働者クラブ、モスクワ、ロシア、1927年

伝統的な建造物

構成主義者たちは美学の点でも構造の点でも完全に近代的な建築をつくりだすことに情熱を注いだが、国全体で近代的な建築技術が不足するなかで、その意思は阻まれることも多かった。レッド・バナー織物工場はメンデルゾーン（1920年代にはル・コルビュジエなど数多くのヨーロッパのモダニストがロシアで活動し、メンデルゾーンもその1人だった）によって当初は近代的な形態で計画が始められたが、実際には伝統的な手法で建設された。

エーリヒ・メンデルゾーン、レッド・バナー織物工場、サンクトペテルブルク、ロシア、1925〜'37年

モダニズム > **全体主義**

地域：ナチス・ドイツ、ファシスト政権下のイタリア、スターリン体制のソビエト連邦
時代：ドイツとイタリアでは1930年代、ソビエト連邦では1950年代まで
特徴：記念碑性、反アヴァンギャルド、具象的、誇張された古典主義、抽象的な古典主義、儀式的

ヨーロッパでは1920年代から1930年代にかけてナチス・ドイツ、イタリアのファシスト政権、ソビエト連邦のスターリン体制といった全体主義政権が台頭したが、その特徴は近代化との非常に曖昧な関係にあった。全体主義の国家体制は、技術と工業の大きな進歩の恩恵により日常生活にまで浸透したが、全体主義への移行による社会的、経済的な大変動の結果、国家独自の価値観や技術が抑えつけられていると捉える人々も多かったのである。その矛盾を最も明らかに示すのは、それぞれの政権が国家の権力と統制の道具としてさまざまな方法で利用した建築だった。

ソビエト連邦では初期の頃、構成主義をはじめとした競合する数多くのアヴァンギャルド運動を国家として推し進めていた。しかし、1920年代末に向けてスターリンが権力を確固としたものにしていくなかで、アヴァンギャルドの芸術と建築は弾圧されるようになり、ついにはソビエト連邦としての公式の建築様式（スターリン様式とも呼ばれる）が確立されることでアヴァンギャルド運動は排除された。ソビエト・パレスのコンペティションで、ボリス・イオファンによる階段状の形態で屋上には巨大なレーニンの像を載くという古典的なタワーの設計案が当選して間もなく、この国の建築は構成主義に見られた西洋の影響がまったく感じられない革命前のスタイルに戻ったのだ。

同様に、1933年に政権を手にしたナチスも、ドイツで花開いていたアヴァンギャルドの文化を抑圧した。アルベルト・シュペーア（1905〜'81年）はパウル・ルートヴィヒ・トローストト（1878〜1934年）の後を継いで1934年にアドルフ・ヒトラーの建築顧問に就任し、すぐさまドイツ国民の統一感を反映し、ナチスの権力を見せつける後ろ盾となるような建築づくりに取りかかった。シュペーアの最も有名な作品はニュルンベルクのツェッペリン広場であり、そこでは熱狂的な党大会が何度も開催され、古典から折衷的に引用した形態と、近代を象徴する照明効果が融合して用いられた。ナチスの建築に対するアプローチは矛盾に満ちていた。ヒトラーとシュペーアはベルリンをローマ帝国に倣って再構築する計画に情熱を注いだが、その一方で地域性という背景においてはナチスの建築物は地域の土着のものから着想を得て「真の」ドイツ的な精神を伝えようとしていた。

ファシスト政権下のイタリアでは、アヴァンギャルドによって国家の建築物の発展が進められたためにさらに複雑な様相を呈していた。ベニート・ムッソリーニによる、自身の政権体制と古代ローマとを結びつけようとする、あまりに乱暴な試みに呼応して、明らかにモダニズムとされた建築家でさえもその多くが古典建築にも傾倒していたのである。1930年代にマルチェッロ・ピアチェンティーニが手がけたローマ・ラ・サピエンツァ大学のキャンパスはモダニズムと古典的な形態を融合させる高度な試みに影響を与え、その試みの最高傑作がイタリア文明宮[※]だった。この建物は、1942年にファシズム政権20周年を記念する国際博覧会が開催される予定だったエウル地区（ローマ新市街の居住とビジネスのための地区）に建てられた。設計したイタリア人建築家ジュゼッペ・テラーニ（1904〜'43年）はモダニズムと古典建築の関係は、同種どうしの形態の関係よりも複雑なものだと捉えていた。テラーニにとりわけ影響を与えたのは、ル・コルビュジエが建築の価値を普遍的なものへと純化しようとする試みだった。スイスとの国境沿いの街コモにあるテラーニの傑作カサ・デル・ファッショは、見るからに客観主義のモダニズムの特徴を示しているが、オープンなファサードの規則的な繰り返しには古典主義との密接な関係がはっきりと見られ、内部のアトリウムと外部の広場とがつながることでその特徴はいっそう強調されている。

※ 1942年に開催予定だったローマ万国博覧会のために建設されたが、第二次世界大戦のため万博は中止となった

モダニズム > **全体主義**

記念碑性

全体主義政権にとって、建築は政権の永続性（実際には明らかに期間限定だったが）を表現する中核となるものだった。古代の偉大な記念碑の影響で巨大でかつ極めて入念につくり込まれたものも多く（例えばシュペーアとヒトラーは超特大サイズのパンテオンをつくろうとした）、そうした状況が全体主義建築の特徴となることもしばしばだった。しかし、最も記念碑性が色褪せることなく存続している建造物は、アレクセイ・シューセフによる比較的小規模な建築、モスクワの赤の広場にあるレーニン廟であり、抽象的な構成主義の要素と古典からの引用が組み合わされている。

アレクセイ・シューセフ、レーニン廟、モスクワ、ロシア、1924～'30年

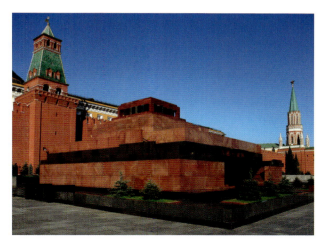

反アヴァンギャルド

全体主義政権はいずれも単純な反モダニズムではなかったが、アヴァンギャルドに対しては大部分において反対の立場をとっていた。シュペーアの新総統官邸はどことなく古典的な形態を持つが、その形態はモダニズム出現以前にはまず不可能だった方法で抽象化されている。しかし、そうした建築に対してとられた保守的な態度が、ほかの芸術にも見られたわけではなかった。例えばレニ・リーフェンシュタール監督の『意思の勝利』（1934年）をはじめとするプロパガンダ映画では、映画制作の限界が押し広げられている。

アルベルト・シュペーア、新総統官邸、ベルリン、ドイツ、1938～'39年

具象的

構成主義への批判の1つは、具象的な形態の拒絶により、無学な一般大衆が理解できるようにプロパガンダのメッセージを伝えるのに不向きなことだった。そのため、具象的な形態への回帰が起こった。1937年のパリ万国博覧会ではナチス・ドイツのシュペーアとソビエト連邦のイオファンが各政権を代表するパビリオンを手がけたが、そのいずれもが1929年のバルセロナ万国博覧会におけるミースのバルセロナ・パビリオン（p.164参照）の抑制の利いた作風とはまったく異なる形態を用いていた。

ボリス・イオファン、ソビエト館、パリ万国博覧会、1937年

モダニズム > 全体主義

誇張された古典主義

「具象的な建築」へ回帰する場合には、大仰で誇張された古典主義が用いられることがほとんどで、特にソビエト連邦でその傾向が強かった。そうした建築物は、構造や巨大なスケールといった点では見るからに近代特有の姿が基本とされていても、そこに古典的な装飾や具象的な彫像が過剰に取り付けられていた。モダニズムが「まったく白紙の状態」を追求するべきとされたのとは対極的で、「具象的な建築」はすでに確立された、歴史的な考えに基づく建築的なヒエラルキーやわかりやすさに依存していた。

抽象的な古典主義

全体主義が古典主義から引用する方法は多岐にわたった。ドイツのトローストが特に影響を受けたのは、プロイセンの建築家シンケルの無駄を削ぎ落とした新古典主義で、ミュンヘンの美術展会場ハウス・デア・クンスト(1937年竣工)に特にその傾向が見られる。古代からの遺産が最も強く息づくイタリアでは、多くの建築家が古典の形態を抽象化して、近代的な感覚や新しいビルディング・タイプと融合させようと試み、それが最も明らかなのが、ローマ新市街エウル地区にあるイタリア文明宮※のファサードに用いられた積み重なったアーチである。

※ 正式には労働文明宮。パラッツォ・デッラ・シヴィルタ・イタリアーナ

レフ・ルードネフ、モスクワ大学(正式名称は M. V. ロモノーソフ・モスクワ国立総合大学)、モスクワ、ロシア、1947〜'52年

ジョヴァンニ・グエッリーニとエルネスト・ラ・パドゥーラ、マリオ・ロマーノ、イタリア文明宮、エウル地区、ローマ、イタリア、1937〜'42年

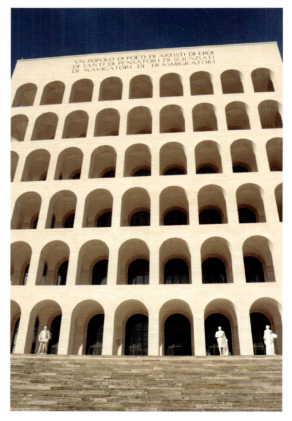

モダニズム > **全体主義**

儀式的

ナチスのニュルンベルク党大会会場となったツェッペリン広場で、ヒトラーの演説の舞台を演出するにあたって、シュペーアは1879年の発掘以来ずっとベルリンに保管されていたペルガモンの大祭壇をモデルとした。そして、その建造物の特徴と、空へと垂直に伸びる光を出す巨大なサーチライトを組み合わせ、いわゆる「光の聖堂」をつくったのである。その視覚効果は圧倒的で、マルクス主義の評論家ヴァルター・ベンヤミンは「政治の美学化」と評した。

アルベルト・シュペーア、「光の聖堂」、ツェッペリン広場、ニュルンベルク、ドイツ、1938年

モダニズム ＞ **本質主義**

地域：アメリカ
時代：1910年代〜1970年代
特徴：精神、有機的、歴史、共同体、抽象概念、記念碑性

　モダニズムの主流となるほとんどの建築家たちが近代という時代を「まったく白紙の状態」と捉えているなかで、そこから外れた流れも存在した。彼らは大きく本質主義（Essentialism）という用語で括られ、時間を超越した普遍的な建築の特性に焦点を絞ることを好んだ建築家たちだ。そのグループを代表するのがアメリカの建築家フランク・ロイド・ライトとルイス・カーン（1901〜'74年）だった。

　1888年、当時20代だったライトはルイス・サリヴァンの下で働き始め、アメリカの開拓者精神を体現する建築を推し進めようとするサリヴァンの姿勢に大いに感銘を受けた。サリヴァンの事務所を離れて自身の作品に取り組み始めたライトは、シカゴとその周辺の数多くの住宅設計の依頼を受け、実作を重ねるなかで自らの建築哲学を発展、洗練させ、20世紀最初の数年に建てられた名高いプレーリー・ハウス[※1]へと結実させた。

　プレーリー・ハウスはライトの「日常生活を半ば儀式的に捉える」観点から形づくられ、その典型的な平面計画は中心となる暖炉から放射状に広がるものだった。そして、その精神的な中心となる暖炉の周辺にほかの各部屋は緩やかに配置された。壁や窓は総じて控えめで、内部空間には、交差し、重なり合う空間の流動的なアンサンブルが生み出されていた。外部は、ウィリッツ邸（1902年）に見られるように、水平に広がる面が層状に組み合わされ、それに厚みのある深く張り出した庇がアクセントを与えた。プレーリー・ハウスの空間構成のリズムは、特定の素材や家具、装飾品によって純化され、建築的に提喩された。つまり、そうした部分的な構成要素それぞれから建物全体の特徴を推し量ることができたのである。

　プレーリー・ハウスにおいて、ライトはアーツ・アンド・クラフツ運動の価値観を（日本の伝統建築からの影響も受けながら）機械化された時代ならではの創造的な可能性と組み合わせて、明らかに近代的な傾向を持つ依頼者たちにふさわしい空間を生み出そうとした。その思想の究極の形がユーソニアン・ハウスだった。比較的安価な、ほとんどがプレハブ工法の平屋の住宅で、そのデザインは生活スタイルの近代化に応じたものだった。例えば、ダイニングルームの代わりに、システムキッチンのユニットとリビングからなる流動的なスペースが置かれた。このユーソニアン・ハウスが中心的な役割を果たすことになったのが、ライトのユートピア的な「ブロードエーカー・シティ」計画（1931年）だった。人々が生活の大半を自然豊かな郊外で送る社会を提案した計画であり、そうした社会は近代化によって破壊されることなく強化されると考え、とりわけニューディールの影響を受けた政治的、経済的な状況下に共鳴した思想だった。

　ルイス・カーンもまた、ライトと同じく建築の主流から外れたところに位置していた。1950年代初期にローマにあるアメリカン・アカデミーでアーキテクト・イン・レジデンス[※2]として過ごして以来、カーンのスタイルは成熟に至った。建築とは、究極に純粋な意味では、それぞれの建築が根底に共通して持つ課題の根本的な意義に対して形態を与えるものだというのがカーンの考えだった。アメリカ北東部のコネチカット州ニューヘブンにあるイェール大学のアートギャラリーやペンシルベニア大学のリチャーズ医学研究棟といった作品において、カーンは、単純な幾何学形態の配置によってそれぞれの建物が担う社会的な役割の意味を伝えることのできる建築言語を生み出した。最大の作品はバングラデシュの首都ダッカにある国会議事堂であり、そこでカーンは政府の機能を平面形状で明確に示すとともに、古今東西の要素を取り入れ、植民地支配から独立した国家の政府機関の設立にふさわしい永続性の高い形態をつくりだした。

※1　草原住宅様式とも呼ばれる
※2　ある土地に招聘された芸術家や、この場合は建築家が一定期間滞在して作品制作などを行うプロジェクト

モダニズム > **本質主義**

精神

プレーリー・ハウスでは、ライト自身が初期に手がけた伝統的な住宅デザインの数多くの要素と、ロビー邸で見られるような開放的な間取りやキャンチレバーの屋根といった近代の革新が組み合わされた。そのような二元性は、都市とフロンティア※の間に位置するシカゴ郊外という立地や、その近代的な側面と昔ながらのアメリカらしさを示していた。ライトは後にその思想をさらに推し進めて、大きな影響力を持ったユーソニアン（文字通り「アメリカの（of the US）」という意味を持つ）・ハウスを考案した。

フランク・ロイド・ライト、ロビー邸、サウス・ウッドローン、シカゴ、イリノイ州、アメリカ、1908〜'10年

※ 辺境、西部開拓期のアメリカの開拓最前線

有機的

ライトは、建築を周辺環境と一体となるものだと捉えていた。郊外に建つプレーリー・ハウスも、まるで地面から出現したかのように見える。しかし、ライトがその思想を極限まで突き詰めたのは、ライトの最も有名な作品の1つである落水荘（カウフマン邸とも呼ばれる）だった。この住宅は峡谷の真上に建てられ、あたかもそこにある石の内側から出現したように見えるコンクリートのキャンチレバーと、建築と自然をほぼ完全に統合するようにつくられた内外の空間の融合が特徴である。

フランク・ロイド・ライト、落水荘、ベア・ラン、ペンシルベニア州、アメリカ、1934〜'37年

モダニズム ＞ **本質主義**

歴史

ライトとカーンは、歴史と深い関係性を保ちながらそれをあからさまに見せることはなかった。カーンのキンベル美術館は、平面にはどことなくパラディオ主義の様相が見られ、その一方で円形ヴォールトは古代ローマのものに似ている。ただ、そのヴォールトの断面には半円ではなくサイクロイド曲線※を用いることで、カーンは近代的な空間の緊張感を生み出した。またヴォールトの頂部には不意に細いスリットが開けられていて、そこから開放的に形成された空間へと光がそっと差し込む。

ルイス・カーン、キンベル美術館、フォートワース、テキサス州、アメリカ、1966〜'72年

※ 円が直線上を転がるときに円周上の定点が描く軌跡

共同体

有機的な建築という思想は、建物とそれを取り巻く環境との関係に限られたものではなく、プログラムにとっても大きな鍵となるものだった。ライトが手がけたウィスコンシン州にあるジョンソン・ワックス本社の建物はその一例で、同社が組織や社員をまるで家族のように扱う姿勢を建物がいっそう強めている。豊かな空間は、社員同士の会話や一体感を実務的にも精神的にも支える一方で、組織内の階層(ヒエラルキー)を明確に表現している。

フランク・ロイド・ライト、ジョンソン・ワックス本社、ラシーン、ウィスコンシン州、アメリカ、1936〜'39年(研究棟は1944〜'50年)

抽象概念

ライトやカーンの作品には機能主義的な要素はほとんど見られなかったが、かといって単なる形式主義に留まっていることもまれであった。2人の生み出した建築形態(特にカーンの作品)は、建築的な課題やその根底にある意味の本質を抽象化したものからできていた。例えば、カーンによるイェール大学アートギャラリーでは、幾何学的に整理された静謐な内部空間がギャラリーを取り巻く多様で複雑な建築スタイルを相殺している。

ルイス・カーン、イェール大学アートギャラリー内部、ニューヘブン、コネチカット州、アメリカ、1951〜'54年

モダニズム > **本質主義**

記念碑性

カーンの作品の多くは際立った記念碑性が特徴的だが、それを生み出しているのは必ずしも作品の規模ではなく、建物自体が持つ寿命をはるかに超えて存続し得る「感覚」であった。バングラデシュの首都ダッカでは、ボザール的な計画手法を参考にして、配置構成自体に建物の機能と象徴性に関する意味合いを盛り込んだ。その意味合いは、もし建築物自体が消滅して遺跡になったとしても、残された空間の関係性から読み取ることができるだろう。

ルイス・カーン、国会議事堂、ダッカ、バングラデシュ、1962〜'75年

モダニズム ＞ ブルータリズム

地域：イギリス
時代：1950年代〜1960年代
特徴：彫塑的、打放しコンクリート、空中街路、都市、アンチ板状建築、破壊

　ブルータリズムという用語は、形態や素材が「brutal（冷徹で粗暴な）」な印象を与える戦後の建物一般に対しても使われているが、特定の建築運動を指す場合にはもう少し限定的である。ブルータリズムの中心となったのは、ともに建築家のアリソン・スミッソン（1928〜'94年）とピーター・スミッソン（1923〜2003年）の夫婦だった。2人が影響を受けたル・コルビュジエの戦後の作品、特にフランス、マルセイユのユニテ・ダビタシオンとインドのチャンディーガルの建築群では、1920年代から30年代の白い滑らかな表面に取って代わって、コンクリートそのものの荒々しい仕上げ、コルビュジエのいうところの béton brut（フランス語で生のコンクリートの意味）が用いられていた。スミッソン夫妻の初期の作品でノーフォークにあるハンスタントン中学校は、ミースのイリノイ工科大学の建築に影響を受けた構成と建築計画を用いつつ、構造体と素材を剥き出しのまま残すことで、素材の生地そのままの荒々しい特徴が強調されている。このアプローチを、建築批評家レイナー・バンハムは「ニュー・ブルータリズム」と名付け、そこで試みられた素材を残す方法は美的にだけでなく倫理的にも新たな提案と見なし得ると主張した。

　そして1956年、ブルータリズムの出現と形成にとって決定的な瞬間が訪れた。ロンドンのホワイトチャペル・アート・ギャラリーで「This is Tomorrow（これが明日だ）」展が開催されて大きな影響を及ぼしたのだ。この展覧会を構想したのは評論家のテオ・クロスビーで、芸術家と建築家、グラフィックデザイナーからミュージシャンまでを集めて12の「グループ」に分け、コラボレーションして展示作品を制作するものだった。スミッソン夫妻は、彫刻家で美術家のエドゥアルド・パオロッツィと写真家のナイジェル・ヘンダーソンと同じグループになった。多様な展示物をまとめていたのは、ロンドンという都市を「as found（あるがまま）」に探求し、表現するという考え方で、展覧会を活性化するとして広告、雑誌、日用品のデザインといった大衆文化的な展示も許されていた。そうした考え方を明確に示したのが、ライフスタイルの雑誌からの切り抜きをコラージュした画家リチャード・ハミルトンの「一体何が今日の家庭をこれほどに変え、魅力あるものにしているのか」というポスターだった。

　1950年代のロンドンを「あるがまま」に捉えるということは、第二次世界大戦中にロンドン大空襲で破壊された都市風景の広がりと向き合うことでもあった。ある意味、そうした美的、感情的な経験に対する反応として、ブルータリズムは素材が剥き出しのままの状態にこだわったとも考えられるだろう。戦後の住宅や病院、学校の再建計画は、福祉国家として再スタートするという新たな現実を建築を通じて宣言するものであり、建築家たちにとっては明らかにチャンスだった。住宅供給の需要は緊急性も高く、最初期に進められたのは、安価かつ短い工期で建設できる「板状」建築[※1]を空き地に整備するプロジェクトだった。それに対して、スミッソン夫妻はそうした合理的なモダニズムのビルディング・タイプによって「ストリート・カルチャー」が破壊されてしまったと考え、それを再び活性化させることを目指した。2人がついに自分たちの理論を具現化するチャンスを得たのが、ロンドン東部のポプラにあるロビン・フッド・ガーデンズ（1966〜'72年）だった。当時としてはやや低層の2棟の建物は広々とした共有の中庭を囲み、平行ではない角度で向かい合う。中庭は盛り土で高さがつけられ、上の階にある部屋からでも楽しむことができるように丁寧にデザインされている。住宅棟には一層の住宅だけでなくメゾネット[※2]もあり、そうした内部の住戸の配置が外観からも読み取れるデザインによって、単調なモダニズム建築に空間の特性と個性がもたらされている。

※1　集合住宅に多く見られる薄い1枚の板のような形状の建物
※2　集合住宅の中の1戸で、内階段があり2層になっている住戸

モダニズム > **ブルータリズム**

彫塑的

ブルータリズムは、その由来が実はまったく異なるにもかかわらず、先にあったニュー・ブルータリズムからさかのぼって後からブルータリズムと名付けられた形態であり、コンクリートの彫塑的な可能性を最大に利用しているという特徴があった。デニス・ラスダン（1914〜2001年）の作品は、ル・コルビュジエのコンクリートの使い方と同様の特徴を有している一方で、イギリス・バロックからも大きな影響を受けていた。王立内科医協会やサウス・バンクのナショナル・シアターはともにロンドンにあるラスダンの作品であり、どちらも極めて彫塑的で周辺環境と連携する能力に優れていたことが見てとれる。

デニス・ラスダン、ナショナル・シアター、ロンドン、イギリス、1967〜'76年

モダニズム > **ブルータリズム**

打放しコンクリート

ブルータリズムの特徴であり、その名前のもとにもなったのが、ル・コルビュジエの戦後の作品に影響を受けたコンクリート打放しで、béton brut とも呼ばれるものだった。この素材を利用したことで、ブルータリズムの建築物には理屈抜きの、ほぼ本質的ともいえる荒々しさが、イギリスのみならずほかの国の作品でも同様に見てとれた。なかでもアメリカのポール・ルドルフ(1918〜'97年)とスウェーデンのシーグルド・レヴェレンツ(1885〜1975年)の作品がよく知られている。

ル・コルビュジエ、ラ・トゥーレット修道院、ラブレル、リヨン近郊、フランス、1957〜'60年

空中街路

スミッソン夫妻によるロンドンのゴールデン・レーン計画は、設計競技では落選したものの「空中街路(Street in the sky)」のコンセプトを広めた。少なくとも一部が空中に開放されたデッキに、すべての住戸から出ることができ、そのデッキを通じてモダニズムによって無視されていた「ストリート・カルチャー」が促進されることが期待されていた。さらに、もっと実用的な点では、幅広いデッキによって生鮮品を運ぶ車が各戸に直接乗り付けられることができる計画だった。

ジャック・リンとアイバー・スミス、パークヒル、シェフィールド、サウス・ヨークシャー、イギリス、1957〜'61年

都市

街路を蔑ろにするモダニズムの方法論、さらには板状建築をばらばらに配置するほとんどアンチ都市といえる手法によって失われてしまった都市の文化を、ブルータリズムは再生しようとした。ロビン・フッド・ガーデンズの2つの棟はばらばらに建つのではなく、都市的であることを明確に意識した配置により巧妙な関係性が築かれるよう、曲がりくねっている。しかし、一方では都会の騒音と大気汚染から住民を守る必要があり、ブルータリズムの都市性は不十分なものであることも露呈した。

アリソン&ピーター・スミッソン、ロビン・フッド・ガーデンズ、ポプラ、ロンドン、イギリス、1966〜'72年

モダニズム > **ブルータリズム**

アンチ板状建築

スミッソン夫妻の手がけたエコノミスト・ビルは、ル・コルビュジエの「輝く都市」（1935年）に見られる画一的な板状建築と直線的な都市計画を拒絶するものだった。この建物の敷地は形状が不整形な上に歴史的に注意を要する場所だったが、高さの異なる3棟の建物で広場を取り囲むことで、既存の都市景観を打ち消すというよりもむしろ強調している。その難しい敷地と折り合いをつけた結果、大胆ではあるものの高圧的ではなく、議論を投げかけつつも共感的な建物がつくられた。

破壊

急進的であることがブルータリストの強みである一方で、彼らは独善的なイデオロギーに陥り、常に論争が起こる可能性をはらんでいた。コンクリートに天候の影響を緩和するための加工を施すことさえ「immoral（道に外れる）」と考えられた。そのため、実際に建てられたブルータリズムの建築のなかで、移り変わる政治状況や美意識に耐えてうまく存続したものはほとんどなかった。多くのブルータリズムの作品は、現在は無残な状態か、すでに取り壊されてしまっている。

アリソン＆ピーター・スミッソン、エコノミスト・ビル、セント・ジェームズ、ロンドン、イギリス、1959〜'65年

ロドニー・ゴードン（オーウェン・ルーダー・パートナーシップにて）、トリニティ・スクエア・カー・パーク、ゲーツヘッド、タイン・アンド・ウィア、イギリス、1962〜'67年、2010年解体

モダニズム > **メタボリズム**

地域：日本
時代：1950年代〜1970年代
特徴：ル・コルビュジエの影響、組み立て式、記念碑性、日本の伝統、未解決、影響

　モダニズムが日本に到達したのは、2つの世界大戦の合間のことだった。しかし、実際に近代化の必要性と深く根付いた日本独特の価値観をどのようにして融合させるかという議論が始まったのは、第二次世界大戦が終わった1945年以降に再建が始まってからのことだった。

　そうした議論をリードしたのが丹下健三（1913〜2005年）だった。丹下はル・コルビュジエに強い影響を受けた日本のモダニズムの先駆者で、1920年代後期にパリで実際にコルビュジエとともに仕事をした前川國男（1905〜'86年）の下で修行をした。丹下が手がけた最初の重要プロジェクトは広島の平和記念会館（現在は平和記念資料館）だ。立面が縦ルーバー[※1]によって穏やかに分節された、細い横長の長方形の構造がピロティに載り、建物全体は粗い仕上げの打放しコンクリートで構成されている。この記念館と川を挟んだ対岸の「原爆ドーム」を結ぶ軸線上には、双曲放物面のアーチ（後に手がけた国立代々木競技場体育館のヒントとなった）の形状を持つ慰霊碑がある。

　1950年代当時、ル・コルビュジエ自身が携わったインドのチャンディーガルの都市計画と主要建築物の設計は、剥き出しの形状と記念碑性を持つ計画を特徴とし、丹下による平和記念会館は一見するとル・コルビュジエの「近代建築の五原則」の影響を受けているようだった。しかし、その全体計画は日本の伝統的な建築と空間のしきたりを色濃く残すものだった。ル・コルビュジエ的なコンクリート構造の枠を用いると荷重を支える内壁が不要になるが、それは日本の木造軸組建築で間仕切り（可動式のものもある）を用いて自由に内部空間を配置できるのとそっくりだった。引戸や窓によって内外の空間が流動的につくられるのも、モダニズムと伝統的な日本建築両方にとって不可欠な要素だった。さらには、モダニズムを代表する革新の1つともいえる形態と素材の標準化さえ、日本には同様のものがあったとされる。そうして、丹下は広島でのプロジェクトを通じていろいろな意味でモダニズムと地域の伝統や文化を1つにまとめ、新しいタイプの記念碑性を表現した。

　1960年、東京で開催された世界デザイン会議で日本のモダニズムは注目を集めた。丹下の指導と、一部にはモダニズムの主流の思想に異議を唱える若手建築家たちのグループ、チームXの影響もあって、黒川紀章（1934〜2007年）、菊竹清訓（1928〜2011年）、槇文彦（1928年〜）といった建築家たちが『METABOLISM 1960：都市への提案』と題した宣言書を出版し、科学技術的なモダニズムと仏教の万物流転や諸行無常といった観念を融合させることを主張した。メタボリストとして知られるようになった提唱者たちのアイディアは建物から都市規模にまで拡大し、また、建築は可変性があって、ダイナミックで、新陳代謝（メタボリズム）によって変容可能な細胞のようなものであるべきだと主張した。日本がちょうど経済と社会の両面で大きく変わりつつあったことも影響して、メタボリストは技術には都市がどのように発展するかを導きだし得る潜在能力があると捉えていた。イギリスの建築家グループ、アーキグラム[※2]のように、メタボリストたちは数々のモジュラー・シティ計画を披露した。モジュラー・シティでは建築物に漠然とした有機性があり、技術の進歩に応じて追加や取り外しが可能なポッド[※3]を持つのが特徴だった。

　メタボリズムは、形態を否定する思想のようにも思えるが、実際には記念碑性を完全に排除するものではなかった。磯崎新が手がけたいくつかの都市計画や、丹下による山梨文化会館に見られる何本もの巨大なコンクリートの円柱の間にスタジオと事務所の入った部分がぶらさがるデザインは、メタボリズム建築の高い順応性と潜在的な記念碑性を示していた。

※1　一定の幅の細長い板を開口部に平行に並べたもの
※2　前衛的建築家グループ。同名の雑誌を創刊し、保守的な建築規範に囚われない数々のプロジェクトを発表した
※3　取り替え可能な部品。カプセルとして表現されることもある

モダニズム > **メタボリズム**

ル・コルビュジエの影響

ル・コルビュジエは、インドのパンジャーブ州とハリヤーナー州の新州都となったチャンディーガルの都市計画と行政関係の主要建築物の設計を任されモダニズムがどのように地域の文脈に適応できるかを実践してみせた。さらに、モダニズムによる制限を再解釈し、国際的なモダニズムと地域土着の伝統や背景の間に共鳴するものを見出す重要な模範にもなった。

丹下健三、平和記念会館（現在の平和記念資料館）、広島、1949〜'55年

モダニズム > **メタボリズム**

組み立て式

メタボリストたちは、建築物とは有機物と機械のある種の融合体だと考えていた。建築は細胞のように半ば自律的な要素が集合したものであるが、その一方で機械部品のように必要に応じて交換が可能だという思想である。この思想を具現化した最も有名な作品が、黒川紀章の中銀カプセルタワーであり、100以上ある独立ユニットは交換可能なポッドによって構成されている。

記念碑性

メタボリストたちは無常の観念に関心を寄せていたが、多くの作品は記念碑性を強く求めるものとなった。その一因は、伝統的な日本建築が木造なのに対して、コンクリートを使用することが多かったことにあるのかもしれない。しかし、その傾向は大胆なデザインという特徴に表れた。その一例が、1964年の東京オリンピックのために建てられた国立代々木競技場第一体育館の、丹下による斬新な屋根形状である。

黒川紀章、中銀カプセルタワー、東京、1972年

丹下健三、国立代々木競技場第一体育館、東京、1961〜'64年

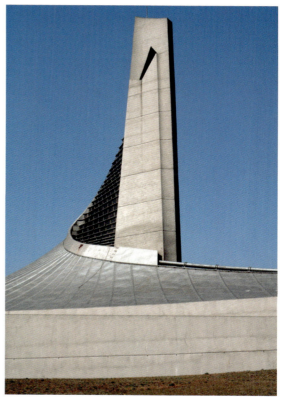

モダニズム > **メタボリズム**

日本の伝統

日本の伝統建築は、仏教思想のさまざまな要素を反映してほとんどが木で構成されており、内部空間は可動式の間仕切りで分けられ、内部と外部に明確な境界はない。そこに受け継がれている無常と流動性の観念は、メタボリストたちの技術を取り入れる観点にとって極めて重要なものだった。

菊竹清訓、スカイハウス、東京、1959年

未解決

メタボリズムの建築は本来的に未解決の特性を持っていた。つまり、メタボリズムの建築物には常に追加や調整のための余地が残されていて、完成することがなかったのである。これは丹下の「東京計画1960」※で都市規模にまで拡大された。数あるメタボリストの都市計画のなかでも最もよく知られたもので、都市を完全にモジュール化し、「都市＝都心とその周囲」という概念を打ち壊す構想だった。

丹下健三、山梨文化会館、甲府、1961〜'67年

※ 高度成長期の急激な人口増加に対し、東京湾を横断する海上都市を建設するアイディア

影響

メタボリズムの建築は1950年代から70年代にかけての日本の文化と経済状況に特に呼応したものだったが、日本国外へも影響を及ぼした。メタボリストたちのアイディアは、後にソニーのウォークマン（ポータブル・カセットプレーヤー）などの新技術が西洋各国にもたらした、公的領域と私的領域の境界線の曖昧化を先取りしていた。そして、磯崎新（1931年〜）などの若い建築家たちがメタボリズムのあからさまな技術主義から離れてもっと本質的な部分へと関心を向ける一方で、日本建築は国際的な評価を保ち続けた。

磯崎新、カイシャ・フォーラム新エントランス、バルセロナ、スペイン、1999〜2002年

モダニズム > ハイテク

地域：国際的に
時代：1970 年代〜 1980 年代
特徴：新技術への熱意、工業的美しさ、設備の見える外観、新しい動線、広がりのある内部空間、露出した構造

　1977 年に、リチャード・ロジャース（1933 年〜）とレンゾ・ピアノ（1937 年〜）という若い 2 人組がデザインした斬新なポンピドゥー・センターがパリにオープンし、ハイテク建築が花開いた。ポンピドゥー・センターは、一部が美術館、一部が文化センターになっていて、誰もが最新のアートに触れることができることを目指した施設である。その建物で 2 人が起こした革新は、建物の内側と外側を逆転させたことだった（そのため、建築評論家のレイナー・バンハムは「内臓主義」と呼んだ。当時、繰り返し出現したこの種の建築はその後ハイテクと呼ばれることになる）。配管設備（色別に分けられている）、動線空間（エレベーターやエスカレーターを含む）、そして何よりも建築の構造そのものがすべて外部に出され、内部は支柱など遮るもののない、ほぼ完全にフレキシブルな空間にしようと計画された。

　ハイテク建築はある意味、モダニズムの「形態は機能に従うべきだ」という規範に対する合理的な結論だったといえよう。形態はすべて内部空間からの要求に応じて定められ、その結果、外観はほとんど積極的といえるまでに視覚的な挑戦がなされた。しかし他方では、ハイテク建築は元来アンチ形態であることは明らかで、建築思想としてはかろうじて存在しているに過ぎず、建物の物理的な表現はあくまでプログラムの副産物に過ぎなかったように見えとれる。ハイテク建築にはいくつかの先例があり、最も有名なものはおそらくロンドンの AA スクール [※1] を拠点とした建築家グループ、アーキグラムによる 1960 年代の作品だ。ピーター・クックの『プラグイン・シティ』をはじめとするアーキグラムの魅力的で想像的なグラフィックデザインでは、都市とは、細胞のような内部完結した建物が抜けたところには同様の要素を追加できる、ある種の有機体だと想定し、適応力と代用力が強調されていた。つまり、構成要素 1 つ 1 つは、技術の進歩に応じて交換が可能だということなのである。アーキグラム以外では、単独で活動していたセドリック・プライス（1924 〜 2003 年）などの建築思想家たちが、特に技術の持つ社会と政治を変える力に関心を寄せていた。実現に至らなかったプライスの「ファン・パレス（Fun Palace）計画」は、1961 年に演出家ジョアン・リトルウッドとともにシアターを社会的空間として、演者と観客の関係性についての既成概念を曖昧にすること [※2] を目指した。

　ハイテク建築は過去の因習の打破を熱望し、ある意味社会変革的な思想の上に成り立っていたにもかかわらず、皮肉にも商用や企業活動に役立つ手段として最も評判となった。ニコラス・グリムショー（1939 年〜）やマイケル・ホプキンス（1935 年〜）の作品など特に有名な初期のハイテク建築作品の多くは、工業的か科学的な建物でその様式は自然と似通っていた。しかし、ポンピドゥー・センター以降で最も有名なのはロンドンにあるロジャースのロイズ・ビルと、ノーマン・フォスターの HSBC（香港上海銀行）香港本店ビルという 2 つのオフィスビルである。ポンピドゥー・センターの特徴であるハイテク建築ならではの広い内部空間は、商取引のためのフロア構成に最適だったのだ。

※1　英国建築協会付属建築学校。世界的に有名で多くの建築家を輩出している
※2　観客が舞台に立ち、演者とやりとりをすることも可能だった

モダニズム > **ハイテク**

新技術への熱意

ハイテク建築のモダニストは、技術には社会を変える力があるという核となる部分の可能性を信じていた点でポストモダニストとは一線を画していた。建築評論家のレイナー・バンハムの論述に影響を受け、ハイテク建築は建築とその利用者を形態や伝統から解放することを目指していたため、新技術の導入には意欲的だった。ロジャースのロイズ・ビルは、建物に用いられている技術をあまりに率直に見せているために油田の掘削装置のようだといわれることも多い。

工業的美しさ

ハイテク建築は、新技術への熱意から極めて工業的な美しさを持つのが特徴だった。その工業的な美しさと元から備わっている空間のフレキシビリティゆえに、まず工業的な建物に取り入れられた。その例が、チーム4（ロジャースとフォスターによる短期間の実験的なグループ）によるイギリス南部ウィルトシャーのスウィンドンにあるリライアンス・コントロール工場（1967年）や、グリムショーによるロンドンのフィナンシャル・タイムズ印刷工場といった初期の作品である。

リチャード・ロジャース・パートナーシップ、ロイズ・ビル、ロンドン、イギリス、1978～'84年

グリムショー＆パートナーズ、フィナンシャル・タイムズ印刷工場、ロンドン、イギリス、1988年竣工

モダニズム > **ハイテク**

設備の見える外観

内部空間のフレキシビリティを高めるため、ハイテク建築は構造上の分節をなくし、設備を建物の外部へと移した。そのため典型的な鋼材フレームとともにパイプやダクト、通気口などといった要素が、必要な要件を論理的に視覚化したものとして、建物の美的表現の一部となった。

リチャード・ロジャースとレンゾ・ピアノ、ポンピドゥー・センター（外観）、パリ、フランス、1977年竣工

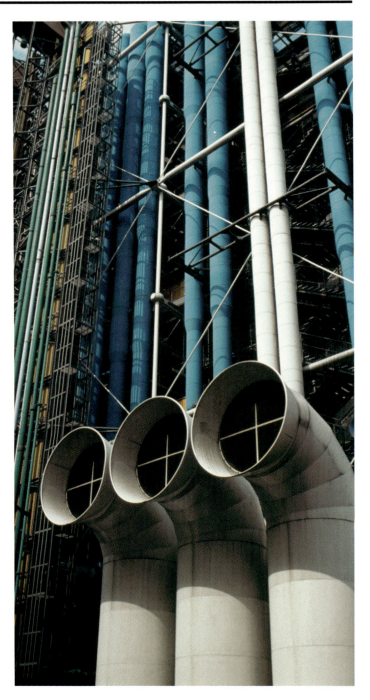

モダニズム > **ハイテク**

新しい動線

ポンピドゥー・センターでは、エレベーターやエスカレーターを外部に設置したことで内部の自由度が高まるとともに、建物内をよりシンプルで効率よく移動できるようになった。フォスターは HSBC（香港上海銀行）香港本店ビルでも同じアプローチを用いて外部にエレベーターを設け、従業員同士の交流を促進するために内部には巨大な吹抜けをつくった。

フォスター・アンド・パートナーズ、HSBC 香港本店ビル、香港、中国、1985年竣工

広がりのある内部空間

技術の発達によって、初期のハイテクの建築家たちは支柱で遮られることのない広がりのある内部空間をつくり、完全にフレキシブルなレイアウトを行うことが可能になった。取引用に巨大で一体的な空間を望んでいた多くの商業顧客たちは、この特性に強い関心を寄せた。

リチャード・ロジャースとレンゾ・ピアノ、ポンピドゥー・センター、（内部）、パリ、フランス、1977年竣工

露出した構造

イースト・アングリア大学にあるノーマン・フォスターが手がけたセインズベリー視覚芸術センターは、そのままでは単なる立方体形状の建築になるところに、スペースフレーム（立体的な構造骨組み）を取り入れることで変化が与えられている。その鋼製の構造によって、内部にあるギャラリー空間の外側に建物の内外を仲介するゾーンがつくられた。そのゾーンには建物の設備が収められ、さらに採光をはじめとしたギャラリー機能にとって不可欠な環境の調整にも一役買っている。

フォスター・アンド・パートナーズ、セインズベリー視覚芸術センター、イースト・アングリア大学、ノリッチ、ノーフォーク、イギリス、1978年開館

モダニズム以降

「モダニズム建築は1972年7月15日午後3時32分（おおよそ）、ミズーリ州セントルイスで死亡した」と建築批評家で造園家のチャールズ・ジェンクスは著書『ポスト・モダニズムの建築言語』（1977年）の冒頭で宣言した。ジェンクスが指しているのが、日系アメリカ人建築家ミノル・ヤマサキ（後にニューヨークの世界貿易センタービルの設計者となる）が設計したプルーイット・アイゴー団地の爆破解体という時代を象徴する出来事であることは明らかだ。プルーイット・アイゴー団地は11階建ての集合住宅33棟で構成され、1956年に全体が竣工したが、それから20年も経たずに取り壊された。その歴史に幕を閉じる頃にはスラム化したこの団地は暴力と貧困、腐敗で誰もが知る存在となり、ジェンクスが著したように「ダイナマイトによるとどめの一撃」を受けたのだった。

アメリカ大都市の死と生

プルーイット・アイゴー団地は、同様の顛末が珍しくなくなるまで、モダニズム建築の思わぬ結末の象徴となった。次第にモダニズムは、工業化による社会の細かな分断の緩和を標榜しつつ、実は悪化させているのではないかと見られるようになった。当然、そのような見方以上にプルーイット・アイゴー団地の状況は複雑であり、同じような状況がほかでも生じていた。プルーイット・アイゴー団地の建設費はアメリカ政府が負担したが、ランニングコストは借り主から徴収することになっていた。しかし、借り主たちは貧しく、十分に家賃収入が得られることはなく、建物のメンテナンスがほとんど行われていなかったのだ。さらに、団地の完成時期は、裕福な白人たちが仕事も産業も持って都市から郊外へと流出した人口減少期とちょうど重なっていた。当然、黒人居住者が大半であったこの団地の住民たちにはほとんど仕事が残されず、十分とはいえない過酷な福祉政策の下での生活を余儀なくされた。ただそうした情状酌量の余地があったとしても、プルーイット・アイゴーは、建築が社会を変える装置であるというモダニズムが追い求めた考えが間違っていたことを示す決定的な証拠となった。また、モダニズムはいずれにせよすでに声高な批判攻撃を受けていた。とりわけ作家で活動家のジェイン・ジェイコブズの『アメリカ大都市の死と生』（1961年）はその都市計画に辛辣な批判を浴びせるものだった。

「大きな物語」の転覆

1960年代から70年代にかけて、モダニズム建築への攻撃は絶え間なく続き、そこには啓蒙思想の進歩に対するものから、モダニズムが最もはっきりと姿を現す「大きな物語」に対するものまで、非常に幅広い批判が反映されていた。前提となっていた思想が崩れたことにも影響を受け、例えば新自由主義の経済政策、脱工業化によって起こった二次的な状況、そしてサービスを基本とする「知識経済」の出現によって、マルクスのとりわけ工業社会での労働者階級の解放という予見が的外れだったと明らかになった。フランスの哲学者ジャン＝フランソワ・リオタールは『ポストモダンの条件』（1979年に出版された著書のタイトルでもある）と自ら呼んだ論述で大きな影響力を及ぼした1人だった。そしてそこでは「現代の社会と文化――ポスト工業化社会とポスト・モダニズムでは……大きな物語は信頼を失った。どのような統合方法を使おうとも、またそれが臆測による物語であろうと解放の物語であろうとも」と述べた。この流れを汲む建築思想は、モダニズムであろうがなかろうが、建物に本来以上の幅広い目的や意味を与えるいかなる形式のメタフレームワーク（高次に複雑化された枠組み）の思想も拒否した。建物の何もかもが建築本来の目的や意味と関連するようになったのである。

リオタールへの主な批判の1つは、彼の大きな物語に関する批判自体が、実は大きな物語そのものだということだった。さらに、モダニズム建築は形式的、空間的、構造的に多様で、なおかつ地域の伝統や風土に対応するなかでその傾向を強めていたため、限られた観点による決めつけは矛盾をはらんでいた。そうした状況にもかかわらず、リオタールたちの主張は広く受け入れられた。そして、多様な小さな物語が単一的な大きな物語に取って代わる論議によって、建築には内容ではなく構造へ向かうという興味深い方向性がもたらされた。

当初、建築は方向が逸れてジェンクスが支持した象徴的なポスト・モダニズムの「言語ゲーム」へと向かっていた。ポスト・モダニズムが皮肉にも古典的な装飾を使用したことは、モダニズムへの明らかな対抗策の1つだった。しかし、ポスト・モダニズムは非常に短命な、反動的な現象に過ぎず、1980年代からは建築の表現もアプローチも驚くほど多様化した。コンピュータによるモデリングによって、かつてない斬新な建築形状や建物性能の分析が可能となり、現在はサステナビリティ※があらゆるタイプの建築の従うべき指針となっている。

※ 持続可能性。環境や社会、経済が適切にコントロールされて将来にわたって維持保全できること

モダニズム以降

地域主義
ポスト・モダニズム
脱構築主義
エコ建築
表現的合理主義
コンテクスチュアリズム

モダニズム以降 > 地域主義

地域：国際的に
時代：1960年代〜現在
特徴：創意に富む形状、雰囲気、気候風土、アイデンティティ、地域の技法、純粋さ

1930年代にモダニズムがヨーロッパから持ち出され、世界のほかの地域でも取り入れられるや否や、モダニズムがゴールとしていた「普遍化」は多様な地域の伝統や風土といった「特殊性」に直面することになった。実際、モダニズムはヨーロッパ域内でも、それぞれの地域の状況にすんなりと適応していた。特に地中海地域とその周辺でその傾向は顕著だった。スペインではル・コルビュジエの「近代建築の五原則」をその地域の伝統的な手法や素材と結びつけた建築家グループが生まれ、なかでも最も有名なのがホセ・ルイ・セルト（1902〜'83年）だった。また、イタリアのカプリ島東端に建つマラパルテ邸は、建築家のアダルベルト・リベラ（1903〜'63年）と依頼主の作家でジャーナリストのクルツィオ・マラパルテの設計によるもので、一見してモダニズム建築ではあるが、海の上に高くそびえる断崖絶壁の上という唯一無二の立地条件に適応した形状になっている。地理的文脈（風景）と地勢への本質的な問いかけに対する見事な応答だった。これよりも規模はかなり大きいが、ル・コルビュジエ自身も1930年代にアルジェリアの首都アルジェの都市計画において、同じ問題に直面していた。

全体主義体制が1930年代に勢力を伸ばして多くの建築家たちがヨーロッパを逃れるにつれて、その思想もともにヨーロッパの外へと出ていった。1930年代にエリッヒ・メンデルゾーンがイスラエルで手がけた作品が最も代表的な例である。だが、すでにそれまでに独自のモダニズム文化を発展させていた国々もあり、なかでもブラジルにその傾向が強かった。ドイツ系ブラジル人建築家オスカー・ニーマイヤー（1907〜2012年）は、新首都ブラジリアの主要建築物の設計にあたってブラジルの山々や河川、海浜といった風景を取り入れ、曲線形状やボリュームに関する建築言語をつくりあげた。また、この新首都の都市計画を手がけたフランス出身のブラジル人建築家ルシオ・コスタ（1902〜'98年）はコルビュジエの「輝く都市」に影響を受け、空き地にニーマイヤーの建築の数々を計画的に配置することによって、ブラジル特有の近代的な記念碑性を強調した。

1960年代から70年代になると進歩的な建築家たちは普遍的な規範を持つモダニズムからは背を向け始めた。特に途上国では、グローバル化と都市への大量の人口流入が伝統的な文化や価値観にとって実在する脅威となった。一方では、コーポレート・モダニズム（p.165参照）の一種であった鋼材とガラスの高層ビルが激増し、国際的な建築の画一化が進んでいた。それに対してさまざまな文化や環境にある建築家たちが、モダニズムの制約を超えて地域の素材や技法、そして土着（ヴァナキュラー）の特性を熱心に取り入れ始めた。なかには表面的で薄っぺらな「表層主義」に終わったものもあるが、この伝統や歴史、風土から投げかけられた問題を慎重に受け入れて抽象化した建築家たちもいて、形態の再構成、とりわけ地元のアイデンティティに耳を傾けた地域性のあるモダニズムの形成に取り組んだ。これは、建築史家のケネス・フランプトンがまさに1983年の論文中で「批判的地域主義」と名付けて解説を加えたアプローチであり、数十年にわたってすでに見られていた動きであった。

モダニズム以降 > **地域主義**

創意に富む形状

第二次世界大戦後のラテンアメリカのモダニズムは、大きなキャンチレバーや放物線状のヴォールト、コンクリートのシェルといった大胆な形態と構造が特徴だった。建築家たちは、土着の特性や古代遺跡からさえも影響を受けることが多かった。もともと未開の草原だったブラジリアでは、そのような先例がなかったため、ニーマイヤーは記念碑的な曲線の形態を発展させることができた。それが鮮やかに実現されているのが三権広場である。

オスカー・ニーマイヤー、三権広場、ブラジリア、ブラジル、1958年

雰囲気

ルイス・バラガン（1902〜'88年）は、シュルレアリスムと同時代のメキシコ特有の幾何学的な抽象画に影響を受け、色彩や光や水面を利用して、詩的でほとんど超越的でありながらも、明らかにメキシコの雰囲気を漂わせる空間を生み出した。同じくメキシコ人のリカルド・レゴレッタ（1931〜2011年）とテオドロ・ゴンザレス・デ・レオン（1926〜2016年）もそのアプローチを受け継いだ。2人とはまったく異なる背景にもかかわらず、2人の作品には日本の建築家安藤忠雄への関心が映し出されている。

ルイス・バラガン、バラガン邸、タクバヤ、メキシコ・シティ、メキシコ、1947年

モダニズム以降 > 地域主義

気候風土

オーストラリアでは、ハリー・サイドラー（1923～2006年）がインターナショナル・スタイル（p.162参照）のデザインを厳密に実践していたが、1950年代と60年代の作品では幾分か気候風土と土着の特性に譲歩して、地域主義を組み入れていた。その後の世代の建築家グレン・マーカット（1936年～）は、オーストラリアのモダニズムを再構築し、「アウトバック（outback）」（オーストラリアの未開の地）の土着の特性と先住民族アボリジニの住居の特徴を持つ波形の屋根を持つ鉄の小屋を目指した住宅を数多くつくった。その作品は立地環境と密接に結びつき、自然の採光と換気を詩的に用いている。

グレン・マーカット、ボール・イースタウェイの住宅兼スタジオ、グレノーリー、ニュー・サウス・ウェールズ、オーストラリア、1980～'83年

アイデンティティ

西洋のポスト・モダニズムの歴史主義は、表面的であり、皮肉なものであることが明らかになるのが常だった。しかし、建築家が地域の風土や社会、政治、宗教の歴史を慎重に理解すれば、その地域の価値観を反映した新たな建築をつくりあげることも可能だった。スリランカの建築家ジェフリー・バワは、国会議事堂のデザインに村落の集会所を拡大したイメージを取り入れて、この国家が植民地支配からの独立後に抱える複雑で多様な宗教と人種の状況を表現した。

ジェフリー・バワ、国会議事堂、コロンボ、スリランカ、1980～'83年

モダニズム以降 > **地域主義**

地域の技法

地域主義によく見られる特徴の1つが、地域の技法の創造的な適用だった。初期の事例の1つがイタリア、ミラノにあるアーネスト・ネイサン・ロジャースが手がけた高層住宅トーレ・ヴェラスカ（1956〜'58年）※で、イタリアの城郭の塔の形状を興味深い形で近代的な用途と規模に適用している。また、インドの建築家ラジ・レワル（1934年〜）は、ニューデリーに建設したアジア大会の選手村で、モダニズムの板状建築を拒絶し低層の不規則な形態を取り入れた。建物の間の細い通路や中庭は地域の土着の特性に沿ったものだった。

ラジ・レワル、アジア大会選手村、ニューデリー、インド、1980〜'82年

※　イタリア語でヴェラスカ・タワーを意味する

純粋さ

ポルトガルの建築家エドゥアルド・ソウト・デ・モウラ（1952年〜）は、その師であるアルヴァロ・シザ（1933年〜）と同様に敷地の形状や物語を奥深くまで読み取り、そこから生じた作品を創出している。その1つ、エスタディオ・ムニシパル・デ・ブラガ※は石切場のすぐ脇に組み込むように建っており、両サイドの観客席は素材、形態ともに付加されるもののない純粋なもので、地域のアイデンティティや記憶を呼び起こす。現代の多くのスタジアムとはまったく異なるものである。

エドゥアルド・ソウト・デ・モウラ、エスタディオ・ムニシパル・デ・ブラガ、ブラガ、ポルトガル、2003年

※　ブラガ市立サッカー競技場の意味

モダニズム以降 > ポスト・モダニズム

地域：国際的に、特にアメリカとイギリス
時代：1970年代〜1990年代初頭
特徴：断片化、イメージとしての建築、複雑さ、矛盾、「キャンプ」の美学、表層主義

1966年、アメリカの建築家ロバート・ヴェンチューリ（1925年〜）は今なお大きな影響力を持つ著書『建築の多様性と対立性』を出版した。建築に関する声明の側面と過去10年以上にわたる作品を集めた作品集の側面を持ち、モダニズムとともに育ちながらもその厳格さを窮屈に感じ始めていた新しい世代の建築家にとっての『建築をめざして』（p.148参照）に相当するものだった。ボッロミーニやラッチェンス、アアルトといったさまざまな先達を引き合いに出しながら、ヴェンチューリは引用や断片、多様な階層が、それぞれに溢れんばかりの象徴性と意義を持つ建築を提唱した。ヴェンチューリが攻撃したモダニズムは多くの点で、不自然で風刺画のように誇張されたものだった。具体的には、鋼材とガラスのコーポレート・モダニズムや、都心を大きな自動車専用道で両断してしまうことも珍しくなかった1960年代の大規模な都市への介入といったものが攻撃の対象となった。もちろん、そうしたいずれの例も本来モダニズムが理想としていたものとはまったく異なるが、モダニズムの押しつけがましいまでの面白みのなさに対する解決策として、ヴェンチューリが唱える折衷主義と曖昧さが受け入れられ、歓迎されるようになっていったのである。

ヴェンチューリの作品は、若者たちが自分たちの向き合う政治や社会、立場に対して問いかけ、抵抗し始めた1960年代の多様なカウンターカルチャー[※1]を反映していた。ミースの有名な格言「less is more（少ないほど豊かである）」のパロディ「less is bore（少ないほど退屈である）」をヴェンチューリが生み出したことは、権威に対するこの時代の幅広い挑戦を極めて象徴的に示したものだった。ポップ・アート、特に画家のアンディ・ウォーホル、ロバート・ラウシェンバーグ、ジャスパー・ジョーンズは、大衆文化を象徴する肖像や大量生産品を描き、抽象表現主義（Abstract Expressionism）に見られる半ば精神的な形式主義[※2]を打ち壊した。建築家ブルース・ゴフ（1904〜'82年）は、アメリカ、オクラホマ州ノーマンのバヴィンガー邸（1950年）の設計において、多様な入手経路による自然素材とオブジェ・トゥルヴェ（objets trouvés）[※3]を建築的にほとんど同等のものと見なして構造体に取り入れた。モダニズムは社会やテクノロジーに関する課題の解決を目指していたが、ヴェンチューリはそのような姿勢を避けたのと同様に「メイン・ストリートはおおむね正しい」としてそれ以外の小さな道を求めた。形態とそこに保たれ続けている文化や社会関係の類型、その両方に見られる元来の複雑さは小さな道でこそ表現されるとし、ヴェンチューリのそうした主張は当時同じように広く読まれていた作家ジェイン・ジェイコブズの作品を反映していた。ポスト・モダニズムの文化が最盛を極めたのは、過剰にモダニズム的とヴェンチューリが評したネバダ州のラスベガスの街であり、ヴェンチューリは妻、そして仕事仲間のデニス・スコット・ブラウン（1931年〜）、スティーブン・アイズナー（1940〜2001年）とともに著した『ラスベガス』（1972年）のなかで、この街をアメリカの日常の自然な表現として賛美した。

ところが、ポスト・モダニズムが最初に持っていた先鋭的な特徴は、1980年代までにはすっかり鈍ってしまった。アメリカとイギリスで金融サービス業界が急成長するにつれて、古典的なモールディングで装飾された高層のオフィスビルが急増したのだ。そうした装飾は、業界が急成長したことによって生まれた成り上がり者が従来の堅苦しく古びた街を表面上のみ飾り付けたものにすぎなかった。

※1 1960〜70年代に若者を中心として興った既存の体制的な文化に対抗する文化
※2 内容よりも形式を重視する美学理論
※3 偶然に見つけて拾い上げたもの

モダニズム以降 > **ポスト・モダニズム**

断片化

オーストリアのハンス・ホライン（1934〜2014年）が設計したアプタイベルク美術館は、アーキグラムやメタボリストたち（p.186参照）といった都市を単一の思想で捉えていた最後の世代の巨大構造物とはまったく対極にある作品である。敷地中に広がる断片化された構造物は、その計画的につくられた形態による多様さやさまざまな素材が使われていることにより、展示物に合わせて建物を活用することができる。

ハンス・ホライン、アプタイベルク美術館、メンヒェングラートバッハ、ドイツ、1972〜'82年

モダニズム以降 > **ポスト・モダニズム**

イメージとしての建築

ヴェンチューリの著書『ラスベガス』で生み出されたのが、今でもよく知られている「あひる」と「装飾された小屋」の違いである。「あひる」はモダニズムであり、全体に象徴的な表現が用いられがちな抑制された建物のプログラムを表す。一方で「装飾された小屋」では、そのプログラムはイマジズム※的な可能性を存分に発揮していて、装飾を用いて何かの意図を伝えるという役割はまったく期待されなくなっている。

ロバート・ヴェンチューリ、母の家、チェストナットヒル、フィラデルフィア、アメリカ、1963年

※　1910年代の英米で進められた新しい詩作を進める運動で、明確なイメージで対象を具体的に捉え、描き出そうとしたもの

複雑さ

1960年代には、ヴェンチューリが古典主義を受け入れていた一方で、ピーター・アイゼンマン（1932年～）、リチャード・マイヤー（1934年～）、チャールズ・グワスミー（1938～2009年）、ジョン・ヘイダック（1929～2000年）、そしてマイケル・グレイヴス（1934～2015年）のいわゆる「ニューヨーク・ファイブ」と呼ばれた建築家たちは、明らかに形式主義のモダニズムに頼っていた。グレイヴスは結局、古典主義へと方向転換したが、ベナセラフ邸では後にグレイヴスと同世代の仲間が発展させることになる複雑な形態が示されている。

マイケル・グレイヴス、ベナセラフ邸の増築部分、プリンストン、ニュージャージー州、アメリカ、1969年

矛盾

ジェームズ・スターリング（1926～'92年）が手がけたドイツ、シュトゥットガルトのシュターツギャラリー新館は、シンメトリーな両翼を備える旧館に隣接して建つ。象徴的な曲面の形状と明らかな古典からの引用で、古代ローマの遺跡のフォルムのような精神性を生み出すと同時に、ハイテク建築のようなぎらついたけばけばしい色彩も特徴としている。スターリングはシュターツギャラリーを「描写的でありながら抽象的、象徴的でありながらカジュアル、伝統的でありながらハイテク」と捉えていた。

ジェームズ・スターリングとマイケル・ウィルフォード、シュターツギャラリー新館、シュトゥットガルト、ドイツ、1977～'84年

モダニズム以降 > **ポスト・モダニズム**

「キャンプ」の美学

1964年、アメリカの多才な知識人で作家、活動家のスーザン・ソンタグは『《キャンプ》についてのノート』で、「キャンプ」とは「質感や、感性に訴える外見、内容を犠牲にしたスタイルが強調され、……誇張されたもの、「外れたもの」、ありのままではないこと［に夢中になり］……［そのうえ］すべてをカッコ付きで見る」感性のことであると表現していた。ポスト・モダニズムのわざとらしく、巧妙で、時には光沢を施された官能的な表現は、ポスト・モダニズムが、キャンプのような感性を建築上でも表現していったことを意味していた。

チャールズ・ムーア、イタリア広場、ニューオーリンズ、アメリカ、1975〜'79年

表層主義

ポスト・モダニズムは、とりわけオフィスビルではごく表層的な部分にしか関与しなかった。その下に隠されている主要な構造体はまったく同一とはいわないまでも、モダニズムの建築物と極めてよく似ていた。フィリップ・ジョンソンのAT&Tビルは、構造部分は基本的にモダニズムであるが、最上部のブロークン・ペディメントの造形は明らかに18世紀のトーマス・チッペンデールの家具に影響を受けている。一方で、三部構成になった垂直方向の分割は、1890年代に建てられたルイス・サリヴァンのシカゴの高層ビル群（p.151参照）を思い起こさせる。

フィリップ・ジョンソン、AT&Tビル、ニューヨーク市、アメリカ、1981〜'84年

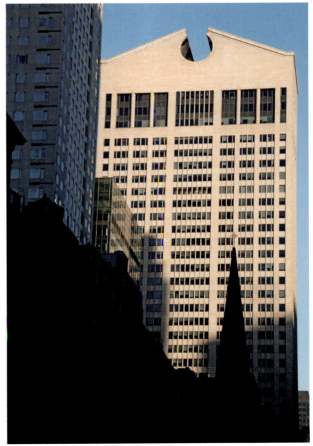

モダニズム以降 > 脱構築主義

地域：国際的に
時代：1980年代〜1990年代初頭
特徴：層状、メタファー、断片化、彫塑的、間テクスト性[1]、緩やかな曲面

建築と文学理論の関係は常に不安定なものだった。建築は言語である——建築の形態と構造は文字や言葉と同じように意味を伝えるもので、それゆえに建築は文法的な規則に沿ってつくられる——という考えは、第二次世界大戦後に建築理論家やイタリアの作家ウンベルト・エーコに代表される規則に囚われない人々によって探索された。構造主義[2]者による言語学上の理論は、フランスの人類学者クロード・レヴィ＝ストロースの文章を介して、スウェーデンのラルフ・アースキン（1914〜2005年）やオランダのアルド・ファン・アイク（1918〜'99年）など1960年代から70年代の数々の建築家の作品を特徴付けた。しかし、建築と言語学上のさまざまなモデルの相乗効果が真剣に探究されるようになったのは、1980年代にポスト構造主義へと移行し始めてからのことだったといえる。

1988年にニューヨークのMoMAで、フィリップ・ジョンソンや建築理論家マーク・ウィグリーによって企画された「デコンストラクティヴィスト・アーキテクチュア（脱構築主義者の建築）」展が開かれ、建築と脱構築、とりわけフランスの哲学者ジャック・デリダが関わったポスト構造主義の言語学のグループと明確なつながりをつくる試みがなされた。脱構築主義は、西洋哲学を幅広い基盤で論評し、西洋哲学を支配しているとデリダが見なしていたそれまでの二項対立を覆すものだった。デリダは、そのシステムの「シニフィアン」と「シニフィエ」[3]による束縛に要約されるなかに組み込まれているヒエラルキーをひっくり返し、「差延」に代表される二項対立を回避する新しい用語とコンセプトを生み出した。

脱構築によって、建築家たちはそれまで建築を規定してきた秩序／無秩序、機能／形態、合理的／表現的、そして1970年代と80年代に最も切迫していた問題、モダニズム／ポスト・モダニズムといった二項対立を回避する方法を手にした。それを形態に反映させたのが、アメリカの建築家フランク・ゲーリー（1929年〜）やピーター・アイゼンマン、ポーランド系アメリカ人のダニエル・リベスキンド（1946年〜）などの作品だった。3人ともMoMAでの「脱構築主義者の建築」展で取り上げられ、同展では断片化された抽象的な形態とのブリコラージュ[4]、地域の風土や敷地との複雑な関係性を通して脱構築の建築の姿がはっきりと示された。

この展覧会のタイトルの「デコンストラクション（Deconstruction。脱構築）」と「コンストラクティヴィズム（Constructivism。構成主義）」という言葉の紛らわしさは、同じ展覧会で紹介されていたイラク出身のザハ・ハディド（1950〜2016年）やオランダのレム・コールハース（1944年〜）、スイスのベルナール・チュミ（1944年〜）といった建築家たちやオーストリアの建築事務所コープ・ヒンメルブラウに対して、ロシア構成主義が影響を与え始めていたことを示唆していた。その関連性は脱構築主義のプロジェクトも構成主義と同様に実現が困難で紙の上に限られていたという点で、さらなる類似性が見られた。しかし、コンピュータの活用が急激に広がることによってかつて実現不可能だったものが建設されるようになり、1980年代には建築家たちはそれまでの言語学的な脱構築の基盤から抜け出した。今日では、自動車や航空機のデザインから持ち込まれたコンピュータ・モデリング技術を用いることで、パラメーター[5]をリアルタイムに変更しながらデザインすることができる。ザハ・ハディドの事務所のパートナー、パトリック・シューマッハはこうした技術を使用して生まれる新しいあらゆるスタイルの建築様式をパラメトリシズムと名付けた。

[1] テクスト間相互関連性やインターテクスチュアリティー（Intertextuality）とも呼ばれる
[2] 1960年代にフランスで生まれた社会や文化の根底にある構造を分析し、見出そうする思想
[3] 言語学用語で、それぞれに「意味するもの」と「意味されるもの」を表し、その関係性を示す対を「シーニュ」と呼ぶ
[4] 手近にある雑多なものを寄せ集めてつくること
[5] この場合は条件を支持する変数

モダニズム以降 > **脱構築主義**

層状

リチャード・マイヤーの作品は多くの点でニューヨーク・ファイブのネオ・モダニズムのプロジェクトの特徴を踏襲しているが、1980年代に手がけた何層にも重なるデザインの建物には脱構築主義との多くの共通点が見られる。なかでもドイツ、フランクフルトにある工芸美術館では、ル・コルビュジエの住宅から引用した要素を大胆に重ねることで、さまざまなスケールの周辺の建物および自然環境との複雑な関係を築いた。

メタファー

ダニエル・リベスキンドが手がけたベルリンのユダヤ博物館は、ダビデの星※を抽象化した象徴的な図形表現の側面と、放射状に伸びる軸でホロコーストによって命を奪われたユダヤ民族へと近づく物語の指標的な側面を持つ。建物の構造内部はもっと大きければと思わせるような細い開口部から差し込む光で照らされている。開口部は建物の外皮を突き通し、またその内部にもいくつものルートをつくって、ユダヤの文化とそれをホロコーストによって破壊しようとしたナチスの試みを忘れることのできない印象的な形で建物に反映させている。

※ 2つの正三角形を上下反転させて組み合わせたユダヤを象徴する形状

リチャード・マイヤー、工芸美術館、フランクフルト、ドイツ、1981〜'85年

ダニエル・リベスキンド、ユダヤ博物館、ベルリン、ドイツ、1989〜'96年

モダニズム以降 > 脱構築主義

断片化

フランク・ゲーリーはそのような説明を受けるのを躊躇するだろうが、実際のところゲーリーが手がけたスペイン、バスク地方にあるビルバオのグッゲンハイム美術館は今のところ最もよく知られた脱構築主義の建物である。デザインにあたっては、従来通りの模型を制作するのと同時に、ミラージュシリーズの戦闘機の設計のために開発されたコンピュータ・ソフトウェアが構造計算に用いられた。そうして生まれた複雑に断片化された形状は反射性のあるチタンで形成され、あっという間にこのグッゲンハイム美術館を世界的な建築のアイコンへと導いた。

フランク・ゲーリー、ビルバオ・グッゲンハイム美術館、スペイン、1997年開館

モダニズム以降 > 脱構築主義

彫塑的

ベルナール・チュミの手がけたパリ郊外のラ・ヴィレット公園は、当時のフランス大統領フランソワ・ミッテランから21世紀にふさわしいランドスケープの公園を、という依頼を受けて整備されたもので、赤い鋼製のフォリー※がいくつも置かれて視線を集めている。そのフォリーは、イギリスの彫刻家アンソニー・カロの作品（特に『アーリー・ワン・モーニング（ある朝早く）』、1962年）や構成主義のアジプロ（p.171参照）を思わせる形態で、意図的に特定の引用元を持たないという手法をはっきりと示している。

ベルナール・チュミ、ラ・ヴィレット公園、パリ、フランス、1982〜'93年

※ 庭園に置かれる装飾用の建造物

間テクスト性

フランスのポスト構造主義の理論家ジュリア・クリステヴァによる、「あるテクストの意味はその他のテクストによって形成される」という「間テクスト性」の思想には、ピーター・アイゼンマンの作品との相互作用が見られる。アイゼンマンが設計したウェクスナー芸術センターでは既存のキャンパスのずれたグリッドが繰り返されている。また、薄く切断され引き延ばされたどことなく城郭風の形状は、機能や作品背景という考えを超越するために剥き出しの鋼材のフレーム構造と組み合わせられている。

ピーター・アイゼンマン、ウェクスナー芸術センター、オハイオ州立大学、アセンズ、オハイオ州、アメリカ、1990年

緩やかな曲面

ザハ・ハディドは1988年のMoMAの「脱構築主義者の建築」展の重要な参加者の1人だったにもかかわらず、この展覧会の時点では実作がまだ何もなかった。しかしその後、最も名高い世界的建築家の1人として頭角を現し、大陸をまたいでプロジェクトを実現させた。パラメーターを変化させながら行うコンピュータ・モデリングでのデザインが発達したことで、今やハディドの作品は緩やかな曲面と、つい20年前には考えられなかったような内部空間を特徴としている。

ザハ・ハディド、国立21世紀美術館（MAXXI）、ローマ、イタリア、2010年開館

モダニズム以降 > エコ建築

地域：国際的に
時代：1970年代〜現在
特徴：自家発電、屋上緑化、伝統的な素材、地域形態の適応、新技術、建築を超えて

サステナビリティ——建築分野では建設から使用期間、解体に至るまでに建物が環境に与える影響を最小限に留めること——が、建築にとって新たな原則となる可能性がある。新たなモダニズムといってもよいだろう。最初は石炭、そして現在は石油とガスというように、近代以降の工業は化石燃料によって動力を得、人類史上最も発展した時代を築き上げてきた。しかしその結果、先例のない環境破壊や環境汚染が地域から次第に地球規模へと広がっている。

科学技術や工業製品が世の中を変化させる可能性もそうであったが、モダニズム建築は近代の環境への影響に対してほとんど注意を払っていなかった。フランク・ロイド・ライトの「有機的建築」を代表する傑作、落水荘（1934〜'37年、p.179参照）でも、ドラマチックなキャンチレバーの「トレイ」をつくるために環境に悪影響を及ぼす鉄筋コンクリート[※1]を広範に用いている。また、外壁にブリーズ・ソレイユ（brises-soleil）[※2]を取り付けたとしても、モダニズムの典型的な鋼材とガラスの構造ではほとんど環境面での効果はなく、生活や仕事に適した環境を保つためには空調設備が求められる（高層ビルの場合には必須である）ことになった。さらに、モダニストの都市計画は自家用車で自由に動き回ることを想定してデザインされ、大気汚染という副作用についてはほとんど考慮していなかった。

1960年代に始まった環境活動は、モダニズムに対する批判の増加と一致しており、ある意味同調していたといっていいだろう。アメリカの生物学者レイチェル・カーソンの『沈黙の春』（1962年）は環境保護主義にとって大いに刺激を与えたと考えられている。カーソンは同書のなかで、マラリアを一掃するため蚊の駆除に幅広く用いられた殺虫剤のDDTが、食物連鎖を介して予期せぬ害をいかに鳥に与えたか、そして人間に同じことが起こり得るかを簡潔に訴えた。この例は、さまざまな点でモダニズムの抱える矛盾を具体化するものだった。どれだけ建築家や都市計画家がよかれと思ってしたことでも、人々と環境に対して想定外の害をもたらす結果に終わることが多かったからだ。

1968年、アメリカの宇宙飛行士ウィリアム・アンダースがアポロ8号の月周回飛行中に撮影した「地球の出」[※3]は大量に複製され、地球の限界と脆さを人々に伝えた。これは、イギリスの科学者ジェームズ・ラブロックの、有名でありながら未だに物議を醸す「ガイア理論」にも反映された。ラブロックの『地球生命圏 ガイアの科学』は1979年に初めて出版され、そこで説かれる理論は、地球はすべての要素が慎重にバランスを保って制御された単一の有機体だと考えるものだった。1980年代と90年代に、原子力や核兵器、オゾン層減少から森林破壊や気候変動と危機感が広まるにつれて、環境保護運動がさらに勢いづいた。いずれもが大きく複雑な建築への影響を伴うものだ。

建築家たちは、次第にモダニズム以前の土着の特性を生かした（ヴァナキュラーな）建築の教訓を取り入れ始めている。そうした建物は地域の素材を用いて建てられ、地域の環境に適応しているためだ。一方で、複雑なコンピュータ・モデリングによって建物の環境影響の可能性を診断し、設計段階で改善することが可能になった。そうした意味では、建築物の環境性能は次第にデザインの際の検討要素となり、サステナビリティの認識が建築の社会、政治、経済に対して果たす役割を広げるとともに、建築家にとっては作品をつくる上での新たな道徳的責任となる。

※1 製造時に二酸化炭素を大量に排出する
※2 日除け。ル・コルビュジエが多用した
※3 月の地平線から地球が昇ってくる様子を撮影した写真。環境活動のアイコンとして用いられることも多い

モダニズム以降 > **エコ建築**

自家発電

建築物は照明や空調、換気によって常にエネルギーを消費する。敷地内での発電は、公的なエネルギー供給に依存するよりも効果的（かつ安価）であることも多い。ソーラーパネル、風力タービン、地中熱ヒートポンプは既存建築物に取り付けることも、新築の際に取り入れることもできる。伊東豊雄（1941年〜）が手がけた高雄ワールドゲームズメインスタジアムでは、ソーラーパネルがしなやかにうねる未来的な構造に組み込まれている。

伊東豊雄、高雄ワールドゲームズメインスタジアム、台湾、2009年竣工

モダニズム以降 > **エコ建築**

屋上緑化

世界中のヴァナキュラーな建物で見られることの多い屋上緑化は、サステナブルな建築にとって標準的に用いられる語彙の一部となってきている。屋上緑化は効果的な断熱体として働き、雨水を吸収し(特に都市の環境においては重要である)、ある種の野生動物のすみかさえ生み出すこともある。シンガポールの建築事務所 WOHA は屋上だけでなく建物のなかでも一体的な庭をつくりだす方向にコンセプトを発展させ、時には樹木を使いながら多くの建物を緑化している。

WOHA、イルマ※(ショッピングセンターと映画館)、シンガポール、2009年竣工

※ Iluma、現在は「ブギスプラス(Bugis +)」と名称を変更

伝統的な素材

イギリスのある地域では、人々の活動による二酸化炭素の年間排出量のうちコンクリート製造による排出量が5%に留まっている。サステナブルな、地域産素材の活用で、環境に対する建物の影響を大きく引き下げられるためだ。サステナビリティの先駆者である建築事務所エドワード・カリナン・アーキテクツは、ダウンランド・グリッドシェルの設計にあたり、オーク材でかつてない格子状のフレームを使い、鋼構造でつくった場合に比べてごく微少なエネルギー消費に抑えることを実現した。

エドワード・カリナン・アーキテクツ、ダウンランド・グリッドシェル、ウィールド&ダウンランド野外博物館、サセックス、イギリス、1996〜2002年

地域形態の適応

レンゾ・ピアノが手がけたチバウ文化センター※は、ニューカレドニアの先住民カナックがフランスからの独立運動を起こした際の指導者の名前から名付けられ、カナックの文化を讃え、世界に広めるために設立された。カナックの円錐型の住居をモチーフにしたそびえ立つ「帆」は、地域産のイロコの木でつくられ、一群の建物は地域の風土や自然の風景と調和している。

レンゾ・ピアノ、チバウ文化センター、ヌメア、ニューカレドニア、南太平洋、1991〜'98年

※ 正式な名称はジャン=マリー・チバウ文化センター

モダニズム以降 > **エコ建築**

新技術

フォスター＋パートナーズが設計した、ロンドンのシティ地区にある超高層ビル「ガーキン」は、コンピュータ・モデリングと複雑な建設技術があってはじめて建築物のサステナビリティが確保されている。曲面の形状は、ガラスのダブルスキン※で形成され、内外の圧力差を生み出すことで夏は屋内の涼しさ、冬は暖かさを保つことができる。こうした圧力差による受動的（パッシブ）な換気によって、空調にかかるコストと環境負荷は大幅に低減される。

フォスター＋パートナーズ、30セント・メリー・アクス（ガーキン）、ロンドン、イギリス、2001～'04年

※ ガラスが二層になっていて、層間の空気層によって省エネルギー効果が期待できる構造

建築を超えて

サステナビリティという課題が建築家にもたらす大きなチャンスの1つは、建築を取り巻く議論が環境問題だけでなく、社会や政治、経済に関しても広がる可能性があるということだ。その先駆者が、ニューヨークを基盤とする建築事務所で環境デザインも手がけている SITE（サイト、Sculpture in the Environment の略）である。リーダーのジェームズ・ワインズ（1932年～）はデザインに対して全体的で、多くの学問領域にわたるアプローチをとり、建築と環境の関係性について刺激的で遊び心のある疑問を投げかけている。

SITE、ベストプロダクツ・ノッチショールーム（Best Products Notch Showroom）、サクラメント（Sacramento）、カリフォルニア州、アメリカ、1977年

モダニズム以降 > 表現的合理主義

地域：国際的に
時代：1990年代〜現在
特徴：複雑さ、「ビッグネス」、クロスプログラミング※、相関性、遮断、象徴的

　表現的合理主義につきものの矛盾は、1980年代から現在に至るまでのさまざまな建築家の作品を定義する要素に関係している。資本主義が高度に発展し、サービス業や大量消費経済への移行が進んだ結果、非常に流動的で、相互に関連し合う社会が生まれた。こうした状況はますます複雑で多面的になった西洋、さらには極東の都市にも反映されている。産業革命によって解き放たれた混沌とした状況に対して、秩序と意義を持ち込んで近代という時代の精神を表現しようとしたものがモダニズムだとしたら、表現的合理主義はその対極にあるというだけでなく、モダニズムを完全に打ち消そうとするものである。表現的合理主義は、進歩した資本主義の非合理で非論理的な部分を謳歌し、コンピュータ・モデリングと建設技術の発達の恩恵を受けて、異様なまでに複雑な、ほとんどシュルレアリスム（超現実主義）のような形態をつくりだしたのだ。

　オランダの建築家レム・コールハースは、そうした表現的合理主義の傾向の形成において鍵となる人物の1人だ。コールハースは著書『錯乱のニューヨーク』（1978年）で「マンハッタンは西洋文化の最終ステージの競演の場……宣言(マニフェスト)など持たない、幅広い事例が山のように見られる」と断言した。1970年代のニューヨークは、一般的に暴力と都市衰退の同義語のように捉えられていた。そのニューヨークに対して、コールハースはあえて挑発的に、モダニズムの思想の副産物そのものである混雑や混沌、幻想をさまざまなレベルで讃えてみせた。そしてコールハースは、多くの点で都市固有の分別のなさを象徴するそのものである摩天楼（地下鉄というその「名誉」を争うライバルがいるが）ですら、19世紀に初めて登場したマンハッタンの格子状システムの論理的な結論だと捉えた。この典型的なニューヨークの象徴こそが、新しく予想不可能な社会や経済の関係性を促進するものとして、著書にこう著している。「超高層ビルだけがビジネスに対して人工の未開拓地、すなわち空に浮かぶ開拓地という広がりのある空間を提供できる」。

　その後、2001年に発表された重要なエッセイで、コールハースは「ジャンクスペース（Junkspace）」という言葉を生み出し、それを「近代化の後に成り行きに任されて残っているもの。より正確を期すならば、近代化の進化の過程で凝固した副産物」と説明した。コールハースにとっては「建築……近代化の産物はモダニズム建築ではなくジャンクスペース」であり、ばらばらの環境やヒエラルキー、アイデンティティ、形態は、モダニズムがたった1つのプログラムに固執し、それを意思疎通の手段としたために生まれたと考えた。そのため、コールハースの建築事務所OMA（Office for Metropolitan Architecture）の作品、特にシアトル公立中央図書館ではプログラムはあえて複雑につくられている。一見相容れない構成要素が併存して、建築上のわかりやすいコミュニケーションなど打ち消してしまうような関係性で作用し合っている。この建物や広義の表現的合理主義者が視覚的に訴えかけるものは、斬新で非常に複雑な形態、予想の裏切り、そして構成の論理である。表現的合理主義の建築物には既存の建築や自然の状況（モダニズムのイデオロギーのように、遅かれ早かれ取って代わられてしまうものだ）との関係はまずなく、あったとしてもごく希薄なものだ。そうしたことは全部、「ジャンクスペース」の陳腐さを非凡なものや図像性によって消し去ろうとするために生じている。

※　建物を本来意図していなかった用途で使うこと

複雑さ

ヘルツォーク&ド・ムーロン[※]による「鳥の巣」と呼ばれる北京国家体育場は、表現的合理主義ならではの矛盾を抱えている。驚くほど複雑に鋼材が絡み合い、その表現性のうちに構造上の論理は隠されているように見える。しかし、2008年のオリンピックの期間中、建物の映像や画像が世界に流れ続けることで、この競技場は中国が先進工業国として世界の舞台に立ったことを合理的に象徴するものだと見なされるようになった。

ヘルツォーク&ド・ムーロン、北京国家体育場（鳥の巣）、北京、中国、2003～'08年

[※] スイス出身のジャック・ヘルツォークとピエール・ド・ムーロンによる建築家ユニット

「ビッグネス」

大きな影響力を持つ革新的な著作『S,M,L,XL+：現代都市をめぐるエッセイ』(1995年)のなかで、レム・コールハースは「ビッグネス」の理論の必要性を詳しく説明している。コールハースによると、建物はある大きさに到達すると通常の建築的な原理が通用しなくなり、この考えによって、さまざまな都市の規模に適用できる新たな可能性が提示されるというのだ。そのため、OMAによるシアトル公立中央図書館は風変わりで、スケール感のない折りたたまれたファサードを持ち、そこからはその内側にある機能の手がかりをまったく得ることができない。

OMA、シアトル公立中央図書館、シアトル、アメリカ、1999～2004年

クロスプログラミング

伊東豊雄によるせんだいメディアテークでは、図書館とアートギャラリー、さらにスタジオとカフェが、遮るもののない空間のなかで緩やかに組み合わされている。ガラスのファサード越しには、鋼管のトラス構造でつくられたねじれたチューブの間に床が浮かんでいるように見える。チューブは、構造上の支柱として働くとともに、空調などの設備やエレベーターなどの動線の導管としての役割を担う。建物は都市の縮図となることを意図して設計されていて、絶え間ない変化のなかでさまざまなプログラムが共存している。

伊東豊雄、せんだいメディアテーク、仙台、1995～2001年

モダニズム以降 > **表現的合理主義**

相関性

クロスプログラミングは、頑なに単一のプログラムを優先するモダニズムの姿勢を打ち消すだけでなく、それまでの文化的なヒエラルキーを覆し、相対化することができる。例えば、高級ブティックと最高レベルのアートギャラリーは、次第に一体化されて互いに長所を取り入れ合うようになる。その最もよい例がザハ・ハディドのロカ・ロンドン・ギャラリーだろう。スペインに本社を置くバスルーム用陶器などのメーカーのショールームでありながら「文化の中心」であることを目指している。

ザハ・ハディド・アーキテクツ、ロカ・ロンドン・ギャラリー、ロンドン、イギリス、2009〜'11年

遮断

レム・コールハースは発展した資本主義の複雑さを擁護した。ほかの多くの建築家たちにもその精神が浸透するなかで、スイスの建築家ピーター・ズントー[※]（1943年〜）に代表されるように外界を遮断し、観念的な熟考を促すような作品をつくっている建築家もいる。アンチ大量消費主義の下へ逃げ込むという、その拠り所が幾分現実離れした状況であるが、それでも実現可能なのは建築家の名声のお陰、つまりズントーがプロジェクトや依頼主を選べるためである。

ピーター・ズントー、テルメ・ヴァルス、ヴァルス、スイス、1993〜'96年

※ ドイツ語読みに近いペーター・ツムトアとしている例もある

モダニズム以降 > **表現的合理主義**

象徴的

ゲーリーのビルバオ・グッゲンハイム美術館は、ある建築物が廃れて再建を必要とする都市の再生のアイコンに瞬く間になった事例で、その手法は「ビルバオ効果」として知られるようになった。開発者が「有名建築家」を起用してその名声を最大限に利用しようともくろみ、また都市計画家がランドマークのような曖昧で都市的な（また経済的な）価値を黙認するなかで、象徴的な建物が激増した。そびえ立つ船の帆のような姿のブルジュ・アル・アラブは、まずドバイの国際的な象徴として存在し、高級ホテルとしての機能は二の次である。

トム・ライト（アトキンス社）、ブルジュ・アル・アラブ、ドバイ、アラブ首長国連邦、1994〜'99年

モダニズム以降 > **コンテクスチュアリズム**

地域：国際的、特にヨーロッパ
時代：1960年代〜現在
特徴：詩的、ニュー・アーバニズム、新合理主義、ネオ・ユニバーサリズム（新普遍救済主義）、再解釈、層状

1970年代までにモダニストの都市計画は多くの人々から攻撃を受けた。「公園のなかに建つ板状建築」という考えが維持できなくなってきた理由は、建築家たちが地域の風土や伝統、技法との関係をどうやって再構築しようかと考え始めたためだった。そうした建築家たちのなかで最も深い思考を持ち、影響力があったのが、イタリアの建築家アルド・ロッシ（1931〜'97年）だった。アルド・ロッシの始めた「テンデンツァ（Tendenza）」と呼ばれる運動は1930年代のイタリアの合理主義者、とりわけジュゼッペ・テラーニ（p.174参照）の影響を受けていた。そのため、ロッシや同じくイタリアの建築家でこの運動の推進役ジョルジオ・グラッシ（1935年〜）の作品は「新合理主義」と名付けられた。著書『都市の建築』（1966年）において、ロッシはル・コルビュジエ、シンケル、ルドゥー、パッラーディオ、そしてジュゼッペ・テラーニといった建築家たちの作品によってさかのぼることができる都市の基本的な類型を明らかにしながら、テンデンツァ運動の理論的な位置づけを理路整然と説いた。そうしたなかにたびたび登場する類型――門や扉、廊下、列柱、橋梁――や、その構成要素の形態――特に立方体、円筒、円錐――は、過去と現在をつなぐ建物や都市をつくりだしたいという欲求によって配置されているとロッシは主張し、その主張は当時の月並みな機能主義から逃れるためのものでもあった。ロッシのデザインする、抽象的で幾何学的な形態の持つ簡素な様相は古典の様式に似ているが、ポスト・モダニズムのように表面的なものではなく、様式をそのまま素直に引用していた。

1960年代から70年代にかけてはアルド・ロッシの理論に共鳴した建築家も多く、なかでも有名なのがドイツのオズワルド・マティアス・ウンガース（1926〜2007年）だった。ウンガースはルクセンブルク出身のロブ・クリエ（1938年〜）やイタリアのグラッシ、そしてアルド・ロッシ自身といった新合理主義者たちとともに、「ベルリンIBA国際建築展（International Building Exhibition Berlin）」※への参加を通してその理論への注目を集めた。1979年にドイツの建築家ヨーゼフ・パウル・クライフス（1933〜2004年）の企画でスタートしたベルリンIBAは1987年に完了した。IBAの目的は、当時なお荒廃していた都市を、「批判的再建」を掲げて統一する方法を模索しようとするものだった。これに関わった建築家たちの傾向は新合理主義者たちとは大きく異なっていたが、ベルリンIBAではその類型的なアプローチが広く受け入れられ、新築される建物と既存の都市基盤が一体化するように街路やファサードに焦点が絞られた。

アルド・ロッシが繰り返される類型にこだわる根底には、都市はそこに住まう人たちの記憶の結晶だという考えがあった。そのためすでにある類型にそぐわないような都市への介入は、まさにロッシがモダニズムの罪と主張した部分であり、その理論に従えばモダニズムは記憶の破壊行為と見なされる。精査すれば疑問点もあるが、そうしたロッシの主張にはモダニズムの考え方を弱め、引用という建築的な枠組みの道を開く力があった。モダニズムの記憶に対する考えがその方向にはっきりと向かっていたわけではないものの、20世紀という時代はおしなべて記憶に支配されていた。忘れることを恐れていたという方がよいかもしれない。歴史遺産や資源の保護団体は言うまでもなく、記念碑や博物館、文書館が激増したことがそれを裏付けている。21世紀の現在はモダニズムの制約から逃れ、建築も建築家もいっそう幅広いレベルで歴史や継続性の問題に向き合うことができるようになったといえる。そうして、都市規模でも1つの建物の規模でも、新しいものでも歴史的なものでも、創造的で感覚的、刺激的な解決手法で臨むことができる新たな可能性が開かれた。

※ 開催地域の社会資本整備を目的とし、1987年開催のベルリンIBAでは、著名な建築家による集合住宅作品を展示後に使用

モダニズム以降 > **コンテクスチュアリズム**

詩的

マリオ・ボッタ（1943年〜）が設計した個人住宅カサ・ロトンダでは、スイス南部のティチーノ郊外の環境とその建物の抽象的な形態が呼応し合っている。長方形と特徴的な円筒形が、足し合わされ、切り取られている形態だ。明らかにアルド・ロッシからの影響が見てとれるが、そこにボッタは建物の形態と地域の風土との単純な意味づけを超えた共鳴を生み出した。それによって、普遍性と地方性の間にある潜在的な緊張感を包み込むと同時に、最大限に活かしている。

マリオ・ボッタ、カサ・ロトンダ、スタビオ、ティチーノ、スイス、1980〜'81年

モダニズム以降 > **コンテクスチュアリズム**

ニュー・アーバニズム

「ベルリンIBA国際建築展」の参画者たちが街路を再び活気づけようとしていた一方で、さらにその考えを進化させていた建築家たちもいた。なかでもよく知られているのがレオン・クリエ（1946年～）であり、モダニズムが異常な状態だと考え、伝統的なヨーロッパの都市を再活性化しようと主張した。クリエのゾーニングや郊外主義（sub-urbanism）に関する批評は賞賛すべきものだったが、一方でその考え方は、時代錯誤な伝統的な様式への見せかけに過ぎない回帰を呼びかけていた人々の信頼性を高める結果にもつながった。

クインラン・テリー、リッチモンド・リバーサイド開発、ロンドン、イギリス、1984～'88年

新合理主義

アルド・ロッシの新合理主義の根本は、ある種の建築的なプラトン主義に集約される。つまり、時代や規模とは無関係な、抽象的な類型と形態の構成要素に基づいて都市がつくられるという考えだ。ロッシはさまざまな抽象的な引用を行うことで、そうした形態を「モダニズム後の建築」へと再びまとめ上げようとした。その結果、簡素で、スケール感のない、イタリアのシュルレアリスムの画家ジョルジョ・デ・キリコが描く作品を連想させるどこか得体の知れない都市空間が生み出された。

アルド・ロッシ、サン・カタルド墓地、モデナ、イタリア、1978年着工

ネオ・ユニバーサリズム

ポルトガルの建築家アルヴァロ・シザは、普遍的な原則を地域の風土や人口動態、地形に適応させることでキンタ・ダ・マラゲイラの住宅を生み出した。一連の住宅ユニットは地形に対応しているため、それぞれの住戸は異なる特徴を持っている。コンクリートの陸橋は住宅開発地全体を一体化するとともに、近くにある古代ローマの水道橋の遺跡を意識的に反映してつくられていて、水道などの公共設備が収められている。

アルヴァロ・シザ、キンタ・ダ・マラゲイラの集合住宅、エヴォラ、ポルトガル、1977～'98年

モダニズム以降 > **コンテクスチュアリズム**

再解釈

国立古代ローマ博物館の設計において、ラファエル・モネオ（1937年〜）はコンクリートの壁の表面を古代ローマ風のレンガで化粧し、額縁を思わせるような装置をつくるためにアーチ形状の開口で強調した。その状況は、18世紀のピラネージの版画（p.119参照）の持つ遠近法的な効果と奇妙に呼応している。そうした過去を再解釈して取り入れたこの建物のデザインは博物館の歴史的な主題に直接的に関わるもので、この施設の持つ、古いものの仲立ちによって過去が来館者に近づくというアイディア、さらに、この地域の歴史を一般的な古代ローマの遺跡に融合させるというもう1つのアイディアを具現化している。

ファエル・モネオ、国立古代ローマ博物館、メリダ、スペイン、1980〜'86年

層状

最初に歴史的建造物に近代的な構造を明確に持ち込んだのは、イタリアの建築家カルロ・スカルパ（1906〜'78年）で、作品の1つ、クエリーニ・スタンパーリア財団の改修（1961〜'63年）は、何層にも重なる歴史との類似性を仄めかす。そうした叙情的なアプローチに対して、新旧の重なりという点では類似するが、まったくアプローチが異なるのがベルリンの新博物館の改修である。イギリスの建築家デイヴィッド・チッパーフィールド（1953年〜）は、複雑で政治色の強いこのプロジェクト※に修復や保全、復元といった形態の再形成による応答を提案した。

デイヴィッド・チッパーフィールド・アーキテクツとジュリアン・ハラップの共作、新博物館、ベルリン、ドイツ、1997〜2009年

※ 第二次世界大戦で深刻な被害を受けて長らく閉鎖されていたが、1990年の東西ドイツ統一後に修復計画が本格化した

あとがき

ハインリヒ・ヴェルフリンの「様式」の概念も芸術史上の手法も、多くの点でヴェルフリン自身が主題とするものに基づいていた。重要な著書『ルネサンスとバロック』（1888年）のなかで焦点を置いた、宮殿の長方形のファサードとプロポーションの構成は、ヴェルフリンの好む形態主義的な分析に適していた。しかし今や、コンピュータ・モデリングによって、建物を考えつく限りのどんな形態にでもできるようになった。3Dプリンターを使えば特注の構成要素が敷地でどのように組み立てられるのか、そもそもどういったデザインになるのかを事前に評価することができる。現代はかつてない建築の多様性に直面し、しかも最も重要な、形態や概念による枠組みがほとんどなくなり、建築の「資本の道具」としての役割がいっそう大きくなっている。そんな状況で「様式」には何ができるだろうか。

共通する視覚的な特徴による形態の分類は、そもそも主観的でほかの方法に比べて曖昧なところがあったが、建物の形態がコンピュータで生成されるデザインで処理されるようなたやすさがもたらされた今、この分類法はほとんど不可能なだけでなく意味をなさない。建築技術による分類法の方がより現実的ではあるが、商業化と国際化の影響で、まったく新しい技術でさえもすぐにほとんどの建築家たちにレパートリーの1つとして取り込まれてしまう。新しい分類法となるパラメトリシズム（Parametricism）は、フォーディズム※後の社会に登場したあらゆる様式をカバーするものとして注目されたが、方法論としては未熟であり、2008年のリーマンショックによる金融危機を経た現在では時代遅れとなっている。

本書の最終章に記したとおり、サステナビリティは今後の建築を秩序付ける新しい原則になるかもしれない。建築家たちは指針を統一しようとする従来の性癖をここでも発揮し、すばらしいことに、気候変動の影響を和らげる動きの先頭に立っている。しかし、サステナブル建築には一般的に通常以上の費用がかかるため、経済的な転換点が訪れるまでは建築家は苦しい闘いを強いられることになる。もちろん、建築におけるサステナビリティはまだ手段としては漠然としていて、議論が深まるのはこれからだろう。しかし、建築が参照するものの枠組みを根本的に広げることで、近い将来、建築がどう発展していくか、複数の可能性を示すことができる。

20世紀や21世紀に入ってもなお、人々は建築物が激増するのを目の当たりにしているが、同時に、自然環境だけでなく、建物や時には都市までもが予想外に破壊される状況もたびたび目にしてきた。資本主義社会ではいくつかの建物を確実に死に追いやることで、ほかのものが産まれるという創造的な破壊が継続して行われている。もちろん建設行為は最も環境に悪影響を与える人間活動の1つであるが、既存の建物や都市にだって膨大なエネルギーが内包されている。そのため、環境配慮の方向性は次第に既存建物の改築や改修へと向かい出した。しかし、こうした改築や改修がもたらす建築の可能性にはあまり注意が払われていない。

どんなに平凡な既存の建築物でも、広げたり、内部を付け加えたり、適応させたり、修正したり、再設定したり、つなぎ直したり、再解釈したりすることができる。その可能性は無限にある。新しい技術や素材を既存の構造体や伝統的な手法と融合することもできるし、今や簡単に使うことができるコンピュータの膨大な能力をもってすれば、あらゆる状況をテストし、モデル化することも可能だ。制約と発明、理論という必須の組み合わせから生まれる「新経験主義」とでも呼べる新しいアプローチによって、建築家は、記憶やアイデンティティ、経験に創造的に結びつく、また、人々が建築空間をつくり、逆に、建築空間が人々をつくるという根源的な関わり方を再構築する計り知れない可能性を手にする。

※　大量生産と大量消費を可能にしたシステム

参考図書

英語で出版されている書籍のうち、最近のものもしくは入手しやすいものの出版年を記載している。複数ある場合は初版の出版年を併記している。邦訳されているものに関しては、邦訳本の情報も追加記載している。ただし、※印がついているものに関しては、著者の挙げる英文献の邦訳ではなく原語から邦訳されたものである。

建築史一般
2つ以上の時代にわたる内容が書かれている書籍

Hopkins, O., *Reading Architecture: A Visual Lexicon,* Laurence King, 2012.／『世界の名建築解剖図鑑』、オーウェン・ホプキンス著、小室沙織訳、伏見唯、藤井由理 監訳、エクスナレッジ、2013年

Pevsner, N., *An Outline of European Architecture*（1942）, Thames & Hudson, 2009.／『ヨーロッパ建築序説』、ニコラウス・ペヴスナー著、小林文次 ほか訳、彰国社、1989年

Summerson, J., *Architecture in Britain, 1530-1830*（1955）, Penguin, 1993.

Weston, R., *100 Ideas That Changed Architecture,* Laurence King, 2011.／『建築を変えた100のアイデア』、リチャード・ウェストン著、岩ですが未佳・岩谷秋美・大野孝司・荻原紀子・篠原将成・竹本福子・西脇奈保子・若松暁海 訳、ビー・エヌ・エヌ新社、2012年

Wölfflin, H., *Renaissance and Baroque*（1888）, Collins, 1964.／『ルネサンスとバロック――イタリアにおけるバロック様式の成立と本質に関する研究』、ハインリッヒ・ヴェルフリン著、上松佑二訳、中央公論美術出版、1993年

古代

Beard, M. and Henderson, J., *Classical Art: From Greece to Rome,* Oxford University Press, 2001.

Beard, M., *The Parthenon*（2002）, Harvard University Press, 2010.

Lawrence, A.W., *Greek Architecture*（1957）, Yale University Press, 1996.

Wilson Jones, M., *Principles of Roman Architecture*（2000）, Yale University Press, 2003.

初期キリスト教

Conant, K.J., *Carolingian and Romanesque Architecture, 800-1200*（1959）, Yale University Press, 1992.

Krautheimer, R., *Early Christian and Byzantine Architecture*（1965）, Yale University Press, 1992.

ゴシックと中世

Frankl, P., *Gothic Architecture*（1960）, Yale University Press, 2001.／『ゴシック建築大成』、パウル・フランクル著、ポール・クロスリー校訂、佐藤達生・辻本敬子・飯田喜四郎 訳、中央公論美術出版、2011年

Simson, O.G. von, *The Gothic Cathedral*（1956）, Princeton University Press, 1998.／『ゴシックの大聖堂：ゴシック建築の起源と中世の秩序概念』、O. フォン・ジムソン著、前川道郎訳、みすず書房、1985年

Wilson, C., *The Gothic Cathedral: The Architecture of the Great Church*（1990）, Thames and Hudson, 2005.

ルネサンスとマニエリスム

Alberti, L.B., *On the Art of Building in Ten Book*（1454）, MIT Press, 1988.

Serlio, S., *The Five Books of Architecture*（1537–75）, Dover Publications, 1982.

Vasari, G., *Lives of the Most Excellent Painters, Sculptors and Architects*（1550）, Modern Library, 2006.／初の完訳版で全6巻中現在第1、2、4巻が既刊『美術家列伝※』、ジョルジョ・ヴァザーリ著、中央公論美術出版、森田義之・越川倫明・甲斐教行・宮下規久朗・高梨光正 監修、森田義之・越川倫明・甲斐教行・宮下規久朗・高梨光正ほか訳、2014年～／部分訳『ルネサンス画人伝※』ジョルジョ・ヴァザーリ著、平川祐弘・田中英道ほか訳注、白水社、1982年、新装版2009年11月／部分訳『続ルネサンス画人伝※』、ジョルジョ・ヴァザーリ著、平川祐弘ほか訳注、白水社、1995年、新装版2009年4月

Vitruvius, *On Architecture*（ca. 30 BCE）, Penguin, 2009.

Wittkower, R., *Architectural Principles in the Age of Humanism*（1949）, John Wiley & Sons, 1998.／『ヒューマニズム建築の源流』、ルドルフ・ウィットコウワー著、中森義宗訳、彰国社、1971年

Wölfflin, H., *Classic Art: An Introduction to the Italian Renaissance*（1889）, Phaidon, 1994.／『古典美術：イタリア・ルネサンス序説』、ヴェルフリン著、守屋謙二訳、美術出版社、1962年

バロックとロココ

Blunt, A., *Baroque and Rococo Architecture and Decoration,* Elek, 1978.

Downes, K., *English Baroque Architecture,* Zwemmer, 1996.

Hills, H., *Rethinking the Baroque,* Ashgate, 2011.

新古典主義

Burke, E., *A Philosophical Enquiry into the Origin of Our Ideas of the Sublime and the Beautiful*（1757）, Oxford University Press, 2008.／『崇高と美の観念の起原』、エドマンド・バーク著、中野好之訳、みすず書房、1999年

Campbell, C., *Vitruvius Britannicus：The Classic of Eighteenth-Century British Architecture*（1715）, Dover Publications, 2007.

Laugier, M.-A., *An Essay on Architecture*（1753）, Hennessey & Ingalls, 1977.／『建築試論*』、マルク＝アントワーヌ・ロージェ著、三宅理一訳、中央公論美術出版、1986年

Palladio, A., *The Four Books on Architecture*（1570）, MIT Press, 1997.

Semper, G., *The Four Elements of Architecture and Other Writings*（1851）, Cambridge University Press, 1989.

Winckelmann, J., *History of the Art of Antiquity*（1764）, Getty Research Institute, 2006.／『古代美術史*』、ヨハン・ヨアヒム・ヴィンケルマン著、中山典夫訳、中央公論美術出版、2001年

折衷主義

Howard, E., *Tomorrow: A Peaceful Path to Real Reform*（1898）, Routledge, 2004.

Loos, A., *Ornament and Crime*（1908）, Ariadne Press, 1988.／『装飾と犯罪：建築・文化論集*』、アドルフ・ロース著、伊藤哲夫訳、中央公論美術出版、2011年

Pugin, A.W.N., *Contrasts and The True Principles of Pointed or Christian Architecture*（1836）, Spire Books in association with the Pugin Society, 2003.

Ruskin, J., *Selected Writings*（includes excerpts from *The Seven Lamps of Architecture*,1849, and *The Stones of Venice*, 1853）, Oxford University Press, 2009.／収録内容として例示されている書籍の翻訳書を紹介する。『建築の七燈*』、ジョン・ラスキン著、杉山真紀子訳、鹿島出版会、1997年／抄訳『ヴェネツィアの石：建築・装飾とゴシック精神*』、ジョン・ラスキン著、内藤史朗訳、法藏館、2006年

Viollet-le-Duc, E.-E., *Discourses on Architecture*（1863-72）, Grove Press, 1959.／『建築講話*』、E.E. ヴィオレ＝ル＝デュック著、飯田喜四郎訳、中央公論美術出版 1986年

Wagner, O., *Modern Architecture*（1895）, Getty Center for the History of Art and the Humanities, 1988.／『近代建築：学生に与える建築手引き*』、オットー・ヴァーグナー著、樋口清・佐久間博 訳、中央公論美術出版、1985年／『近代建築 特装版*』、オットー・ヴァーグナー著、樋口清訳、佐久間博訳、中央公論美術出版、2012年

モダニズム

Banham, R., *Theory and Design in the First Machine Age*（1960）, MIT Press, 1980.／『第一機械時代の理論とデザイン』、レイナー・バンハム著、石原達二訳、増成隆士訳、鹿島出版会 1976年

Le Corbusier, *Towards an Architecture*（1923）, Getty Research Institute, 2007.／『建築をめざして*』、ル・コルビュジェ著、吉阪隆正訳、鹿島出版会、1967年

Curtis, W., *Modern Architecture Since 1900*（1982）, Phaidon, 1996.／『近代建築の系譜：1900年以後　上巻・下巻*』、W.J.R. カーティス著、五島朋子・澤村明・末廣香織 訳、鹿島出版会、1990年

Frampton, K., *Modern Architecture: A Critical History*（1980）, Thames and Hudson, 2007.／『現代建築史』、ケネス・フランプトン著、中村敏男訳、青土社、2003年

Giedion, S., *Space, Time and Architecture*（1941）, Harvard University Press, 2008.／『空間・時間・建築』、ジークフリート・ギーディオン著、太田實訳、丸善、1955年

Taut, B., *Alpine Architektur*（1919）, Prestel, 2004.／『アルプス建築　タウト全集第6巻*』、B・タウト著、水原徳言訳、育生社弘道閣、1944年

モダニズム以降

Jencks, C., *The Language of Post-Modern Architecture*（1977）, Academy Editions, 1991.／『ポスト・モダニズムの建築言語』、チャールズ・ジェンクス著、竹山実訳、エー・アンド・ユー、1978年

Jacobs, J., *The Death and Life of Great American Cities*（1961）, Modern Library, 2011.／『アメリカ大都市の死と生』、ジェイン・ジェイコブズ著、山形浩生訳、鹿島出版会、2010年

Koolhaas, R., *Delirious New York: A Retroactive Manifesto for Manhattan*（1978）, Monacelli Press, 1994.／『錯乱のニューヨーク』、レム・コールハース著、鈴木圭介訳、筑摩書房、1995年

Koolhaas, R. et al., *S,M,L,XL*（1995）, Monacelli Press, 1998.／『S,M,L,XL+：現代都市をめぐるエッセイ』、レム・コールハース著、太田佳代子・渡辺佐智江 訳、筑摩書房、2015年

Rossi, A., *The Architecture of the City*（1966）, MIT Press, 1982.／『都市の建築*』、アルド・ロッシ著、大島哲蔵・福田晴虔 訳、大竜堂書店、1991年

Venturi, R., *Complexity and Contradiction in Architecture*（1966）, The Museum of Modern Art, 2002.／『建築の多様性と対立性』、R. ヴェンチューリ著、伊藤公文訳、鹿島出版会、1982年

Venturi, R., Scott Brown, D., and Izenour, S., *Learning from Las Vegas*（1972）, MIT Press, 1977／『ラスベガス』、R. ヴェンチューリ著、スコット・ブラウン D. 著、S. アイゼンナワー著、石井和紘・伊藤公文訳、鹿島出版会、1978年

用語集

A-Z

Gesamtkunstwerk（全体芸術）／Gesamtkunstwerk
「全体芸術」と訳されるドイツ語の用語で、建築や絵画、彫刻といったさまざまな芸術をひとまとめにした作品を指す。ドイツの作曲家リヒャルト・ワーグナーによって19世紀半ばに広められたが、懐古主義的に多くのバロック期の作品が取り入れられていた。

##

アーキトレーヴ／Architrave
エンタブレチュアの最下部で、その下の柱頭に直接載る大きな梁材。

アーケード／Arcade
円柱やピア上に載る連続するアーチ。壁面につけられているときは「ブラインド・アーケード」と呼ばれる。

アーチブレース（方杖）／Arched brace
屋根のトラス構造において、垂直材と横架材の間を支える曲線状のブレース材。

アーチ窓／Round-headed window
まぐさがアーチ状の窓。

アイキャッチャー／Eye-catcher
風景式庭園に置かれる建物や構造物で、視線を集めたり美観を強調したりする。神殿や橋、モニュメント性の高い円柱などが用いられるのが一般的で、ほとんどはフォリー（実用性のない建造物）である。

アカンサス／Acanthus
アカンサスという植物の葉をモチーフにして形式化した装飾。コリント式とコンポジット式のオーダーの柱頭部に欠かせない要素であるほか、独立した装飾や、モールディングの構成要素としても用いられる。

アクロテリオン／Acroteria
一般的にウルンと呼ばれる装飾的なつぼ、パルメット、もしくは立像をモチーフとした彫刻で、ペディメント頂部のペデスタルという平らな台座に設置される。同じものがペディメントの頂部ではなく隅部に取り付けられる場合は「アクロテリア・アングラー」と呼ばれる。

浅浮き彫り／Bas relief
レリーフ（Relief）を参照。

アティック（屋根裏）／Attic
屋根の直下にある部屋。古典的な建物では主要なエンタブレチュアの上にある階を指す。一部のドーム建築では、ドームをより高く持ち上げるために、円筒形をしたドラムに重ねて載せられた円筒形部分を指すこともある。

アプス／Apse
大聖堂や教会堂において、内陣だけでなく、そのほかのあらゆる部分の窪んだ部分を指す。半円形をしていることが多い。

アラベスク／Arabesque
葉形や渦巻きなど、神話上の人間以外の生き物をかたどった装飾文様。アラベスクは「アラビア風」を意味するフランス語であるが、その名の通りイスラム様式の装飾に由来する。

アルター（祭壇）／Altar
大聖堂や教会堂において東端に位置するサンクチュアリ（聖域）に置かれる構造物や台で、最後の晩餐に由来する聖餐式の儀式が執り行われる場所。通常、プロテスタントの教会堂では、聖餐式の準備の際に固定された祭壇ではなく台が用いられる。主祭壇（the high altar）は大聖堂や教会堂の主となる祭壇で、東端に置かれる。

アルターピース／Altarpiece 大聖堂や教会堂において、アルターの背面に置かれる絵画や彫刻。

##

イオニア式オーダー／Ionic order
古典建築のオーダー（Classical orders）を参照．

石落とし（マチコレーション）／Machicolations
銃眼胸壁を支える受け材間の床に穿たれた穴。要塞では防御の際に下にいる攻撃者に向けて物や液体を落とす目的があったが、後に装飾として用いられるようになった。

慰霊碑／Cenotaph
どこに埋葬されているかわからない人を偲んで建立される記念碑。戦争、特に第一次世界大戦の戦没者を追悼するものが多い。

う

ウェブ／Web
リブ・ヴォールトにおいて、リブとリブの間を埋める面。

ヴォリュート／Volute
螺旋形状をした渦巻き形の装飾で、イオニア式、コリント式とコンポジット式の柱頭によく見られる。形状を拡大させ、単独の装飾要素としてファサードに用いられることもある。

埋め込み／Recessed
窓やバルコニーに見られる壁面や構造体の中に引っ込んで埋め込まれている様子。

え

エスカレーター／Escalator
モーター駆動の一続きの踏み板で形成される動く階段状の設備。通常は屋内に設置されるが、屋外に取り付けられることもある。

エディキュール／Aedicule
壁面に組み込まれた小さな建物形状のフレームで、宗教建築において祭壇を示すために設置される。独特の芸術作品で目を引くほか、壁面に多様性を持たせる効果がある。

円形浮き彫り（メダリオン）／Medallion
円形もしくは楕円形の装飾的な飾り板で、人物や風景が彫られたり描かれたりしている。

エンタシス／Entasis
円柱の柱身の膨らみ。そのままでは窪んで見える柱身を、錯視によって完全にまっすぐに見せる効果がある。

エンタブレチュア／Entablature
柱頭より上部にある構造物で、アーキトレーヴ、フリーズ、コーニスで構成されたもの。

円柱、柱／Column
一般に、直立した円筒状の柱身のみ、もしくは柱礎、柱身、柱頭で構成される建築物の構成要素を指す。

お

凹形／Concave
曲面（線）状に引っ込む表面や形状。凸型の逆。

扇形ヴォールト／Fan vault
主だった支柱から広がる何本もの同形状のリブと、曲線で形成されるヴォールト。逆になった円錐形に扇形の模様が広がるように見える。トレーサリーで装飾されることが多いが、隣り合ったヴォールトとの接点に吊り飾りが取り付けられることもある。

横断リブ／Transverse rib
リブ・ヴォールトを横切ってかかる構造を担うリブ。壁

直交し、柱間を規定する。

大広間／Great hall
城の儀式や、管理上の中心となる空間で、食事や来客の応接にも用いられた。豊かに装飾され、紋章が設置されることも多かった。

屋上庭園、テラス／Roof garden or terrace
建物の屋根の上に整備された庭やテラス。地上にテラスを設置できないときにリフレッシュするための場所として活用できるだけでなく、下の階の温度調節にも役立つ。

屋上緑化／Green roof
屋根の一部または全部を植物（培土や給排水システムを含む）で覆うこと。

オジー・アーチ／Ogee arch
尖頭アーチの一種。アーチの両サイドの下方は外側に向かって凸形、逆に上方は凹形の曲線で構成されている。外側に向かって凸形の2つの曲線の中心点は、迫り元の高さのスパン内、もしくはその中心に位置する。一方、内側に向かって凹形になっている2つの曲線の中心点はアーチの高さよりも上に位置する。

落とし格子門／Portcullis
木製もしくは鋼製の格子状の門扉。城郭の門楼やバービカン（外防備）に設置され、滑車装置によってすばやく上げ下げできる。

オベリスク／Obelisk
頂部がピラミッド状に先細りした、幅が狭く背の高い矩形の構造物。エジプト建築に端を発し、古典建築に頻繁に用いられた。

オランジュリー／Orangery
サンルームや温室のような構造物で、寒冷地でも柑橘類の果物が栽培できるように18世紀から19世紀の大邸宅や屋敷に設置された。

##

カーテンウォール／Curtain wall
城郭建築においては、城内を囲む主要化された壁のこと。もっと一般的には、建物を覆う壁のうち、荷重を負担せず、構造に取り付けられるが、自立したものを指す。その素材は、レンガ、石材、木材、スタッコ（化粧漆喰）、鋼材などさまざまである。現代建築では、建物の内部深くまで日光を取り込むことができるガラスが最もよく使われる。

外郭（アウターウォード）／Outer ward
「ベイリー」とも呼ばれる。城郭内の防備された一画で領主の家族が暮らす場所。馬小屋、作業場、時には兵舎も置かれた。

階上廊（ギャラリー）／Gallery
中世の大聖堂において、大アーケードの上、クリアストーリーの下に挟まれた部分の層を指す。通常は、真下に側廊がある階上廊空間の背面には奥行きの浅いアーチがある。この層にブラインド・アーケードが設置されることも多い。

ときは「トリフォリウム」と呼ばれる。

凱旋門／Triumphal arch
中央にアーチ形の入口、その両脇に小さな開口部をもつ古代の門型。古代には独立した構造物として用いられ、ルネサンスに再興した後はさまざまな構造物にモチーフとして取り入れられた。

開放的な間取り（オープンプラン）／Open plan
壁やパーティションによる間仕切りがほとんどないか、まったくない内部空間。

笠石、笠木／Coping
バラストレード（手摺、柵）、切り妻、ペディメント、壁の上に通常は張り出して設置されるレンガ積みや石積みによる頂部の層。外部では、雨水処理のために傾斜していることも多い。

カスプ／Cusp
トレーサリーにおいて、曲線もしくはフォイル（葉形飾り）でできたアーチ形状の内側にある、湾曲した三角形の窪み部分。

カプリッチョ／Capriccio
18世紀に流行した絵画で、建築物や、多くの場合は遺跡の風景を、フィクションや空想と組み合わせて描いたもの。

ガラスのカーテンウォール／Glass curtain wall
カーテンウォール（Curtain wall）を参照。

カリアティード（女人像柱）／Caryatid
極めて優美な女性の彫像で、エンタブラチュアを支える円柱やピアとして代わりに置かれる。

き

キーストーン（要石）／Keystone
アーチ頂部の中央にはめられたくさび形の部材。ほかのすべての迫石を定位置に固定する働きを持つ

キープ（天守、本丸）／Keep or donjon
城郭の中心となる巨大な塔で、堀で囲まれた「モット」と呼ばれる高い土塁の上に建つこともある。城郭の中で最も固い防御が敷かれた場所であり、領主が居住する施設のほか大広間や礼拝堂を内部に持つこともあり、離されて置かれた。

擬周柱式（プセウドペリプテロス）／Pseudoperipteral
古典的な神殿のうち、両側が自立した円柱ではなく、見掛柱や付柱が割り付けられたもの。

基礎構造物／Base-structure
建物が載る部分、もしくはそこから建物が見え始める部分。

擬二重周廊式（プセウドディプテロス）／Pseudodipteral
古典的な神殿の形式のうち、プロナオスに2列の自立した円柱が並び、両側面と後方には1列の柱廊があるもの。ナオスにある見掛柱や付柱によって全体は調和している。

キャンチレバー（片持ち梁）／Cantilever
片持ち梁など、一方の端だけで支えられている梁、台、その他の構造、階段など。

切石積み／Ashlar
表面が平らな矩形の石材を高い精度で積み上げ、ほぼ平滑な壁面をつくる石積みの方法。

ギリシャ十字形プラン／Greek cross plan
長さの等しい4つの翼廊で囲まれた交差部を持つ、教会堂の平面形状。

切妻、破風／Gable
切妻屋根の端部で、通常は三角形をした壁。

切妻屋根／Pitched or gabled roof
1本の棟の両側に傾斜面がつき、その両端部に切妻を備えた屋根。「傾斜屋根（pitched roof）」が傾斜面をもつ屋根全般（勾配屋根）を指すこともある。

く

クーポラ／Cupola
通常、円形もしくは八角形の平面を持つ、小規模なドーム状の構造物。ドームや大屋根の頂部に載ることが多いが、物見台として使用されることもある。クーポラの下にある空間に光を取り込むために大部分にガラスが用いられており、そのために「ランタン」とも呼ばれる。

クオイン（隅石）／Quoins
建物の隅部に配される石。多くの場合は粗い表面仕上げの大きめの石で構成され、ほかの部分とは異なる素材が使用されることもある

グランド・ツアー／Grand Tour
主に貴族階級の若者や、芸術家、建築家によるヨーロッパ、特にイタリアへの周遊旅行。18世紀に教養の一環として盛んになった。

クリアストーリー（高窓、明層）／Clerestory
大聖堂や教会堂内において身廊、翼廊、内陣の上につくられる階層。窓の外に側廊の屋根が見えることが多い。

クロケット／Crockets
葉を模した渦巻き状の浮き彫り模様。

グロテスク／Grotesquery
アラベスクのように複雑な装飾模様の1つだが、グロテスクは人間の姿を含むという違いがある。洞窟（grotto）から発掘された古代ローマの装飾形態の再発見に影響を受けている。

け

ケラ／Cella
古代の神殿の中心部にある部屋で、通常は神像が置かれていた。パルテノン神殿のケラは、ずっと失われたままの黄金の女神アテネ像が収納されていたことで有名である。

用語集

こ

壕／Moat
城郭を取り囲む防御用の溝もしくは大きな堀。側面は急勾配で水が張られることもある。

交差ヴォールト／Groin vault
2つの筒型ヴォールトが直交する交点によって構成されるヴォールト。交差するヴォールト間のアーチ形状の端部が英語では「穹稜(groin)」と呼ばれる形状のため「groin vault(交差ヴォールト)」と名付けられた。

交差部／Crossing
大聖堂や教会堂において、身廊と翼廊、内陣の交差した部分の空間。

交差リブ／Diagonal rib
リブ・ヴォールトの対角線上を結び、構造上の役割を担うリブ。

格間（コッファー）／Coffering
「ラクナリア」と呼ばれる、桟に囲まれた部分が窪んだ格子の矩形パネルを用いて表面を覆う装飾。ドームの内側によく用いられる。

コーナーパヴィリオン／Coner pavilion
ある範囲の端部であることを、建物本体とは不連続な形状や異なる大きさ（通常は大きい）で示す構造物。

コーニス／Cornice
古典建築のエンタブレチュア最上部の、下層部より張り出した部分。同じ用語が壁面、特に屋根面と接する箇所から張り出した水平方向に連続するモールディングや、開口部の枠の頂部を覆う張り出したモールディングにも用いられる。

コーベル（持送り）／Corbel
壁面から突き出して、上部の構造物を支えるブラケット（腕木）。複数のコーベルが重なり一体となって上部のものを支えるときは「コーベリング」と呼ばれる。

古代ギリシャのドリス式オーダー／Greek Doric order
古典建築のオーダー（Classical orders）を参照。

古代ローマのドリス式オーダー／Roman Doric order
古典建築のオーダー（Classical orders）を参照。

古典建築のオーダー／Classical orders
オーダーは、古典建築にとって欠かせない構成要素で、柱礎、柱身、柱頭、エンタブレチュアから構成される。「トスカナ式」「ドリス式」「イオニア式」「コリント式」「コンポジット式」の5種類があり、それぞれに大きさやプロポーションはさまざまである。トスカナ式は古代ローマのオーダーであり、最も単純かつ巨大である。ドリス式は大きく2つに分かれ、古代ギリシャのドリス式は柱身にフルーティングと呼ばれる縦溝が施され、柱礎を持たない。古代ローマのドリス式の柱身はフルーティングが施されている場合もあり、いない場合があり、柱礎の上に載る。イオニア式は古代ギリシャで生まれたがもっぱらローマ建築で使用された。ヴォリュート（渦巻状）の柱頭が特徴であり、柱身にフルーティングが施されることが 多い。コリント式は柱頭がアカンサスの葉で装飾される。コンポジット式は、イオニア式のヴォリュートとコリント式のアカンサスの葉が組み合わされたローマ建築の様式である。

コリント式オーダー／Corinthian order
古典建築のオーダー（Classical orders）を参照。

コロネード（列柱、柱廊）／Colonnade
エンタブレチュアを支える円柱の連なり。それによってできる廊下を指すこともある。

コンポジット式オーダー／Composite order
古典建築のオーダー（Classical orders）を参照。

さ

柵、手摺／Railing
空間や台、階段を一部囲うために用いられるフェンス状の構造物。手摺子を支える垂直部材は装飾的に扱われることが多い。

サロン／Salon
大きな邸宅の第一の饗応のための部屋で、18世紀に文化や哲学、政治に関する理想を語り合う場として重要とされた。

サンクチュアリ／Sanctuary
内陣内の主聖餐台の置かれる部分で、大聖堂や教会堂の最も神聖な場所。

三連の入口／Tripartite portal
3つの入口で構成される巨大かつ精巧な正面入口。中世の大聖堂や教会堂の西端部に見られることが多い。翼廊の腕部に面していることもある。

し

シェブロン／Chevron
V字型の反復模様で構成されるモールディングや装飾モチーフ。中世建築に多く見られる。

ジオデシック・ドーム／Geodesic dome
球体の一部もしくは球形全体の形状をした構造物で、三角形の鋼材フレームを構成してつくられている。

時代精神／Zeitgeist
もともとは「ある時代の精神」という意味を持つドイツ語「Zeitgeist」であり、ドイツの理想主義の哲学者G.W.F.ヘーゲルに関連して用いられることが多い。

下塗り／Render
セメントを加えた漆喰。セメントプラスターは最も耐水性が高く、外壁の下塗りに多く使用される。近年ではアクリル製の添加剤でさらに耐水性を高めたり、カラーバリエーションを備えたりしたものもある。

漆喰／Lime plaster
歴史的に最も一般的に用いられてきたプラスターの一種で、砂、石灰、水から生成される。強度を高めるために、動物性の繊維が加えられることもある。漆喰はフレ スコ画に用いられる。

シノワズリ(中国趣味)／Chinoiserie
中国の形態、モチーフ、時には技術を取り入れた西洋の装飾様式で、18世紀に流行した。

四分ヴォールト／Quadripartite vault
柱間ごとに2本の対角線リブで四分割されたヴォールト。

ジャイアント・オーダー（ジャイアント・コラム、通し柱とも）／Giant order (or giant column)
2つ以上の階層にまたがる柱。

銃眼胸壁／Crenellations
壁面上に「歯形」の突出が一定の隙間をあけて並ぶ形状。突き出した面を「凸壁(merlons)」、その間の部分を「狭間、銃眼(crenels)」と呼ぶ。もともとは城郭や市壁といった防御用構造物のためのものだったが、後に装飾として用いられた。

周歩廊／Ambulatory
大聖堂や教会堂においてアルターの背面に設けられる通路で、内陣の側廊とつながっていることも多い。

正面、装飾壁／Frontispiece
建物の主となるファサード。

鐘楼／Campanile
独立して建つ鐘楼。大聖堂や教会堂に隣接する。

身廊／Nave
大聖堂や教会堂の主となる部分。西端から交差部、もしくは翼廊のない場合は内陣までの範囲をいう。

す

スクロール／Scroll
ロールモールディングに似た、張り出したモールディング。ただし、2つの曲線から構成され、上側の曲線が下側の曲線よりも突き出しているという独自の特徴を持つ。

スタッコ(化粧漆喰)／Stucco
建物外壁の下塗りで使用される漆喰が硬質化したもの。レンガ造の建物の構造体を隠すために表面仕上げとして用いられることもある。近頃のスタッコ(化粧漆喰)はセメントモルタルの一種であることが多い。

ストリングコース(胴蛇腹)／String course
壁沿いを伝う水平の細いモールディングの帯。円柱をまたいで連続しているときは「シャフトリング」と呼ばれる。

スパン／Span
追加的な支持なしにアーチや梁がわたる延べの距離。

スパンドレル／Spandrel
アーチ曲線の外側にある三角形状の部分で、アーチ曲線とアーチ上部にある（ストリングコースのような）水平ライン、そして隣接するアーチ曲線または垂直に延びたモールディングや円柱、壁に囲まれた部分。

用語集

スペースフレーム／Space frame
三次元トラスのような構造的な骨組で、直線上の構成部材が幾何学的なパターンをつくり、それが連なることでつくられる。強度が高く、軽量なため、わずかな支持で大スパンの空間を実現するのに多く用いられている。

スポリア／Spolia
既存の、もしくは遺跡の建築物からとった部分を新しい建物に再利用、もしくは流用すること。

せ

聖歌隊席（クワイヤ）／Choir
大聖堂や教会堂内にある、聖職者や、大聖堂や教会堂の付属合唱隊である聖歌隊が、礼拝などの間に使うために仕切られた部分。通常は内陣にある。内陣そのものをクワイヤと呼ぶ場合もある。

聖具室／Sacristy
大聖堂や教会堂において、法衣やそのほかの礼拝の際に用いる聖具を保管しておく部屋。大聖堂や教会堂の内陣に位置する場合も、別棟で脇に位置する場合もある。

セグメンタルペディメント／Segmental pediment
三角形のペディメントと似ているが、三角形部分が勾配の緩い曲線形状であるのが特徴のペディメント。

迫り石／Voussoir
くさび形のブロックで、通常はアーチの曲線形状をつくる石積みに用いられる。キーストーン（要石）も迫り元石も迫り石の1つである。

迫り高／Rise
アーチの迫元からキーストーンの下端までの高さ。

迫り元／Impost
通常は水平の帯状に見える部材であり、迫り元の上に迫石が据えられ、そこからアーチが始まる。

迫り元石（スプリンガー）／Springer
アーチの中の最下部に位置する迫り石で、垂線からアーチの曲線が「始まる」起点に置かれる。

尖頂／Spire
先が細くなった三角形や円錐形の構造物で、教会堂やほかの中世の建物の頂部に置かれたもの。

そ

双曲放物面のアーチ／Hyperbolic parabolic arch
理想化された吊り下がり形状を反転させた曲線を持つアーチ。

側廊／Aisle
大聖堂や教会堂内において、メインアーケード背面の身廊の両脇に設けられた空間。

ソロモンの柱／Solomonic column
柱身がねじれた螺旋状の円柱。エルサレムのソロモン神殿に由来するとされる。そこに載る柱頭の種類はさまざまである。あまりに装飾的なため、建築にはまとめて使用されず、家具に用いられている。

た

ダクト／Duct
建築設備の一部で、ケーブルやガス、液体が通る管状の構造物。

縦枠（ジャム）／Jamb
窓枠の垂直部分。

縦枠（ポスト）／Post
戸枠の垂直部材。

タマネギ型ドーム／Onion dome
球根状の、タマネギに似た形をしたドーム。頂部に一点に収束しており、断面はオジー・アーチに類似する。

タレット／Turret
尖塔と似ているが別の構造物で、壁の隅部や建物の屋根から突出する小さな塔。

短剣／Dagger
トレーサリーの一部を構成する、短剣の形状をした要素。

ち

地階／Basement
地上階の下にある階。古典建築では地階が主階（ピアノ・ノービレ）の下に設けられ、プリンスやペデスタルと同じ高さに位置する。

チャハトリ／Chhatri
インド建築に特徴的な上部にドームが載る開放的な別棟の建造物。

柱身／Shaft
円柱の柱礎と柱頭の間にある細長い部分。

柱礎／Base
ペデスタルやプリンスの上に載る円柱の最下部。

柱頭、キャピタル／Capital
円柱の最上部にある、広がった装飾のある部分で、その上にはエンタブレチュアが載る。

中二階（メザニン）／Mezzanine
2つの主要階の間に設置された中間階。古典主義建築では、ピアノ・ノービレ（主階）とアティック（屋根裏）の間の階を指す。

直線構成／Rectilinear
垂直、水平方向の直線要素だけで構成された建築、ファサード、あるいは窓。

つ

筒型ヴォールト／Barrel vault
トンネル・ヴォールトとも呼ばれる、最も単純な種類のヴォールト。半円単アーチを軸に沿って押し出すことで、半円筒状の形態がつくられる。

て

テッセラ／Tessera
モザイクをつくる時に用いられる、ガラスや石の小さな色付きタイル。

出窓（オリエル窓）／Oriel window
2階またはそれ以上の階に設置される突き出た窓。ただし、1階には設置されない。

出窓／Projecting window
壁面から張り出した窓。

と

塔／Tower
教会堂の交差部もしくは西端から突出する、細くて高い構造物。また一般的に、建物に付属する場合もあれば、独立した構造物として自立している場合もある。

同心形状（コンセントリック）／Concentric
同じ中心を持ち、1つの形状の中に順に小さいものが入っていく（入れ子状の）一連の形状。

トスカナ式オーダー／Tuscan order
古典建築のオーダー（Classical orders）を参照。

凸型／Convex
円や球の外形の一部のように曲面（線）状に張り出している表面や形状。凹形の逆。

トピアリー／Topiary
植え込みや樹木を刈り込んで装飾的な形状にしたもの。

ドーム／Dome
ヴォールトの中心軸に沿って360度回転させてできた形状で、通常は半球状の構造物。

トラス／Truss
屋根のような、1つ以上の三角形のユニットがロングスパンで架けられ、荷重を支える直線部材と組み合わさった構造的な骨組。木材や鋼材の部材が用いられることが多い。

ドラム／Drum
ドームを載せる土台部分の構造物を指し、通常は円筒形で列柱を備えることもある。「タンブール」とも呼ばれる。

トランスファー梁／Transfer beam
荷重を鉛直部材に伝えるための水平部材。

トリグラフ／Triglyph
ドリス式のフリーズにおいて、縦溝の入った矩形ブロック。3本の縦溝が特徴。

ドリス式オーダー／Doric order
古典建築のオーダー（Classical orders）を参照。

用語集

トリフォリウム／Triforium
ゴシックの大聖堂において、ギャラリーの高さに加えられるブラインド・アーケード。

トレーサリー／Tracery
石細工の細い桟をガラス板の間に組み込み、装飾的な文様や造形的な描写をつくりだしたもの。バー・トレーサリー、プレート・トレーサリー参照。

トンネル・ヴォールト／Tunnel vault
筒形ヴォールトとも呼ばれる、最も単純なタイプのヴォールト。半円を軸に沿って押し出し、半円筒形をつくったもの。

な

内陣（チャンセル）／Chancel
大聖堂や教会堂の交差部よりも東側の部分で、祭壇、サンクチュアリ、時には聖歌隊席が置かれる部分。大聖堂や教会堂のほかの部分よりも一段高くされることも多く、衝立や柵で仕切られている。

ナオス／Naos
古代神殿において、ペリスターシスに囲まれた神殿の中心部分。複数の区画にわけられていることが多い。

波形／Corrugated
凹凸が交互に滑らかに連なる表面や構造物。

波形／Undulating
凸形と凹形の曲線が交互に滑らかにつながり、波のような形状をつくりだしている建築物。

に

ニッチ／Niche
壁面に設けられたアーチ型の窪み。立像を据えたり、単に壁面に変化をつけたりする目的で設けられる。

の

軒／Eave
屋根の一部で、壁の上に張り出した部分。

は

バー・トレーサリー／Bar tracery
バーでつくられた、非常に造形的なタイプのトレーサリー。バーは細い石材でつくられた桟のことで、窓ガラスの間に入れられてトレーサリーの模様を形成する。

バービカン（外防備）／Barbican
城郭の門楼のさらに前を固める防御線。攻撃者を閉じ込め、上から飛び道具で砲撃できるように設計されていることも多い。また、都市を囲む市壁の、主要な防御の外側に置かれる前哨基地を指すこともある。

拝廊（ナルテクス）／Narthex
大聖堂や教会堂の最も西側の部分。教会堂の正式な一部分とは見なされないこともある。

バシリカ／Basilica
長い矩形の建物で、両脇に列柱（アーケードのこともある）があり、中央のホールと両側の側廊の空間を分けている。古代ローマでは、公的な会議や法廷としても使用された。4世紀にキリスト教に取り入れられ、多くの初期の教会堂がこの形式を用いている。

バスケットキャピタル／Basket capital
枝編み細工のような彫刻が施された柱頭で、通常はビザンティン建築に見られる。

八柱式／Octastyle
神殿の形式のうち、正面が8本の円柱（もしくはピラスター（付柱））で構成されるもの。

バットレス（控え壁）／Buttress
壁を側面から支持する石積みやレンガ造の構造物。大聖堂によく見られる「フライング・バットレス」はハーフ・アーチで構成され、身廊の高いヴォールトや屋根の広がろうとする推力を逃がすのを助ける。「アングル・バットレス」は隅部で用いられ、特に塔でよく見られる。直交して隣り合う二枚の壁面にそれぞれ直交するように設置される2つのバットレスで構成される。2つのバットレスの側面が隅部で交わらないときは「セットバック・バットレス」、アングル・バットレスを構成する2つのバットレスが隅部を包むように一体となっているときは「クラスピング・バットレス」、直交する二枚の壁面が交わる隅部に単独で取り付くものを「対角線バットレス」という。

馬蹄形アーチ／Horseshoe arch
馬蹄形の曲線を持つアーチで、迫り元よりもハンチの部分の方がアーチ幅が広がった形状をしている。イスラム建築を象徴する造形である。

跳ね橋／Drawbridge
城壁などの周りの堀にかかる上げ下げ可能な橋梁。通常は木造で、重りなどで平衡をはかる機構（カウンターウエイト）が用いられることが多かった。

パネル／Panel
建物表面の矩形の出っ張りもしくは窪み。

バラスター（手摺子）／Baluster
通常は石の構造物で、一列に並んで手摺の笠木を支えたり、バラストレードを形成したりする。

バラストレード（手摺、柵）／Balustrade
柵や手摺の笠木を支えるバラスターなど、一連の手摺の造作。

パラディオ式窓（ヴェネツィア窓、セルリオ窓としても知られる）／Palladian window (also known as a Venetian or Serlian window)
細い3つの部分で構成される窓で、上部がアーチ型の開口が中央に置かれ、その両端に上部が平坦な開口がつく。特に主要な例は、オーダーや装飾的なキーストーンと関連付けられているのが特徴的である。

薔薇窓／Rose window
無数の花びらを持つ薔薇の形をした、極めて複雑なトレーサリーで縁取られることが多い円形の窓。

バルコネット／Balconette
2階以上に位置する窓の下部を囲む鋳鉄製の手摺。石の装飾欄干を指すこともある。

バルダッキーノ（天蓋）／Baldacchino
大聖堂や教会堂において、独立して置かれる儀式用の天蓋。通常は木でつくられた布が掛けられている。

パルメット／Palmette
扇形のシュロの葉の形状をモチーフとした装飾。アンテミニオンと呼ばれる装飾とよく似ているが、パルメットはアンテミニオンとは違い葉が外側を向いている。

半円アーチ／Semicircular arch
中心点が1つで、迫り高が幅の半分という半円形の形状をしたアーチ。

ハンチ／Haunch
迫り元とキーストーン（要石）の間の曲線状の部分。

ハンマービーム／Hammer beam
屋根トラスの構成材のうち、アーチブレース（アーチ型方杖）によって支持され、ハンマーポストを支える、壁面から垂直に突き出した小梁。

ハンマービームルーフ／Hammer-beam roof
つなぎ梁が分断され、壁面から小さく垂直に突き出したハンマービームによって構成されるトラス構造の屋根。ハンマービームは、通常アーチブレースによって支持されて、ハンマーポストを支える。

ハンマーポスト／Hammer post
屋根トラスにおいて、ハンマービームによって支持された垂直の束。

ひ

ピア／Pier
鉛直荷重の支持材として働く直立した（まれに傾いている）構造用部材。

ピアノノビーレ（主階）／Piano nobile
古典的な建物の主要階。

引き戸／Sliding door
戸板の面と平行に敷かれた溝に設置される扉。戸板を溝に沿って滑らせると、それが壁や開口部と隣接した面に重なって戸が開く。壁の中に扉が収まる場合もある。

庇／Canopy
雨や日射を遮るために、建物から突き出した水平もしくはやや傾斜した部分。

菱形模様／Diaper
格子が連続して形成される装飾パターン。

ヒッポドローム／Hippodrome
古代ギリシャや古代ローマの、馬や馬車の競走のための競技場。

ピナクル（小尖塔）／Pinnacle
空に向かって伸びる頂点に向かって収束していく細長い三角形。唐草模様で装飾されることもある。

ピラスター（付柱）／Pilaster
壁面からわずかに出っ張った平坦な柱形。装飾用の柱形のため、荷重は負担しない。

ピロティ／Piloti
ピアや柱によって建物の地上階を2階以上の高さまで持ち上げ、その下を往来や収納のための空間として開放したもの。

ふ

フォイル（葉形装飾）／Foil
トレーサリーの、2つのカスプの間の曲線状の空間。葉の形状をモチーフとしているときがある。

フォルム（公共広場）／Forum
古代ローマの都市の中心にある公共の広場。市場として使用されることも多かった。

縁／Surround
開口部の枠を示す一般的な用語。装飾されていることが多い。

フライング・バットレス／Flying buttress
バットレス（Buttress）を参照。

ブラインド・アーチ／Blind arch
壁面や建物の表層にはめ込まれた開口のないアーチ。「ブラインド・アーケード（blind arcade）」については「アーケード（Arcade）」を参照。

フリーズ／Frieze
アーキトレーヴとコーニスに挟まれたエンタブレチュアの中間にあたる部分で、レリーフ（浮き彫り）で装飾されることが多い。壁沿いに廻る水平方向に連続した帯状のレリーフを指すこともある。

ブリーズ・ソレイユ／Brise-soleil
ガラスのカーテンウォール（カーテンウォールではない場合もあるが）の外側に取り付けられ、日影をつくり、太陽光の入射を抑えるもの。

プリンス／Plinth
円柱の柱礎の最下部。

フルーティング（縦溝）／Flute
円柱の柱身に施された垂直方向の溝。

プレート・トレーサリー／Plate tracery
トレーサリーの基本形で、何層にも重なった石材から模様が切り込まれたり、くり抜かれたように見えるもの。

ブロークン・ペディメント／Broken pediment
頂部が断絶したペディメント。水平梁の中央が断絶したものをオープン・ペディメントという。ブロークン・ペディメントとオープン・ペディメントは、逆に使用されることもある。

プロナオス／Pronaos
古典的な神殿における、ナオスの一端につくられたポーチのような空間。ケラの壁を両脇に延長し、その壁の間に円柱が1対置かれて形成される。

へ

ベイ・ウィンドウ（出窓）／Bay window
建物から開口部が突き出ている窓のことで、1階から上階、もしくはそれ以上まで伸びていることもある。突き出た部分が矩形なことが多い。類似したものにボウ・ウィンドウ（bow window、張り出し窓）があり、こちらは張り出し部が弧を描く。

ベーリー／Bailey
外郭（Outer ward）を参照。

ペディメント／Pediment
緩勾配の三角形の形状をした切妻の端部。古代の神殿では正面における重要な要素だった。その他の開口部上にも用いられるが、その場合は必ずしも三角形とは限らない。

ペリスターシス／Peristasis
古典的な神殿において、神殿を取り囲む1重もしくは2重の列柱で、構造用の支持材としても機能する。「ペリスタイル」とも呼ばれる。

ペリプテロス（周柱式）／Peripteral
四方を柱廊で囲まれた古典的な神殿。

ペンデンティヴ／Pendentive
ドームとそれを支持するアーチとの交差部によって形成される、球面状の三角形部分。

ほ

ボウ・ウィンドウ／Bow window
縦長の同じ形状の窓が3つ以上並ぶ出窓。

放射状リブ・ヴォールト／Tierceron vault
主となる支柱から伸び、横断リブや棟リブに接続する付加的なリブのあるヴォールト。

放射線状のヴォールト／Parabolic vault
放射線を描く形状のヴォールト。鉄筋コンクリートでつくられることが多い。

ボールフラワー（玉形花飾り）／Ball flower
球形状の花の装飾。包み込むような鉢状の三弁の花に挿入された球が、花びらの隙間から見える。

星形ヴォールト／Lierne vault
付加的なリブが支柱から伸びるのではなく、近接する放射状リブや対角線リブ、横断リブの間に配置されるヴォールト。

ポルティコ（柱廊玄関）／Portico
建物の主要部から拡張されたポーチで、通常は神殿の正面にあるペディメントを頂部に載せた柱廊。

ま

まぐさ／Lintel
窓や扉の上に載る水平方向の支持材。

まぐさ式構造／Trabeated
一連の垂直の支柱と水平方向のトランスファー梁で構成される構造。

窓敷居／Sill
窓枠最下部の水平部分。

窓の開口部／Light
1枚もしくは2枚以上のガラスが設置された窓の開口部分。

マリオン（方立）／Mullion
開口部を垂直方向に分割する桟や部材。

マンサード屋根／Mansard roof
二段勾配を持つ屋根で、通常下方の勾配がより強くなっている。ドーマー窓が設けられることが多く、また端部は寄棟になっている。フランスの屋根の典型的なデザインであり、最初の考案者であるフランス人建築家フランソワ・マンサール（1598〜1666年）に因んで名付けられた。屋根の端部が寄棟ではなく切妻の場合は、厳密には「腰折れ屋根」と呼ばれる。

む

ムカルナス／Muqarnas
ムーア建築やほかのイスラム建築に見られる鍾乳石状の装飾で、高い天井の下面の装飾に用いられる。

ムシェット／Mouchette
滴形をしたトレーサリーの構成要素。

無目／Transom
開口部やカーテンウォールのパネルを分断する水平の桟もしくは部材。

め

メトープ／Metope
ドリス式のフリーズにおいてトリグラフの間にある壁面。装飾が施されることも多い。

も

モザイク／Mosaic
「テッセラ」と呼ばれる小さなガラスや石の色付きタイルを並べて抽象的な模様や具象的な場面を描いたもの。テッセラはモルタルや注入用のグラウト剤で固定される。モザイクは、壁面および床面の両方に用いられる装飾である。

門楼／Gatehouse
城郭への入口を守るための要塞状の構造物や塔。城郭の防御の弱点になる可能性があるため、通常は堅固につくられ、跳ね橋や落とし格子門が設けられることも多かった。

よ

翼廊／Transepts
ラテン十字形のプラン（1本の腕がほかの3つより長い十字形）では、翼廊は身廊の東端を交差する。ギリシャ十字形のプランでは、大聖堂や教会堂の中心から4方に伸びた腕を指す。

ら

ラッフルリーフ／Raffle leaf
ぎざぎざの葉が渦巻いたような形状の装飾。ロココでよく見られる。

ランセット窓（尖頭窓）／Lancet window
背が高くて幅の狭い、頂部が尖った形状の窓で、3つで1組にされることが多い。ランセット（刃針）に形状が似ていることから名付けられた。

ランタン（頂塔）／Lantern
クーポラ（Cupola）を参照。

り

陸橋、高架橋／Viaduct
橋梁のような持ち上げられた構造物。通常小さなスパンのアーチを複数用いて、道路や鉄道を渓谷や河川の上に渡す。

リブ／Rib
石積みやレンガ積みでつくられる細長いライン状の突出部。ヴォールトやドームの支持材としても機能する。

リブ・ヴォールト／Rib vault
交差ヴォールトとよく似ているが「groin」と呼ばれる交差部ではなく、リブがヴォールトの構造的な骨組みとなり、ウェブや充填材の支持材として働く。

リフト（昇降機）／Lift
エレベーターとしても知られるリフトは垂直移動用の装置のひとつで、簡単に言えば閉ざされた台が機械的な方法で上下するもの。滑車を用いたトラクション式と、油圧ピストンによる油圧式がある。建物中心のコア部に設置されることが多いが、屋外でも使用される。

リボン・ウィンドウ／Ribbon window
高さが等しく、マリオンだけで区切られた一連の窓で、建物に沿って水平方向に連続した帯やリボンのように見える形状をしている。折り畳み式の枠が使われている場合には、窓をレールに沿ってスライドさせたり、背中合わせに折り畳んだりすることができる。

稜堡／Bastion
城郭で、防御を補助するために城壁から突き出た構造物または塔。

る

ルスティカ／Rustication
近接した石材の接合部（目地）を強調してみせる石積みの手法。石材面の輪郭がいっそう強調されるような方法もある。

れ

レリーフ／Relief
平滑な面に彫刻が施され、型取られた形状がそこから浮き出ているもの。中には埋め込み状になっている例もある。浅浮き彫りは、彫刻された模様や形が面から浮き出ている高さが部材（面）の厚みの半分未満のものをいう。一方、高浮き彫りはその高さが部材厚さの半分以上のものを指す。中浮き彫りは、その中間のものである。沈み彫りでは、彫刻された模様や形は面から浮き出ることはなく、逆に窪んでいる。リリエーヴォ・スキアッチャート（Rilievo stiacciato）は極めて平坦なレリーフのことを指し、イタリアルネサンス期の彫刻に最もよく見られる。

ろ

ロール／Roll
断面形状が半円形の単純な凸型をしたモールディングで、半円より大きいこともある。中世建築に見られることが多い。この変形である「ロール・アンド・フィレットモールディング」は、1つのロールと1つか2つの平縁（フィレット）が組み合わさったモールディングである。

六分ヴォールト／Sexpartite vault
それぞれの柱間が2本の対角線リブと1本の横断リブで六分割されているヴォールト。

陸屋根／Flat roof
水平な屋根。ただし、排水を確保するためにわずかな傾斜が付けられていることが多い。屋根の皮膜には伝統的にタールや砂利が使われてきたが、近年ではそれに替わって合成皮膜が使われることが増えてきた。

ロッジア／Loggia
アーケードや柱廊の一面以上が部分的に囲われた、屋根のある開放的な空間。大きな建物の一部を構成する場合もあれば、独立して建てられる場合もある。

INDEX

イタリックで表記された数字は写真掲載ページを示す

AA スクール／Architectural Association 190
A.W.N. ピュージン／Pugin, A.W.N. 122, 124, *125*
G.E. ストリート／Street, G.E. *126*
G.G. ウィンボーン／Winbourne, G.G. *139*
HSBC 香港本店ビル、香港／Hong Kong, HSBC Main Building 190, *193*
J.J.P. アウト／Oud, J.J.P. 158, *161*, 162
J.M.W. ターナー／Turner, J.M.W. 114
M.H. ベイリー・スコット／Scott, M.H. Baillie *138*
OMA（オフィス・フォー・メトロポリタン・アーキテクチャー）／OMA (Office for Metropolitan Architecture) 212, *213*
OSA（現代建築家協会）／OSA group 170
SITE（サイト）／SITE *211*
WOHA／WOHA *210*
アーキグラム／Archigram 186, 190, *201*
アーツ・アンド・クラフト運動／Arts and Crafts movement 122, 136, *137*–9, 178
アーネスト・アーサー・ウィリアムズ／Williams, Ernest Arthur *146*
アーネスト・ネイサン・ロジャース／Rogers, Ernesto *199*
アーネスト・マイ／May, Ernst *161*
アール・デコ／Art Deco 144, *145*–7
アール・ヌーヴォー／Art Nouveau 140, *141*–3, *146*
アイヴァン・チャマイエフ／Chermayeff, Serge 154
アイザック・ニュートン記念堂／Newton, Sir Isaac, Cenotaph for 118, *119*
アイバー・スミス／Smith, Ivor 184
アインシュタイン塔、ポツダム／Potsdam, Einstein Tower 154, *156*, 157
アウグストゥスブルク城、ブリュール／Brühl, Augustusburg Palace *94*
アウグスト強王、ザクセン選帝侯／Augustus the Strong, Elector of Saxony 92
マクシミリアン・ロベスピエール／Robespierre, Maximilien 110
アクバル大帝／Akbar the Great, Emperor *129*
アズテック・ホテル、モンロビア、カリフォルニア／Aztec Hotel, Monrovia, California *130*
アゼ・ル・リドー城／Château d'Azay-le-Rideau *47*
アダルベルト・リベラ／Libera, Adalberto *196*
アテネ：アクロポリス／Athens: Acropolis 120
　アテナ・ニケ神殿／Temple of Athena Nike 6
　エレクテイオン神殿／Erechtheion 6, *107*
　パルテノン神殿／Parthenon 6, 8, *11*
　リシクラテス記念碑／Choragic Monument of Lysicrates *9*, 109
アドルフ・ヒトラー／Hitler, Adolf 174, 175, 177
アドルフ・ロース／Loos, Adolf 140, *143*, 166
アプタイベルク美術館、メンヒェングラートバッハ／Mönchengladbach, Städtisches Museum *201*
アミアン大聖堂／Amiens Cathedral 32, 33, 36
アメデ・オザンファン／Ozenfant, Amédée 148
アメリカ合衆国議会議事堂／Capitol Building *105*
アメン大神殿、カルナック／Karnak, Amun Temple *5*

アルヴァ・アアルト／Aalto, Alvar 166, *168*, 200
アルヴァロ・シザ／Siza, Álvaro 199, *218*
アルド・ファン・アイク／Eyck, Aldo van 204
アルド・ロッシ／Rossi, Aldo 216, *218*
アルトゥル・ショーペンハウアー／Schopenhauer, Arthur 118
アルネ・ヤコブセン／Jacobsen, Arne 166, *169*
アルビ大聖堂／Albi Cathedral *39*
アルベルト・シュペーア／Speer, Albert 174, *175*, 177
アルベルト・デ・チュリゲラ／Churriguera, Alberto de 80
アレキサンダー・ポープ／Pope, Alexander 101
アレクサンドル・ヴェスニン／Vesnin, Aleksandr 170, *171*, 172
アレクサンドル・ロトチェンコ／Rodchenko, Aleksandr 170
アレクセイ・シューセフ／Schushev, Alexei *175*
アンシー・ル・フラン城、バーガンディ／Château d'Ancy-le-Franc, Burgundy *63*
アンソニー・カロ／Caro, Anthony *207*
アンディ・ウォーホル／Warhol, Andy 200
安藤忠雄／Ando, Tadao *197*
アントニオ・ガウディ／Gaudí, Antoni 140, *142*
アントニオ・カノーヴァ／Canova, Antonio 112
アントニオ・ダ・サンガッロ（弟）／Sangallo, Antonio da the Younger *61*, 66
アンドリュー・エリコット／Ellicott, Andrew *105*
アンドレ・ル・ノートル／Le Nôtre, André 84, *85*, 86
アンドレア・デッラ・ロッビア／Robbia, Andrea della 54
アンドレア・パッラーディオ／Palladio, Andrea *68*, 70, 98–101, *102*, 216
アンドレア・ポッツォ／Pozzo, Andrea *75*
アントワーヌ=ドニ・ショーデ／Chaudet, Antoine-Denis 112
アントワーヌ・ペヴスナー／Pevsner, Antoine 170
アンピール様式／Empire Style 110, *111*–13
アンリ・ヴァン・デ・ヴェルデ／Velde, Henry van de 140
アンリ・ラブルースト／Labrouste, Henri *134*
イーリー大聖堂／Ely Cathedral *23*, 32, 38
イーレク・ムラ／Møller, Erik *169*
イヴリン・ウォー／Waugh, Evelyn 144
イエール大学アートギャラリー、ニューヘヴン／Yale University Art Gallery, New Haven 178, *180*
イエズス会／Jesuits 69
イギリス・バロック／English Baroque 70, 88, *89*–91, 183
イクティノス／Ictinus 8
イグナティ・ミリニス／Milinis, Ignatii *173*
イザムバード・キングダム・ブルネル／Brunel, Isambard Kingdom 120
イスタンブール（コンスタンティノープルを参照）／Istanbul see Constantinople
磯崎新／Isozaki, Arata 186, *189*
イタリア・バロック／Italian Baroque 72, *72*–5
イタリア合理主義（新合理主義）／Italian Rationalists 216

イタリア広場、ニューオーリンズ／New Orleans, Piazza d'Italia *203*
イタリア文明宮、エウロ地区／EUR, Palazzo della Civiltà Italiana *174*, 176
伊東豊雄／Ito, Toyo *209*, 213
イニゴー・ジョーンズ／Jones, Inigo 62, *65*, 90, 98
イマヌエル・カント／Kant, Immanuel 106, 118
イリノイ工科大学／Illinois Institute of Technology 182
イルマ、シンガポール／Singapore, Iluma *210*
インターナショナル・スタイル／International Style 162, *163*–5
ヴァルター・グロピウス／Gropius, Walter 148, 154, 158, *159*, 160, *161*,162
ヴァルター・ベンヤミン／Benjamin, Walter 177
ヴィース／Wies *92*
ウィーン／Vienna 76
　カールスキルヒェ／Karlskirche 76, *78*
　シェーンブルン宮殿／Schönbrunn Palace *94*
　ゼツェッション館／Secession Building *143*
　ベルヴェデーレ上宮／Upper Belvedere *77*
　郵便貯金局／Post Office Savings Bank 140
ウィーン・ゼツェッション（分離派）／Vienna Secession 140, 143
ヴィクトール・オルタ／Horta, Victor 140, *141*
ヴィクトル・ヴェスニン／Vesnin, Victor 170, *171*
ヴィッラ・アドリアーナ／Tivoli 12
ヴィラ・マダーマ／Villa Madama *60*
ウィトルウィウス／Vitruvius 52, 96, 122
ヴィラ・ロトンダ、ビチェンツァ／Villa Rotonda, Vicenza *98*
ウィリアム・アダム／Adam, William 102
ウィリアム・アンダース／Anders, William 208
ウィリアム・ヴァン・アレン／Van Alen, William *145*
ウィリアム・ウィルキンス／Wilkins, William *107*
ウィリアム・ケント／Kent, William 98, *100*
ウィリアム・タルマン／Talman, William 90
ウィリアム・バターフィールド／Butterfield, William *127*
ウィリアム・ル・バロン・ジェニー／Jenney, William Le Baron 150, *152*
ウィリアム・ヘンリー・バーロー／Barlow, William Henry *127*
ウィリアム・モリス／Morris, William 122, 136, 137
ウィリッツ邸、ハイランド・パーク、イリノイ州／Ward Willits House, Highland Park, Illinois 178
ヴィルヘルム・ラウリッツェン／Lauritzen, Vilhelm 168
ウェクスナー芸術センター、オハイオ大学／Wexner Center for the Visual Arts, University of Ohio *207*
ウェストミンスター寺院／Winchester Cathedral 36
ヴェネツィア／Venice 62
　ヴェネツィア・ゴシック建築／Gothic architecture 40, *41*–3
　カ・フォスカリ／Ca' Foscari *41*
　カ・ドロ／Ca d'Oro *41*
クェリーニ・スタンパーリア財団／Querini

216

INDEX

Stampalia Foundation 219
サン・マルコ寺院／St. Mark's Basilica 18, *43*, 111
サン・マルコの鐘楼／St. Mark's Campanile *42*
総督宮／Doge's Palace 40
パラッツォ・コンタリーニ・ファサン／Palazzo Contarini-Fasan 42
フラーリ／Frari 43
ヴェルサイユ宮殿／Versailles 70, 77, 84, *85*, *86*, 87
王妃の村里／Hameau de la Reine 116
ウェルズ大聖堂／Wells Cathedral 28
ヴェルテンブルク修道院、バイエルン／Weltenburg Abbey, Bavaria 77
ヴォー・ル・ヴィコント城／Vaux-le-Vicomte 84
ウォリス・ギルバート・アンド・パートナーズ／Wallis Gilbert and Partners 146
ウジェーヌ＝エマニュエル・ヴィオレ＝ル＝デュク／Viollet-le-Duc, Eugène-Emmanuel 122, 124, *125*, 126, 141
ヴフテマス／VKhUTEMAS 158, 170
ヴュルツブルクのレジデンツ／Würzburg, Residenz 93
ウンベルト・エーコ／Eco, Umberto 204
エイヘンハールト集合住宅、アムステルダム／Amsterdam, Eigen Haard housing 157
エーグ・モルトの城壁、ラ・カマルグ／Aigues-Mortes, Camargue *50*
エーリヒ・メンデルゾーン／Mendelsohn, Erich 154, *156*, 157, 162, *173*, 196
エギト・クヴィリン・アザム／Asam, Egid Quirin 76, *77*
エクアン城／Écouen 62
エクトール・ギマール／Guimard, Hector 140, *141*
エコール・デ・ボザール／École des Beaux-Arts 132
エコ建築／Eco-architecture 208, *209* − 11
エジプト建築／Egyptian architecture 6, 128, 130, 146
エスタディオ・ムニシパル・デ・ブラガ、ブラガ／Braga, Estádio Municipal de Braga 199
エティエンヌ＝ルイ・ブーレー／Boullée, Étienne-Louis 118, *119*
エドゥアルド・ソウト・デ・モウラ／Souto de Moura, Eduardo 199
エドゥアルド・パオロッツィ／Paolozzi, Eduardo 182
エドマンド・バーク／Burke, Edmund 114, 118
エドワード・カリナン・アーキテクツ／Cullinan (Edward) Architects 210
エドワード・サイード／Said, Edward 128
エドワード・ダレル・ストーン／Stone, Edward Durrell 147
エベネザー・ハワード／Howard, Ebenezer 136, 139
エリザベス1世、イングランド女王／Elizabeth I, Queen of England 62
エリス・アンド・クラーク／Ellis & Clarke 146
エリック・オーモニア／Aumonier, Eric 146
エル・エスコリアル／El Escorial 67, 80
エル・リシツキー／Lissitzky, El 170
エルネスト・ラ・パドゥーラ／La Padula, Ernesto 176
エレーラ様式／Herrerian style 80
王立絵画彫刻アカデミー／Académie Royale de Peinture et de Sculpture 84, 132
王立建築アカデミー／Académie Royale d'Architecture 132
オーウェン・ルーダー・パートナーシップ／Owen Luder Partnership 185
オーガスタ妃／Augusta, Princess 131
オーフス市庁舎／Aarhus City Hall 169
オスカー・ニーマイヤー／Niemeyer, Oscar 196, *197*
オスマン帝国／Ottoman Empire 16, 18, 106
オズワルド・マティアス・ウンガース／Ungers, Oswald Mathias 216
オックスフォード運動／Oxford Movement 124
オックスフォード：自然史博物館／Oxford: Natural History Museum *126*
オリエル・カレッジ／Oriel College *47*
オットー・ワグナー／Wagner, Otto 140
オットボイレン修道院／Ottobeuren Abbey *93*
オリエンタリズム／Orientalism 122, 128, *129* − 31
カースル・ハワード、ヨークシャー／Castle Howard, Yorkshire 70, 88
カービー・ホール、ノーサンプトンシャー／Kirby Hall, Northamptonshire *63*
カール・フリードリッヒ・シンケル／Schinkel, Karl Friedrich 106, *108*, 176, 216
カール・フレデリック・アーデルクランツ／Adelcrantz, Carl Fredrik 117
カール・マルクス／Marx, Karl 194
カール・ヨハン・クローンステット／Cronstedt, Carl Johann 117
カール6世、神聖ローマ皇帝／Charles VI, Emperor 76, 78
カーン：サン・テティエンヌ教会堂／Caen: St. Étienne 22
ラ・トリニテ／La Trinité *22*, *23*
ガイヤール城／Château Gaillard 48
カサ・デル・ファッショ、コモ／Como, Casa del Fascio *174*
カサ・ロトンダ、スタビオ／Casa Rotonda, Stabio *217*
カサス・イ・ノボア／Casas y Nóvoa 80
カジェタノ・シグエンサ／Casas y Nóvoa 83
カジミール・マレーヴィチ／Malevich, Kazimir 170
カステル・デル・モンテ、プッリャ／Castel del Monte, Apulia 48, *50*
カトルメール・ド・カンシー／Quatremère de Quincy, A.C. 102, 107
カリクラテス／Callicrates 8
カルロ・フォンタナ／Fontana, Carlo 91
カルロ・スカルパ／Scarpa, Carlo 219
カルロ・マデルノ／Maderno, Carlo 72
カンタベリー大聖堂／Canterbury Cathedral 26, 28, *36*
キドウェリ城、カーマーゼンシャー／Kidwelly Castle, Carmarthenshire *49*
機能主義／Functionalism 96, 120, 154, 156, 166, *167* − 9, 170, 216
ギャランティ・ビル、バッファロー、ニューヨーク州／Buffalo, New York, Guaranty Building *151*
宮廷礼拝堂、アーヘン／Aachen, Palatine Chapel 16
キュビズム／Cubism 148
教会建築学協会（イクレジオロジカル・ソサイティ）／Ecclesiological Society 125, 127
ギヨーム・ド・サンス／William of Sens 26, 28
菊竹清訓／Kikutake, Kiyonori 186, *189*
キングス・カレッジ・チャペル、ケンブリッジ／Cambridge, King's College Chapel 36
キンタ・ダ・マラゲイラの集合住宅、エヴォラ／Quinta da Malagueira housing, Évora 218
キンベル美術館、フォートワース／Kimbell Art Museum, Fort Worth 180
キンボルトン城、ケンブリッジシャー／Kimbolton Castle, Cambridgeshire 89
グァリーノ・グァリーニ／Guarini, Guarino 72, *72*, 77, 92
クイーン・アン様式／Queen Anne style 136, 137, 138
クインラン・テリー／Terry, Quinlan 218
グスタフ3世、スウェーデン王／Gustav III, King of Sweden 117
グスタフ・クリムト／Klimt, Gustav 143
グスタフ・クルーツィス／Klutsis, Gustav 170
グッゲンハイム美術館、ビルバオ／Bilbao, Guggenheim Museum 206, 215
クラシック・リヴァイヴァル／Classical Revival／102, *103* − 5
グラスゴー美術大学／Glasgow School of Art 140, *142*
クラック・デ・シュバリエ／Krak des Chevaliers *51*
グラナダ：アルハンブラ宮殿／Granada: Alhambra 81
聖具室、カルトゥハ修道院／Charterhouse 82
グランド・ツアー／Grand Tour 96, 102, 106, 118
クランドン・パーク、サリー／Clandon Park, Surrey *101*
グリーク・リヴァイヴァル／Greek Revival 106, *107* − 9
クリフトン吊り橋、ブリストル／Clifton Suspension Bridge, Bristol *120*
クリュニー修道院／Cluny 22
クレタ島／Crete 6, 40
グレン・マーカット／Murcutt, Glenn 198
クロード＝ニコラ・ルドゥー／Ledoux, Claude-Nicolas 118, *120*, 216
クロード・ペロー／Perrault, Claude 86
クロード・ロラン／Claude Lorrain 114
黒川紀章／Kurokawa, Kisho 186, *188*
グロスター大聖堂／Gloucester Cathedral 36, *37*, *39*
クロンクヒル、シュロプシャー／Cronkhill, Shropshire *115*
グンナール・アスプルンド／Asplund, Gunnar 147, 166, *169*
啓蒙思想／Enlightenment 96, 102, 107, 110, 194
ゲーテアヌム、ドルナッハ／Dornach, Goetheanum *156*
ゲオルギイ・オルロフ／Orlov, Georgii 172
ケドルストン・ホール、ダービーシャー／Kedleston Hall, Derbyshire *103*
ケネス・フランプトン／Frampton, Kenneth 196
ケンブリッジ・カムデン・ソサイティ／Cambridge Camden Society 125
構成主義／Constructivism 144, 170, *171* − 3, 174, 175, 204, 207
構成主義／Structuralism 204
コープ・ヒンメルブラウ／Coop Himmelb(l)au 204
コーレン・キャンベル／Campbell, Colen 98, *99*
国立古代ローマ博物館、メリダ／Mérida, National

INDEX

Museum of Roman Art *219*
ゴシック・リヴァイヴァル／Gothic Revival 26, 122, 124, *125 – 7*
ゴシック建築／Gothic architecture 22, 26–47, 114, 122, 124
コジモ・デ・メディチ／Medici, Cosimo de' 57
コスマス・ダミアン・アザム／Asam, Cosmas Damian 76, 77
古代ギリシャ建築／Greek architecture 6, 8, *9 – 11*, 12
古代建築物保存協会／Society for the Protection of Ancient Buildings 136
古代ローマ建築／Roman architecture 6, 12, *13 – 15*, 22, 96, 110
国会議事堂、コロンボ／Colombo, Parliament Building 198
国会議事堂、ダッカ／Dhaka, National Assembly Building 178, *181*
ゴットフリート・ゼンパー／Semper, Gottfried 96, 102, *104*
「コテージ・スタイル」／'Cottage Style' 116
古典古代の建築／classical architecture *6 – 15*, 96
コペンハーゲンの放送局／Copenhagen, Broadcasting House 168
コルネス・フロリス・ド・フーリント／Vriendt, Cornelis Floris de 65
クロード・レヴィ=ストロース／Lévi-Strauss, Claude 204
コンコルディア神殿、アグリジェント／Agrigento, Temple of Concordia 10
コンスタンティヌス、ローマ皇帝／Constantine, Emperor 16, 18, 58
コンスタンティノープル（ビザンティウム）／Constantinople (Byzantium) 16, 18, 40
ハギア・イリニ教会堂／Hagia Irene 18, *21*
ハギア・ソフィア大聖堂／Hagia Sophia 16, 18, 19
コンスタンティン・メーリニコフ／Melnikov, Konstantin 144, *171*, *173*
コンテクスチュアリズム／Contextualism 216, *217 – 19*
ザ・グランジ、ノーシントン、ハンプシャー／The Grange, Northington, Hampshire *107*
サー・ウィリアム・チェンバーズ／Chambers, Sir William 102, *104*, 131
サー・エドウィン・ラッチェンス／Lutyens, Sir Edwin 128, *131*, 200
サー・オーウェン・ウィリアムズ／Williams, Sir Owen 146
サー・クリストファー・レン／Wren, Sir Christopher 70, *88*, *91*, 98, 131
サー・ジョン・ヴァンブラ／Vanbrugh, Sir John 70, *88*, *89*, 98, 124
サー・ジョン・ソーン／Soane, Sir John 118, *121*
サー・タイタス・ソルト／Salt, Sir Titus 136
サー・ハーバート・ベイカー／Baker, Sir Herbert 128, 131
サー・ロバート・スマーク／Smirke, Sir Robert 107
サイオン・ハウス、ミドルセックス／Syon House, Middlesex *103*
サヴォア邸、ポワシー／Villa Savoye, Poissy 162, *163*, *164*

ザハ・ハディド／Hadid, Zaha 204, *207*, *214*
サルヴァドール・ダリ／Dali, Salvador 142
サルヴァドール・ローザ／Rosa, Salvator 114
サロモン・ド・ブロス／Brosse, Salomon de 87
サン・ヴィターレ教会堂、ラヴェンナ／Ravenna: Basilica of S. Vitale 18, *19*, 20
サン・カタルド墓地、モデナ／Modena, San Cataldo Cemetery 218
サン・セルナン教会堂、トゥールーズ／Toulouse, St. Sernin 24
サン・トゥアン教会堂、ルーアン／Rouen, St. Ouen 38
サン・ドニ修道院／Saint-Denis 26, 28, *29*
サン・パブロ教会堂、バリャドリッド／Valladolid, San Pablo *37*
サン・フロン大聖堂、ペリグー／Périgueux, St. Front *25*
産業革命／Industrial Revolution 96, 122, 148, 212
サンクトペテルブルク：レッド・バナー織物工場／St. Petersburg: Red Banner Textile Factory *173*
冬宮／Winter Palace 92
ザンクト・ミヒャエル教会堂、ヒルデスハイム／Hildesheim, St. Michael 22
三十年戦争（1618～'48年）／Thirty Years War (1618–48) 76
サンタ・マリア・デッレ・カルチェリ教会堂、プラート／Prato, S. Maria delle Carceri 55
サンタ・マリア教会堂、レケナ／Requena, Santa Maria 38
サンダーソン・ミラー／Miller, Sanderson 116
サンタポリナーレ・ヌオヴォ教会堂／Basilica of Sant'Apollinare Nuovo 21
サンチャゴ・デ・コンポステーラ大聖堂／Santiago de Compostela Cathedral 22, 80
サンテュルバン教会堂、トロワ／Troyes, St. Urbain 38
サント・ドミンゴ大聖堂、クスコ／Cusco, Cathedral of Santo Domingo *81*
シアトル公立中央図書館／Seattle Central Library 212, *213*
シーグルド・レヴェレンツ／Lewerentz, Sigurd 184
ジェイムズ・ギブズ／Gibbs, James 91
ジェイン・ジェイコブズ／Jacobs, Jane 194, 200
ジェームズ・アダム／Adam, James 102, 103
ジェームズ・スターリング／Stirling, James *202*
ジェームズ・ラブロック／Lovelock, James 208
ジェームズ「アシーニアン」スチュアート／Stuart, James 'Athenian' 106, *107*
ジェームズ・ワインズ／Wines, James 211
ジェームズ1世、イングランド王／James I, King of England 98
ジェフリー・バワ／Bawa, Geoffrey 198
ジェルマン・ボフラン／Boffrand, Germain *95*
シカゴ／Chicago 132, 162, 178, 203
オーディトリアム・ビル／Auditorium Building *153*
セカンド・ライター・ビル／Leiter II Building 152
ファースト・ライター・ビル／First Leiter Building 150
ホーム・インシュアランス・ビル／Home Insurance Building 152
マーシャル・フィールド百貨店／Marshall Field's Wholesale Store 150, *153*
リライアンス・ビル／Reliance Building 151

ロビー邸、サウス・ウッドローン／Robie House, South Woodlawn *179*
シカゴ派／Chicago School 150, *151 – 3*
シカゴ万国博覧会（1893年）／World's Columbian Exposition, Chicago (1893) *132*
司教宮殿、ブルフザール／Bruchsal, Episcopal Palace *79*
シクストゥス4世、教皇／Sixtus IV, Pope 58
司祭マルク・アントワーヌ・ロージェ／Laugier, Abbé Marc-Antoine 96, 102, 104
獅子門、ミケーネ／Mycenae, Lion Gate 6
市庁舎、アントワープ／Antwerp, Stadhuis 65
市庁舎、ブルージュ／Bruges, Town Hall 46
シノワズリ（中国趣味）様式／Chinese style 117, 128, 131
ジャコモ・ヴィニョーラ／Vignola, Giacomo 69
ジャコモ・デッラ・ポルタ／Porta, Giacomo della 69, 72
ジャコモ・レオーニ／Leoni, Giacomo 101
ジャスパー・ジョーンズ／Johns, Jasper 200
ジャック・アンドルーエ・デュ・セルソー／Androuet du Cerceau, Jacques 67
ジャック=エミール・リュールマン／Ruhlmann, Jacques-Emile 144
ジャック・ゴンドゥワン／Gondouin, Jacques *112*
ジャック=ジェルマン・スフロ／Soufflot, Jacques-Germaine 104
ジャック・デリダ／Derrida, Jacques 204
ジャック・リン／Lynn, Jack *184*
ジャック=ルイ・ダヴィッド／David, Jacques-Louis 110, *111*, *112*, *113*
シャルトル大聖堂／Chartres Cathedral 26, 32, *34*, 35
シャルル・ガルニエ／Garnier, Charles 134
シャルル=ジョゼフ・ナトワール／Natoire, Charles-Joseph *95*
シャルル・ジロー／Girault, Charles *133*
シャルル・フーリエ／Fourier, Charles 136
シャルル・ペルシエ／Percier, Charles 110, *111*, *113*
シャルル・ル・ブラン／Le Brun, Charles 84, *86*
シャルル=ルイ・クレリソ／Clérisseau, Charles-Louis 102
シャルルマーニュ、神聖ローマ皇帝／Charlemagne, Emperor 16
ジャン=アントワーヌ・ヴァトー／Watteau, Jean-Antoine 92
ジャン=ジャック・ルソー／Rousseau, Jean-Jacques 110
ジャン・シャルグラン／Chalgrin, Jean 111
ジャン=ニコラ=ルイ・デュラン／Durand, Jean-Nicolas-Louis 113
ジャン=バティスト・コルベール／Colbert, Jean-Baptiste 84, 132
ジャン=バティスト・レピール／Lepère, Jean-Baptiste *112*
ジャン・ビュラン／Bullant, Jean 62
ジャン=フランソワ・リオタール／Lyotard, Jean-François 194
ジャン・ロレンツォ・ベルニーニ／Bernini, Gian Lorenzo 70, 72, *73*, *74*, 75–7, 84, 88
シャンボール城／Château de Chambord *64*

233

INDEX

宗教改革／Reformation 70
十字軍／Crusades 22, 40, 48, 51
ジュール・アルドゥアン=マンサール／Hardouin-Mansart, Jules 85, 86, 87
シュジェール修道院長／Suger, Abbot 26
ジュスト=オレール・メソニエ／Meissonnier, Juste-Aurèle 92, 94
ジュゼッペ・テラーニ／erragni, Giuseppe 174, 216
シュトゥットガルト：シュターツギャラリー新館／Stuttgart: Neue Staatsgalerie 202
ヴァイセンホーフ・ジードルング／Weissenhofsiedlung 158, 161, 162
シュパイヤー大聖堂／Speyer Cathedral 24
シュプレマティスム／Suprematism 170, 171
ジュリア・クリステヴァ／Kristeva, Julia 207
ジュリアーノ・ダ・サンガッロ（兄）／Sangallo, Giuliano da the Elder 55
ジュリアン・ハラップ／Harrap, Julian 219
ジュリオ・ロマーノ／Giulio Romano 60, 68
ジョアン・リトルウッド／Littlewood, Joan 190
ジョヴァンニ・グエッリーニ／Guerrini, Giovanni 176
ジョヴァンニ・バティスタ・ピラネージ／Piranesi, Giovanni Battista 102, 106, 118, 119, 219
城郭／castles 48, 49 - 51
ジョージ・ギルバート・スコット／Scott, George Gilbert 120, 127
ジョージ・ダンス（息子）／Dance, George the Younger 118
ジョージ・リトルトン、初代リトルトン男爵／Lyttelton, George, 1st Baron 116
ジョージ・ワシントン／Washington, George 105
ジョージ3世、イングランド王／George III, King of England 131
ジョージ4世、イギリス王／George IV, King of England 117, 128
「初期イギリス式」建築／'Early English' architecture 28
初期キリスト教／Christianity, early 16 – 47
ジョサイア・ウェッジウッド／Wedgwood, Josiah 109
ジョゼフ・アディソン／Addison, Joseph 114
ジョゼフィーヌ、皇后／Josephine, Empress 113
ジョット／Giotto 54
ジョナサン・カー／Carr, Jonathan 138
ジョバンニ・ダ・ウーディネ／Udine, Giovanni da 60
ジョルジオ・グラッシ／Grassi, Georgio 216
ジョルジョ・ヴァザーリ／Vasari, Giorgio 66, 124
ジョン・ヴァーディ／Vardy, John 100
ジョン・ウェッブ／Webb, John 90
ジョン・ウッド／Wood, John the Younger 101
ジョン・ナッシュ／Nash, John 115, 117, 128, 129
ジョン・ヘイダック／Hejduk, John 202
ジョン・マーヴィン・カレル／Carrère, John Merven 132, 135
ジョン・ラスキン／Ruskin, John 122, 124, 127, 136, 140
ジョン・A・ウッド／Wood, John A. 130
ジョンソン・ワックス本社、ラシーン／Johnson Wax Administration Centre, Racine 180
シルミオーネ城、ブレシア／Sirmione Castle, Brescia 49
ジローナ大聖堂／Girona Cathedral 36

新古典主義／Neoclassicism 96 – 121, 176
新即物主義／New Objectivity 158, 159 – 61, 166
新即物主義（ノイエ・ザッハリッヒカイト）／Neue Sachlichkeit 158, 159–61
新プラトン主義／Neoplatonism 52, 55
人文主義／Humanism 52, 58
垂直様式／Perpendicular style 36, 37, 39, 62
枢機卿ジュール・マザラン／Mazarin, Cardinal 132
枢機卿ジュリオ・デ・メディチ／Medici, Cardinal Giulio de' 60
枢機卿ラッファエロ・リアリオ／Riario, Cardinal Raffaele 58
崇高／the Sublime 114, 118, 119 – 21
スキッドモア・オーウィングズ・アンド・メリル(SOM)／Skidmore, Owings & Merrill (SOM) 151, 162
スコラ学／Scholasticism 26, 52
スターリングとガウワン／Stirling and Gowan 167
スティーヴン・アイズナー／Izenour, Steve 200
ストックホルム：森の葬祭場／Stockholm: Skogskyrkogården (Woodland Cemetery) 169
ストックホルム市立図書館／Stockholm Public Library 147
ストックホルム博覧会／Stockholm Exhibition 166
ストロベリーヒルズ、トウィッケナム、ミドルセックス／Strawberry Hill, Twickenham, Middlesex 124
スペイン・バロック／Spanish Baroque 80, 81 – 3
スミッソン夫妻、アリソンとピーター／Smithson, Alison and Peter 182, 184, 185
聖アンドリュー教会堂、キエフ／Kiev, St. Andrew's Church 79
聖プリスカ教会堂、タスコ／Taxco, Santa Prisca 83
聖墳墓教会、エルサレム／Jerusalem, Church of the Holy Sepulchre 18
聖ヤン・ネポムツキー巡礼教会／Pilgrimage Church of St. John of Nepomuk 78
セインズベリー視覚芸術センター、イースト・アングリア大学／Sainsbury Centre for Visual Arts, University of East Anglia 193
ゼウス神殿、キュレネ／Cyrene, Temple of Zeus 10
ゼウスの大祭壇、ペルガモン／Pergamon, Great Altar of Zeus 6, 11, 177
折衷主義／Eclecticism 122–47
セドリック・プライス／Price, Cedric 190
セバスティアーノ・セルリオ／Serlio, Sebastiano 62, 63
セルゲイ・アンドリエフスキイ／Andrievskii, Sergei 172
繊維会館、イーペル／Ypres, Cloth Hall 45
せんだいメディアテーク／Sendai Mediatheque 213
セント・ジャイルズカトリック教会堂、チードル／Cheadle, St. Giles Catholic Church 125
セントルイス、ミズーリ州：プルーイット・アイゴー団地／St. Louis, Missouri: Pruitt-Igoe housing 194
ウェインライト・ビル／Wainwright Building 152
ソールズベリー大聖堂／Salisbury Cathedral 28
ソビエト・パレス／Palace of the Soviets 174
ソルテア、ヨークシャー／Saltaire, Yorkshire 136
第一次世界大戦／World War I 154
対抗宗教改革／Counter-Reformation 69, 70, 80, 95

第二次世界大戦／World War II 148, 182
ダウントン城、ヘレフォードシャー／Downton Castle, Herefordshire 114
ダウンランド・グリッドシェル、サセックス／Downland Gridshell, Sussex 210
高雄ワールドゲームズメインスタジアム／Kaohsiung National Stadium 209
ダダ／Dada 154
脱構築主義（デコンストラクショニズム）／Deconstructivism 204, 205 – 7
タトリンの塔／Tatlin's Tower 170
ダニエル・バーナム／Burnham, Daniel 132
ダニエル・リベスキンド／Libeskind, Daniel 204, 205
ダラム大聖堂／Durham Cathedral 22, 25
ダンクマール・アドラー／Adler, Dankmar 150, 151, 153
丹下健三／Tange, Kenzo 186, 187, 188, 189
タンパ・ベイ・ホテル、フロリダ州／Tampa Bay Hotel, Florida 130
チーム4／Team 4 191
チームX／Team X 186
知事ジョルジュ=ウジェーヌ・オスマン／Haussmann, Baron Georges-Eugène 135
チバウ文化センター、ヌメア／Nouméa, Jean-Marie Tjibaou Cultural Centre 210
チマブーエ／Cimabue 66
チャールズ・アトウッド／Atwood, Charles 151
チャールズ・ヴォイジー／Voysey, Charles 138, 139
チャールズ・ジェンクス／Jencks, Charles 194
チャールズ・フォレン・マッキム／McKim, Charles Follen 132
チャールズ・ホールデン／Holden, Charles 147
チャールズ・ムーア／Moore, Charles 203
チャールズ・レニー・マッキントッシュ／Mackintosh, Charles Rennie 140, 142
チャールズ1世、イングランド王／Charles I, King of England 98
チャールズ2世、イングランド王／Charles II, King of England 88
チャッツワース・ハウス、ダービーシャー／Chatsworth, Derbyshire 90
チャンディーガル／Chandigarh 182, 186, 187
抽象表現主義／Abstract Expressionism 200
中世建築／medieval architecture 26–51
チュリゲラ様式／Churrigueresque style 80, 81, 82, 92
チリハウス、ハンブルグ／Hamburg, Chilehaus 155
デ・ステイル／De Stijl 158, 159, 161
デ・ラ・ワー・パヴィリオン、ベクスヒル、サセックス／De La Warr Pavilion, Bexhill, Sussex 154
デイヴィッド・チッパーフィールド・アーキテクツ／Chipperfield (David) Architects 219
ディエゴ・ドゥラン／Durán, Diego 83
ディオクレティアヌス、皇帝／Diocletian, Emperor 12, 102
ディオクレティアヌス帝宮殿、スパラート／Spalato, Diocletian's Palace 12, 102
帝国主義様式／Imperialist style 128, 131
デイリー・テレグラフ社、ネーピア、ニュージーランド／Daily Telegraph Building, Napier, New Zealand 146

INDEX

ティンターン修道院／Tintern Abbey, Monmouthshire 114

デール・エル＝バハリ、ハトシェプスト女王葬祭殿／Deïr-el-Bahari, Mortuary Temple of Queen Hatshepsut 6

テオ・クロスビー／Crosby, Theo 182

テオ・ファン・ドゥースブルフ／Doesburg, Theo van 158

テオドリック、東ゴート王／Theodoric, King of the Ostrogoths 21

テオドロ・ゴンザレス・デ・レオン／González de León, Teodoro 197

デコレーテッド様式（華飾様式）／Decorated style 32, 35

デッサウ：バウハウス／Dessau: Bauhaus 158, *159*, *160*

テルテン・ジードルンク／Torten Estate 161

デニス・スコット・ブラウン／Brown, Denise Scott 200

デニス・ラスダン／Lasdun, Denys 183

テルメ・ヴァルス、ヴァルス／Vals, Thermal Baths 214

田園都市運動／Garden City movement 136, 138, 139, 158

「テンデンツァ」運動／'Tendenza' movement 216

テンピオ・マラテスティアーノ、リミニ／Rimini, Tempio Malatestiano 55

ドイツ・バロック／German Baroque 70, 76, *77–9*

ドイツ工作連盟／Deutscher Werkbund 136, 158

トゥーゲントハット邸、ブルノ／Brno, Villa Tugendhat 164

東欧のバロック／Eastern European Baroque 76, *77–9*

東京／Tokyo 189
　国立代々木競技場第一体育館／Yoyogi National Gymnasium 186, *188*
　スカイハウス／Sky House 189
　中銀カプセルタワー／Nakagin Capsule Tower *188*

東方正教会／Orthodox Church 16

トーマス・アーチャー／Archer, Thomas 89

トーマス・ジェファーソン／Jefferson, Thomas 99

トーマス・ジョンソン／ohnson, Thomas 92

トーマス・スチュアート／Stewart, Thomas 130

トーマス・チッペンデール／Chippendale, Thomas 92, 94, 203

トーマス・ディーン／Deane, Thomas 126

トーマス・ハミルトン／Hamilton, Thomas 109

トーマス・ヘイスティングス／Hastings, Thomas 132, *135*

ドナト・ブラマンテ／Bramante, Donato 58, *59*, 60, 66, 72

ドナルド・デスキー／Deskey, Donald 147

ドニエプル発電所／DneproGES Hydroelectric Power Station 172

トマス・アクィナス／Aquinas, Thomas 26

トマス・ソープ Thorpe, Thomas 63

トム・ライト（アトキンス社）／Wright/Atkins 215

ドメニコ・ダ・コルトナ／Domenico da Cortona 64

トリニティ・スクエア・カー・パーク、ゲーツヘッド／Gateshead, Trinity Square Car Park 185

トリノ／Turin 77
　サン・ロレンツォ教会堂／S. Lorenzo 72

パラッツォ・カリニャーノ／Palazzo Corignano 72

ドレスデン：ゼムパーオーパー／Dresden: Semperoper 104

ツヴィンガー宮殿／Zwinger Palace 92

トレド大聖堂／Toledo Cathedral 82, 83

ドロットニングホルム宮殿／Drottningholm Palace 117

ナイジェル・ヘンダーソン／Henderson, Nigel 182

ナウム・ガボ／Gabo, Naum 170

ナチズム／Nazism 162, 174, 177, 205

ナポレオン1世（ナポレオン・ボナパルト）、フランス皇帝／Napoleon I, Emperor 10–13, 130

ナポレオン3世、フランス皇帝／Napoleon III, Emperor 132

ナルシソ・トメ／Tomé, Narciso 82, 83

ニコラ・プッサン／Poussin, Nicolas 114

ニコライ・コリ／Kolli, Nikolai 172

ニコラウス・パカッシ／Pacassi, Nikolaus 94

ニコラス・グリムショー／Grimshaw, Nicholas 190, *191*

ニコラス・ペヴスナー／Pevsner, Nikolaus 139

ニコラス・ホークスムア／Hawksmoor, Nicholas 70, 88, *89*, 91, 124

ニコラス・レヴェット／Revett, Nicholas 106

ニューデリー／New Delhi 128
　アジア大会選手村／Asian Games Housing 199
　ヴァイスロイズ・ハウス／Viceroy's House 131

ニューヨーク市／New York City 212
　AT&T ビル／AT&T Building 203
　クライスラー・ビルディング／Chrysler Building 145
　グランド・セントラル駅／Grand Central Terminal 135
　シーグラム・ビル／Seagram Building 165
　ニューヨーク公共図書館／New York Public Library 135
　ラジオシティ・ミュージックホール／Radio City Music Hall 147

ニューヨーク・ファイブ／New York Five 202, 205

ニュルンベルク：聖ローレンツ教会堂／Nuremberg: St. Lawrence 36, 39
　ツェッペリン広場／Zeppelinfeld 174, *177*

ネロ、ローマ皇帝／Nero, Emperor 12, 60

ノリッチ城／Norwich Castle 51

ノルマン人／Normans 22

ノワイヨン大聖堂／Noyon Cathedral 26, 28, *31*, 33

パークヒル、シェフィールド／Sheffield, Park Hill 184

バージニア医学校、リッチモンド／Medical College of Virginia, Richmond 130

バーソルド・リュベトキン／Lubetkin, Berthold 162, 165

ハードウィック・ホール、ダービーシャー／Hardwick Hall, Derbyshire 62, *63*

バーナム・アンド・ルート／Burnham & Root 151

バーリー・ハウス、ケンブリッジシャー／Burghley House, Cambridgeshire 62

バーンズ・モニュメント、エディンバラ／Edinburgh, Burns Monument 109

ハイテク／High-Tech 190, *191–3*

パイミオのサナトリウム／Paimio Sanatorium 166

ハインリヒ・ヴェルフリン／Wölfflin, Heinrich 4, 70,

220

バヴィンガー邸、ノーマン、オクラホマ州／Bavinger House, Norman, Oklahoma 200

バウハウス／Bauhaus 148, 154, 158, *159*, *160*, 162, 166

パウル・ルートヴィヒ・トロースト／Troost, Paul Ludwig 174, 176

パウルス3世、教皇／Paul III, Pope 66

パエストゥム／Paestum 106
　ヘラ神殿／Temple of Hera 9

ハグリー・ホール、ウースターシャー／Hagley Hall, Worcestershire 116

パトリック・シューマッハ／Schumacher, Patrik 204

母の家、チェストナットヒル、フィラデルフィア／Vanna Venturi House, Chestnut Hill, Philadelphia 202

ハプスブルク家／Habsburg dynasty 76

バラガン邸、タクバヤ／Casa Barragán, Tacubaya 197

パラッツォ・キエリカーティ、ビチェンツァ／Vicenza, Palazzo Chiericati 68

パラディオ主義／Palladianism 88, 98, *99–101*, 102

パラメトリシズム／Parametricism 204, 220

パリ／Paris 84, 144, 162
　アンヴァリッドのサン・ルイ教会堂／St. Louis des Invalides 85
　ヴァル・ド・グラース教会堂／Val-de-Grâce 84
　ヴァンドーム広場の円柱／Vendôme Column 112
　エッフェル塔／Eiffel Tower 144, 152
　エトワール凱旋門／Arc de Triomphe 111, 135
　エトワール広場／Place de l'Étoile 135
　カルーゼル凱旋門／Arc de Triomphe de Carrousel 111
　ガルニエ宮／Palais Garnier 134
　サント・ジュヌヴィエーヴ図書館／Bibliothèque Sainte-Geneviève 134
　スービーズ館／Hôtel-de-Soubise 95
　地下鉄／Métro 140, *141*
　テュイルリー宮殿／Palais des Tuileries 110
　ノートル・ダム大聖堂／Notre Dame 30, *31*, 33, 35, 110
　パンテオン／Panthéon 104
　プティ・パレ／Petit Palais 133
　フランス国立図書館／Bibliothèque Nationale de France 134
　ブルボン宮／Palais Bourbon 111
　ポンピドゥー・センター／Centre Georges Pompidou 190, *192*, *193*
　ラ・ヴィレット公園／Parc de la Villette 207
　ラ・ヴィレットの関門／Barrière de la Villette 120
　ラ・マドレーヌ／La Madeleine 111
　リュクサンブール宮殿／Palais du Luxembourg 87
　ルーヴル宮／Louvre 62, 84, *86*, 110

ハリー・サイドラー／Seidler, Harry 198

バリー・パーカー／Parker, Barry 139

パリ万国博覧会（1937年）／Paris International Exhibition (1937) 175

バルセロナ：カイシャ・フォーラム／Barcelona: Caixa Forum 189

サグラダ・ファミリア（聖家族教会）／Sagrada Familia 142

サンタ・カタリーナ教会堂／St. Catherine 39

235

INDEX

バルセロナ・パヴィリオン／Barcelona Pavilion 162, 164, 175
バルダッサーレ・ペルッツィ／Peruzzi, Baldassare 60, 62, 66, 68
バロック様式／Baroque style 70–95, 98, 102, 183
ハンス・シャロウン／Scharoun, Hans 158, 166, 168
ハンス・ペルツィヒ／Poelzig, Hans 154, 158
ハンス・ホライン／Hollein, Hans 201
ハンスタントン中学校、ノーフォーク／Hunstanton School, Norfolk 182
ハンネス・マイヤー／Meyer, Hannes 166
ハンフリー・レプトン／Repton, Humphry 114, 116
美／The Beautiful 114, 118
ピーター・アイゼンマン／Eisenman, Peter 202, 204, 207
ピーター・クック／Cook, Peter 190
ピーター・クラマー／Kramer, Pieter 154
ピーター・ズントー／Zumthor, Peter 214
ピエール＝アレクサンドル・ヴィニョン／Vignon, Pierre-Alexandre 111
ピエール・シャルル・ランファン／L'Enfant, Pierre Charles 102, 105
ピエール＝ノラスク・ベルジェレ／Bergeret, Pierre-Nolasque 112
ピエール・パトゥ／Patout, Pierre 144
ピエール＝フランソワ＝レオナール・フォンテーヌ／Fontaine, Pierre-François-Léonard 110, 111, 113
ピエール・レスコ／Lescot, Pierre 62
ピエトロ・ダ・コルトーナ／Cortona, Pietro da 72, 73
ピエトロ・トリジアーノ／Torrigiano, Pietro 65
ピクチャレスク／Picturesque 114, 115–17, 124, 128
ビザンティン建築／Byzantine architecture 16, 18, 19–21, 22, 40, 43
表現主義／Expressionism 154, 155–7
表現的合理主義／Expressive Rationalism 212, 213–15
ビルナウ／Birnau 92
ファウンテンズ修道院、ヨークシャー／Fountains Abbey, Yorkshire 114
ファシズム／Fascism 174
フアン・デ・エレーラ／Herrera, Juan de 67, 80
フアン・バウティスタ・デ・トレド／Toledo, Juan Bautista de 67, 80
フィアツェーンハイリゲン／Vierzehnheiligen 76, 92
フィディアス／Phidias 8
フィリップ・ウェッブ／Webb, Philip 136, 137
フィリップ・ジョンソン／Johnson, Philip 148, 162, 203, 204
フィリッポ・ブルネレスキ／Brunelleschi, Filippo 52, 54, 55, 56, 57
フィリベール・ドゥ・ロルム／l'Orme, Philibert de 62
フィレンツェ：サン・ジョヴァンニ洗礼堂／Florence: Baptistery 54
  インノチェンティ病院／Ospedale degli Innocenti 54, 57
  サンタ・マリア・デッリ・アンジェリ教会堂／S. Maria degli Angeli 55
  サンタ・マリア・デル・フィオーレ教会堂／Basilica di Sta. Maria del Fiore 54, 56

サンタ・マリア・ノヴェッラ教会堂／S. Maria Novella 57
サンティッシマ・アンヌンツィアータ教会堂／SS. Annunziata 55
サント・スピリト教会堂／S. Spirito 56
サン・ミニアート・アル・モンテ教会堂／S. Miniato 57
サン・ロレンツォ教会堂／S. Lorenzo 61
パラッツォ・メディチ／Palazzo Medici 57
パラッツォ・ルチェッライ／Palazzo Rucellai 57, 58
ラウレンツィアーナ図書館／Biblioteca Laurenziana 66, 69
風景式庭園／landscape gardening 100, 114
フェリペ2世、スペイン王／Philip II, King of Spain 67, 80
フォスター・アンド・パートナーズ／Foster + Partners 190, 193, 211
フォンテーヌブロー城／Fontainebleau 62
ブラジリア／Brasilia 196, 197
フランク・ゲーリー／Gehry, Frank 204, 206, 215
フランクフルト・アム・マイン：ヘキスト染色工場／Frankfurt am Main: Hoechst Dye Works 155
  工芸美術館／Museum für Kunsthandwerk 205
フランク・ロイド・ライト／Wright, Frank Lloyd 136, 148, 162, 178, 179, 180, 208
フランス・バロック／French Baroque 84, 85–7
フランス革命／French Revolution 110
フランソワ＝オノレ・ジョルジュ・ジャコブ＝デマルテ／Jacob-Desmalter, François-Honoré-Georges 113
フランソワ・ド・キュヴィエ／Cuvilliés, François de 92, 94, 95
フランソワ・ブーシェ／Boucher, François 92
フランソワ・マンサール／Mansart, François 84, 85
フランソワ・ミッテラン／Mitterand, François 207
フランソワ1世、フランス王／Francis I, King of France 62
フランチェスコ・バルトロメオ・ラストレッリ／Rastrelli, Francesco Bartolomeo 79, 92
フランチェスコ・ボッロミーニ／Borromini, Francesco 70, 72, 73, 77, 200
フリードリヒ2世、神聖ローマ皇帝／Frederick II, Emperor 48
フリードリヒ・ヴィルヘルム3世、プロイセン王／Frederick William III, King of Prussia 106
フリードリヒ・ヴィルヘルム4世、プロイセン王／Frederick William IV, King of Prussia 106
フリードリヒ・ジリー／Gilly, Friedrich 104
ブリストル大聖堂／Bristol Cathedral 32
フリッツ・ヘーガー／Höger, Fritz 154, 155
ブリュッセル：タッセル邸／Brussels: Hôtel Tassel 141
  人民の家／Maison du Peuple 140
  ストックレー邸／Palais Stoclet 143
ブルース・ゴフ／Goff, Bruce 200
ブルータリズム／Brutalism 182, 183–5
ブルーノ・タウト／Taut, Bruno 154, 156, 158, 160
ブルジュ・アル・アラブ、ドバイ／Burj Al Arab hotel, Dubai 215
プレーリー・ハウス／Prairie Houses 178, 179
ブレナム宮殿、オックスフォードシャー／Blenheim

Palace, Oxfordshire 70, 88, 89
ブロードレイズ、ウィンダミア、カンブリア／Broad Leys, Windermere, Cumbria 139
平和記念会館、広島／Hiroshima, Peace and Memorial Museum 186, 187
ペーター・ベーレンス／Behrens, Peter 148, 154, 155
北京国家体育場（鳥の巣）／Beijing, National Stadium ('Bird's Nest') 213
ベストプロダクツ・ノッチショールーム、サクラメント／Sacramento, Best Products Notch Showroom 211
ペトラルカ／Petrarch 52
ベナセラフ邸、プリンストン、ニュージャージー州／Benacerraf House, Princeton, New Jersey 202
ベニート・ムッソリーニ／Mussolini, Benito 174
ベラヴィスタ集合住宅、クランペンボー／Klampenborg, Bellavista estate 166
ペリクレス／Pericles 8
ヘルクラネウム／Herculaneum 96
ヘルツォーク＆ド・ムーロン／Herzog & de Meuron 213
ベルナール・チュミ／Tschumi, Bernard 204, 207
ベルナール・ポワイエ／Poyet, Bernard 111
ヘルマン・ムテジウス／Muthesius, Hermann 136
ヘルムース・オバタ・カッサバウム（HOK）／Hellmuth, Obata + Kassabaum (HOK) 162
ベルリン／Berlin 106, 174
  アルテス・ムゼウム（旧博物館）／Altes Museum 106, 108
  シャウシュピール・ハウス／Schauspielhaus 106
  新博物館／Neues Museum 219
  総督官邸／New Chancellery 175
  バウアカデミー／Bauakademie 106
  ブリッツ・ジードルンク／Britz-Siedlung 160
  ベルリン・フィルハーモニー／Berlin Philharmonie 166, 168
  ユダヤ博物館／Jewish Museum 205
ベルリン IBA 国際建築展／International Building Exhibition Berlin 216, 218
ヘレニズム文化／Hellenistic culture 6, 12
ベンジャミン・ウッドワード／Woodward, Benjamin 126
ペンズハーストプレイス、ケント／Penshurst Place, Kent 46
ヘンリー・ホブソン・リチャードソン／Richardson, Henry Hobson 132, 136, 150, 153
ヘンリー＝ラッセル・ヒッチコック／Hitchcock, Henry-Russell 148, 162
ホアキン・デ・チュリゲラ／Churriguera, Joaquin de 80
帽子工場内の染色工房、ルッケンヴァルト／Luckenwalde, Hat Factory and Dye Works 156
ボウネス＝オン＝ウィンダミア・ブラックウェル／Blackwell, Bowness-on-Windermere 138
ボーヴェ大聖堂／Beauvais Cathedral 33, 33
ポール・イーストアウェイの住宅兼スタジオ、ニュー・サウス・ウェールズ／Ball-Eastaway House, New South Wales 198
ポール・ルドルフ／Rudolph, Paul 184
ボザール様式／Beaux-Arts style 122, 132, 133–5,

146, 181
ポスト・モダニズム／Postmodernism 191, 194, 198, 200, 201–3, 216
ホセ・ベニート・デ・チュリゲラ／Churriguera, José Benito de 80
ホセ・ルイ・セルト／Sert, Josep Lluís 196
ポップ・アート／Pop Art 200
北方ルネサンス／Northern Renaissance 62, 63–5
ボヘミアン・バロック／Bohemian Baroque 70, 76
ボリス・イオファン／Iofan, Boris 174, 175
ホレス・ウォルポール／Walpole, Horace 98, 124
ポン・デュ・ガール／Pont du Gard 13
本質主義（エッセンシャリズム）／Essentialism 178, 179–81
ポンペイ／Pompeii 96
マーク・ウィグリー／Wigley, Mark 204
マイケル・ウィルフォード／Wilford, Michael 202
マイケル・グレイヴス／Graves, Michael 202
マイケル・ホプキンス／Hopkins, Michael 190
マイレア邸、ノールマルック／Villa Mairea, Noormarkku 168
前川國男／Maekawa, Kunio 186
マサチューセッツ工科大学／Massachusetts Institute of Technology 132
マットホイス・ダニエル・ペッペルマン／Pöppelmann, Matthäus Daniel 92
マニエリスム／Mannerism 52, 61, 66, 67–9, 72
マヌエル・バスケス／Vasquez, F. Manuel 82
マヤ建築／Mayan style 128, 130, 146
マラパルテ邸、カプリ／Casa Malaparte, Capri 196
マリー・アントワネット、フランス王妃／Marie-Antoinette, Queen of France 116
マリオ・ロマーノ／Romano, Mario 176
マリオ・ボッタ／Botta, Mario 217
マルセル・ブロイヤー／Breuer, Marcel 162
マルチェッロ・ピアチェンティーニ／Piacentini, Marcello 174
マルティン・ヴァグナー／Wagner, Martin 160
マルティン・ルター／Luther, Martin 70
マルメゾン城／Château de Malmaison 110, 113
マントヴァ：パラッツォ・デル・テ／Mantua: Palazzo del Te 68
サン・セバスティアーノ教会堂／S. Sebastiano 52
サンタンドレア教会堂／S. Andrea 55, 60
ミアワース城、ケント／Mereworth Castle, Kent 99
ミケランジェロ／Michelangelo 58, 61, 63, 65, 66, 69, 72
ミケル・デ・クラーク／Klerk, Michel de 154, 157
ミケロッツォ・ディ・バルトロメオ／Michelozzo 55, 57
ミノア文明／Minoan civilization 6
ミノル・ヤマサキ／Yamasaki, Minoru 194
ミュンヘン：アマリエンブルク、ニンフェンブルク宮殿／Munich: Amalienburg, Nymphenburg Palace 95
ハウス・デア・クンスト／House of German Art 176
ミラノ：大聖堂／Milan: Cathedral 40
サンタ・マリア・プレッソ・サン・サティーロ／S. Maria presso S. Satiro 60
トーレ・ヴェラスカ／Torre Velasca 199
ムーア建築／Moorish architecture 80, 81, 128, 130
ムガル様式／Mughal style 129

メゾン・カレ、ニーム／Nîmes, Maison Carré 13, 111
メゾン城／Château de Maisons 84, 85
メタボリズム／Metabolism 186, 187–9, 201
メディチ家／Medici family 61
モイセイ・ギンズブルグ／Ginzburg, Moisei 170, 173
モスクワ：レーニン廟／Moscow: Lenin Mausoleum 175
ナルコムフィン・アパートメント／Narkomfin Communal House 173
メルニコフ自邸／Melnikov House 171
ルサコフ労働者クラブ／Rusakov Workers' Club 173
ロモノソフ・モスクワ国立総合大学／Lomonosov University 176
モダニズム／Modernism 124, 128, 138, 139, 144, 148–93, 194, 196, 200, 208, 212, 216
モリス商会／Morris & Co. 136, 138
モンティチェロ、シャーロッツビル、バージニア州／Monticello, Charlottesville, Virginia 99
モントリオール・バイオスフィア／Montreal Biosphère 167
ヤーコプ・ブルクハルト／Burckhardt, Jacob 5, 70
山梨文化会館、甲府／Kofu, Yamanashi Press and Broadcasting Centre 186, 189
ヤン・サンティーニ＝アイヘル／Santini-Aichel, Jan 76, 78
ユーヴデール・プライス／Price, Uvedale 114
ユーゲントシュティール／Jugendstil 140
ユーソニアン・ハウス／Usonian House 178, 179
ユニテ・ダビタシオン、マルセイユ／Marseille, Unité d'Habitation 182
ユリウス2世、教皇／Julius II, Pope 58
ヨーク・ミンスター／York Minster 32, 34
ヨーゼフ・パウル・クライフス／Kleihues, Josef Paul 216
ヨーゼフ・ホフマン／Hoffman, Josef 143
ヨーゼフ1世、神聖ローマ皇帝／Joseph I, Emperor 76
ヨーテボリ市庁舎／Gothenburg City Hall 169
ヨシフ・スターリン／Stalin, Joseph 174
ヨゼフ・マリア・オルブリッヒ／Olbrich, Joseph Maria 143
ヨハネス・イッテン／Itten, Johannes 154, 158
ヨハン・ヴォルフガング・フォン・ゲーテ／Goethe, Johann Wolfgang von 106
ヨハン・バルタザール・ノイマン／Neumann, Johann Balthasar 70, 76, 79, 92, 93, 94
ヨハン・ベルンハルト・フィッシャー・フォン・エルラッハ／Fischer von Erlach, Johann Bernhard 70, 76, 78
ヨハン・ミヒャエル・フィッシャー／Fischer, Johann Michael 93
ヨハン・ヨアヒム・ヴィンケルマン／Winckelmann, Johann Joachim 95, 106
ヨハン・ルーカス・フォン・ヒルデブラント／Hildebrandt, Johann Lukas von 76, 77
ラ・トゥーレット修道院／La Tourette Monastery, Éveux-sur-l'Arbresie 184
落水荘、ベアー・ラン、ペンシルバニア州／Fallingwater, Bear Run, Pennsylvania 179, 208
ラジ・レワル／Rewal, Raj 199

ラスベガス／Las Vegas 200
ラスロー・モホリ＝ナギ／Moholy-Nagy, Laszlo 158
ラテンアメリカのバロック／Latin American Baroque 80, 81–3
ラファエル・モネオ／Moneo, Rafael 219
ラファエロ／Raphael 58, 59, 60, 66, 68
ラルフ・アースキン／Erskine, Ralph 204
ランス大聖堂／Reims Cathedral 32, 33, 35, 36
ランスロット・「ケイパビリティ」・ブラウン／Brown, Lancelot 'Capability' 114
ラン大聖堂／Laon Cathedral 26, 28, 35
リーヴォール修道院、ヨークシャー／Rievaulx Abbey, Yorkshire 114
リージョナリズム／Regionalism 196, 197–9
リード・アンド・ステム／Reed and Stern 135
リカルド・レゴレッタ／Legorreta, Ricardo 197
リシャール・ミック／Mique, Richard 116
リチャーズ医学研究棟、ペンシルベニア大学／Richards Medical Research Laboratory, University of Pennsylvania 178
リチャード・ノイトラ／Neutra, Richard 162
リチャード・ノーマン・ショウ／Shaw, Richard Norman 136, 138
リチャード・バックミンスター・フラー／Fuller, Richard Buckminster 166, 167
リチャード・ハミルトン／Hamilton, Richard 182
リチャード・ペイン・ナイト／Knight, Richard Payne 114
リチャード・ボイル、第3代バーリントン伯爵／Burlington, Richard Boyle, 3rd Earl of 88, 98, 100
リチャード・マイヤー／Meier, Richard 202, 205
リチャード・ロジャース／Rogers, Richard 190, 191, 192, 193
リチャード1世、イングランド国王／Richard I, King of England 48
リヒャルト・ワーグナー／Wagner, Richard 93, 104
リューボフィ・ポポーヴァ／Popova, Liubov 170
リライアンス・コントロール社工場、スウィンドン／Reliance Controls factory, Swindon 191
リンカーン大聖堂／Lincoln Cathedral 28, 32
ル・コルビュジエ／Le Corbusier 6, 144, 148, 158, 162, 163, 164, 165, 173, 174, 182, 183, 184, 185–7, 196, 205, 216
ル・ヴォー／Le Vau, Louis 84, 86
ルイ14世、フランス王／Louis XIV, King of France 70, 77, 84, 85, 86, 132
ルイ16世、フランス王／Louis XVI, King of France 116
ルイス・カーン／Kahn, Louis 178, 180, 181
ルイス・キュービット／Cubitt, Lewis 120
ルイス・サリヴァン／Sullivan, Louis 136, 150, 151, 153, 166, 178, 203
ルイス・デ・アレバロ／Arévalo, Luis de 82
ルイス・バラガン／Barragán, Luis 197
ルートヴィヒ・ミース・ファン・デル・ローエ／Mies van der Rohe, Ludwig 148, 151, 154, 158, 160, 161, 162, 164, 165, 175, 182, 200
ルシオ・コスタ／Costa, Lúcio 196
ルドルフ・シュタイナー／Steiner, Rudolf 156
ルネサンス／Renaissance 26, 52–69, 70, 73, 80,

INDEX

92
レイチェル・カーソン／Carson, Rachel 208
レイナー・バンハム／Banham, Reyner 182, 190, 191
レイモンド・アンウィン／Unwin, Raymond 139
レーニン／Lenin 174
レオナルド・ダ・ヴィンチ／Leonardo da Vinci 52, 59, 66
レオン・クリエ／Krier, Léon 218
レオン・バッティスタ・アルベルティ／Alberti, Leon Battista 52, 55, 57, 58, 60
レスター大学工学部棟／Engineering Building, University of Leicester 167
レッチワース田園都市、ハートフォードシャー／Letchworth Garden City, Hertfordshire 136, 139
レッド・ハウス、ベクスリーヒース、ケント／Red House, Bexleyheath, Kent 136, 137
レニ・リーフェンシュタール／Riefenstahl, Leni 175
レニングラード・プラウダ／Leningrad Pravda 170, 171
レフ・ルードネフ／Rudnev, Lev 176
レム・コールハース／Koolhaas, Rem 204, 212
レンゾ・ピアノ／Piano, Renzo 190, 191, 192, 193, 210
ロイヤル・クレッセント、バース／Bath, Royal Crescent 101
ロイヤル・パヴィリオン、ブライトン／Brighton, Royal Pavilion 128, 129
ロウシャムの庭園、オックスフォードシャー／Rousham, Oxfordshire 100
ローマ／Rome 62, 70, 174
  21世紀美術館（MAXXI）／MAXXI – National Museum of the 21st Century Arts 207
  ヴァチカン／Vatican 75
  カラカラ浴場／Baths of Caracalla 12, 60
  カンチェッレリア宮／Palazzo della Cancelleria 58
  コロッセオ／Colosseum 15
  コンスタンティヌスの凱旋門／Arch of Constantine 15, 103, 111
  サトゥルヌス神殿／Temple of Saturn 14
  サン・カルロ・アッレ・クワトロ・フォンターネ教会堂／San Carlo alle Quattro Fontane 70, 72, 73
  サンタ・マリア・イン・モンテ・サント／Santa Maria in Montesanto 73
  サンタ・マリア・デイ・ミラーコリ／Santa Maria dei Miracoli 73
  サンタ・マリア・デッラ・ヴィットーリア／Sta. Maria della Vittoria 74
  サンタ・マリア・デッラ・パーチェ／Sta. Maria della Pace 73
  サンタ・マリア・マッジョーレ教会堂／Sta. Maria Maggiore 20
  サンタンドレア・アル・クイリナーレ教会堂／Sant' Andrea al Quirinale 70, 73
  サン・ピエトロ／St. Peter's 16, 58, 59, 66, 72, 74
  サン・ピエトロ広場／St. Peter's Square 74
  ジェズ教会堂／Il Gesù 69
  ディオクレティアヌス浴場／Baths of Diocletian 12
  テンピエット、サン・ピエトロ・イン・モントリオ／Tempietto of S. Pietro in Montorio 59
  ドムス・アウレア（黄金宮殿）／Domus Aurea 12, 60
  トラヤヌス帝の記念柱／Trajan's Column
  パラッツォ・ヴィドーニ・カッファレッリ／Palazzo Vidoni Caffarelli 59, 68
  パラッツォ・バルベリーニ／Palazzo Barberini 72
  パラッツォ・ファルネーゼ／Palazzo Farnese 61
  パラッツォ・マッシモ・アッレ・コローネ／Palazzo Massimo alle Colonne 68
  パンテオン／Pantheon 12, 14, 18, 54, 58, 103
  マルス広場／Campus Martius 75
  ローマ・ラ・サピエンツァ大学／Sapienza University 174
ローマカトリック教会／Roman Catholic Church 16, 70, 88, 110
ロケ・ホアキン・デ・アルクビエレ／Alcubierre, Rocque Joaquin de 96
ロココ／Rococo 70, 92, 93 – 5, 110
ロシア革命（1917年）／Russian Revolution (1917) 170, 171
ロッテルダム／Rotterdam 158, 161
ロドニー・ゴードン／Gordon, Rodney 185
ロバート・アダム／Adam, Robert 102, 103, 104
ロバート・アトキンソン／Atkinson, Robert 146
ロバート・ヴェンチューリ／Venturi, Robert 200, 202
ロバート・ステイシー＝ジャド／Stacy-Judd, Robert 130
ロバート・スミスソン／Smythson, Robert 63
ロバート・バーンズ／Burns, Robert 109
ロバート・モリス／Morris, Robert 99
ロバート・ラウシェンバーグ／Rauschenberg, Robert 200
ロブ・クリエ／Krier, Rob 216
ロマネスク建築／Romanesque architecture 16, 22, 23 – 5, 26
ロレンツォ・ギベルティ／Ghiberti, Lorenzo 54
ロングリート・ハウス、ウィルトシャー／Longleat House, Wiltshire 62
ロンドン／London 88, 182
  30セント・メリー・アクス（ガーキン）／30 St. Mary Axe ('The Gherkin') 211
  アデルフィ／Adelphi 104
  イングランド銀行／Bank of England 118
  ヴァンブラ城／Vanbrugh Castle 89
  ウェストミンスター寺院／Westminster Abbey 36, 65
  エコノミスト・ビル／Economist Building 185
  王立裁判所／Royal Courts of Justice 126
  王立内科医協会／Royal College of Physicians 183
  オール・セインツ教会堂、マーガレット・ストリート／All Saints, Margaret Street 127
  ギルドホール／Guildhall 44
  キングス・クロス駅／King's Cross Station 120
  クイーンズ・ハウス、グリニッジ／Queen's House, Greenwich 98
  グリニッジ／Greenwich 90, 131
  ケンウッド・ハウス、ハムステッド／Kenwood House, Hampstead 116
  サー・ジョン・ソーンズ・ミュージアム／Sir John Soane's Museum 118, 121
  サマセット・ハウス／Somerset House 104
  スピタルフィールド・クライスト・チャーチ教会堂／Christ Church, Spitalfields 88
  スペンサー・ハウス／Spencer House 107
  セント・ジョンズ・スミス・スクエア／St. John, Smith Square 89
  セント・ステファン・ウォルブルック／St. Stephen Walbrook 91
  セント・パンクラス駅／St. Pancras Station 127
  セント・ポール大聖堂／St. Paul's Cathedral 88, 91
  セント・メアリ・ウールノス／St. Mary Woolnoth 91
  セント・メアリ・ル・ストランド／St. Mary le Strand 91
  セント・ルーク精神病院／St. Luke's Hospital for the Insane 118
  大英博物館／British Museum 107
  地下鉄アーノス・グローヴ駅／Arnos Grove Underground Station 147
  チジック・ハウス／Chiswick Villa 98
  デイリー・エクスプレス社／Daily Express Building 146
  ナショナル・シアター／National Theatre 183
  ニューゲート監獄／Newgate Prison 118
  パーク・スクエアとパーク・クレセント／Park Square and Park Crescent 117
  バーリントン・ハウス／Burlington House 98
  ハイポイント1／Highpoint I 165
  ハムステッド・ガーデン・サバーブ／Hampstead Garden Suburb 139
  バンケティング・ハウス、ホワイトホール宮殿／Banqueting House, Whitehall 65, 98
  フーバー工場、ペリヴェイル／Hoover Factory, Perivale 146
  フィナンシャル・タイムズ印刷工場／Financial Times Printworks 191
  仏塔、王立植物園、キュー・ガーデンズ／Pagoda, Royal Botanic Gardens, Kew 131
  ベッドフォード・パーク／Bedford Park Garden Suburb 138
  ホース・ガーズ／Horse Guards 100
  ミッドランド・グランド・ホテル／Midland Grand Hotel 120, 127
  ミドル・テンプル・ホール／Middle Temple Hall 45
  リッチモンド・リバーサイド開発／Richmond Riverside Development 218
  ロイズ・ビル／Lloyd's Building 190, 191
  ロカ・ロンドン・ギャラリー／ROCA London Gallery 214
  ロビン・フッド・ガーデンズ、ポプラー／Robin Hood Gardens, Poplar 182, 184
ワシリー・カンディンスキー／Kandinsky, Wassily 154
ワシントン D.C.／Washington, DC 102
ワシントン記念塔／Washington Memorial 130
ワレン・アンド・ウェットモア／Warren and Wetmore 135

写真クレジット

Front cover top Alamy/MARKA; **bottom** Alamy/David Gee 1. **Back cover, top left** Alamy/Eye Ubiquitous; **top right** © Paul M.R. Maeyaert; **bottom left** Alamy/Arcaid Images; **bottom right** Alamy/Photolibrary.

T = Top; B = Bottom; C = Centre; L = Left; R = Right

7CL © Craig & Marie Mauzy, Athens mauzy@otenet.gr; **7B** © Paul M.R. Maeyaert; **9T** © Fotografica Foglia, Naples; **11T** © Craig & Marie Mauzy, Athens mauzy@otenet.gr; **13T** © Paul M.R. Maeyaert, **13B** © Paul M.R. Maeyaert; **15T** © Vincenzo Pirozzi, Rome/fotopirozzi@inwind.it; **17BR** © Paul M.R. Maeyaert; **26R** © Paul M.R. Maeyaert; **33** © Paul M.R. Maeyaert; **53BR** © Quattrone, Florence; **55L** © Quattrone, Florence; **59T** © Vincenzo Pirozzi, Rome/fotopirozzi@inwind.it; **59B** Wikipedia; photo Jensens; **61B** © Vincenzo Pirozzi, Rome/fotopirozzi@inwind.it; **65B** Angelo Hornak/Corbis; **69L** © Quattrone, Florence; **69R** © Vincenzo Pirozzi, Rome/fotopirozzi@inwind.it; **78B** © Paul M.R. Maeyaert; **85C** © Paul M.R. Maeyaert; **86T** © Paul M.R. Maeyaert; **86B** © Paul M.R. Maeyaert; **89C** James Stringer; **95T** © Paul M.R. Maeyaert; **97CR** © Paul M.R. Maeyaert; **100B** Owen Hopkins; **111C** © Paul M.R. Maeyaert; **112** © Paul M.R. Maeyaert; **119T** Yale University Art Gallery, New Haven. Gift of Professor Shepard Stevens, B.F.A. 1922, M.A. (Hon.) 1930; **123TR** © Angelo Hornak, London; **123BL** © Paul M.R. Maeyaert; **125T** The Granger Collection/TopFoto; **129** © Angelo Hornak, London; **130B** Tim Street-Porter; **141T** Bastin & Evrard © DACS 2014; **141B** © Paul M.R. Maeyaert; **143T** © Paul M.R. Maeyaert; **152B** Chicago History Museum/Getty Images; **153B** RIBA Library Photographs Collection; **168T** Richard Weston © DACS 2014; **171L** University of East Anglia Collection of Abstract and Constructivist Art/The Bridgeman Art Library; **173C** Helle Jochen/Arcaid/Corbis © DACS 2014; **173B** Roland Halbe/Artur Images; **180B** Courtesy Yale University Art Gallery; photo Elizabeth Felicella; **189T** Iwan Baan; **198T** Photography by Max Dupain; **199T** Courtesy Raj Rewal Associates; **201** Courtesy Atelier Hollein; photo Marlies Darsow; **202T** Venturi, Scott Brown Collection, The Architectural Archives, University of Pennsylvania; photo Matt Wargo; **202C** Courtesy Michael Graves Associates; **214T** Hufton + Crow/View/Corbis; **217** Courtesy Mario Botta; photo Alberto Flammer

All the following images were supplied by Alamy:

4 LOOK Die Bildagentur der Fotografen GmbH; **7T** Iain Masterton; **7CR** Terry Smith Images; **9B** Bildarchiv Monheim GmbH; **10T** Stephen Coyne; **10B** mediacolor's; **11B** Iain Masterton; **14L** Terry Smith Images; **14R** Jon Arnold Images Ltd; **15B** Angelo Hornak; **17TL** Robert Harding Picture Library Ltd; **17TR** Louis Champion; **17C** David Keith Jones; **17BL** Angelo Hornak; **19T** Robert Harding Picture Library Ltd; **19B** David Keith Jones; **20L** Tibor Bognar; **20R** Bildarchiv Monheim GmbH; **21L** Louis Champion; **21R** Rebecca Erol; **23T** humberto valladares; **23B** Robert Stainforth; **24L** INTERFOTO; **24R** © Ian Dagnall; **25L** Angelo Hornak; **27TL** guichaoue; **27TR** Photo Provider Network; **27C** David Gee 1; **27BL** FotoVeturi; **27BC** Hideo Kurihara; **27BR** Findlay; **28** Nelly Boyd; **29L** JOHN KELLERMAN; **29R** JOHN KELLERMAN; **30** Paul S. Bartholomew; **31L** guichaoua; **31R** Collpicto; **32** Photo Provider Network; **34L** Prisma Bildagentur AG; **34R** Angelo Hornak; **35L** Peter Barritt; **35R** Robert Harding Picture Library Ltd; **37T** Bildarchiv Monheim GmbH; **37B** David Gee 1; **38L** Glenn Harper; **38R** Bildarchiv Monheim GmbH; **39L** INTERFOTO; **39R** Peter Barritt; **41L** Luigi Petro; **41R** Eye Ubiquitous; **42T** Alan Copson City Pictures; **42B** Bildarchiv Monheim GmbH; **43L** FotoVeturi; **43R** Adam Eastland Italy; **45T** VIEW Pictures Ltd; **45B** incamerastock; **46T** Hideo Kurihara; **46B** Maurice Crooks; **47L** P.Spiro; **47R** incamerastock; **49T** Findlay; **49B** CW Images; **50T** LOETSCHER CHLAUS; **50B** Tom Mackie; **51T** Holmes Garden Photos; **51B** Robert Harding Picture Library Ltd; **53T** Hemis; **53C** Tips Images/Tips Italia Srl a socio unico; **53BL** Associated Sports Photography; **55R** Art Directors & TRIP; **56T** Art Kowalsky; **56E** Vito Arcomano; **57T** Travel Division Images; **57B** Hemis; **60L** Tips Images/Tips Italia Srl a socio unico; **60R** The Art Archive; **61T** The Art Archive; **63T** David Keith Jones; **63C** The National Trust Photolibrary; **63B** Angelo Hornak; **64** jeff gynane; **65T** Associated Sports Photography; **67** Bildarchiv Monheim GmbH; **68T** Vito Arcomano; **68C** Paul Shawcross; **69B** The Art Archive; **71TL** Adam Eastland Rome; **71TC** Robert Harding World Imagery; **71TR** Robert Rosenblum; **71C** Matt Spinelli; **71BL** Magwitch; **71BR** LOOK Die Bildagentur der Fotografen GmbH; **72** Marina Spironetti; **73L** Adam Eastland Rome; **73R** Riccardo Granaroli; **74L** LatitudeStock; **74R** Adam Eastland Art + Architecture; **75** JOHN KELLERMAN; **77T** LOOK Die Bildagentur der Fotografen GmbH; **77B** allOver photography; **78T** JTB MEDIA CREATION, Inc.; **79L** Bildarchiv Monheim GmbH; **79R** Robert Harding World Imagery; **81T** Ian Kingsnorth; **81B** Kelth Levit; **82L** B.C.'Kane'; **82R** Robert Rosenblum; **83L** Art Directors & TRIP; **83R** David R. Frazier Photolibrary, Inc.; **85T** JOHN KELLERMAN; **85B** Matt Spinelli; **87** France Chateau; **89T** Tim Graham; **89B** Michael Jenner; **90** NorthScape; **91L** Magwitch; **91R** Arcaid Images; **93T** Bildarchiv Monheim GmbH; **93B** LOOK Die Bildagentur der Fotografen GmbH; **94T** INTERFOTO; **94B** Bildarchiv Monheim GmbH; **95B** Bildarchiv Monheim GmbH; **97T** David Mariner; **97CL** Ramesh Yadav; **97CC** Angelo Hornak; **97BL** Barry Lewis; **97BR** James Osmond Photography; **99T** Angelo Hornak; **99B** Dennis Hallinan; **100T** Bildarchiv Monheim GmbH; **101T** The National Trust Photolibrary; **101B** David Mariner; **103L** Bildarchiv Monheim GmbH; **103R** Holmes Garden Photos; **104T** Ramesh Yacav; **104** JTB MEDIA CREATION, Inc.; **104E** Peter Phipp/Travelshots.com; **105** Class cStock; **107T** Arcaid Images; **107C** Angelo Hornak; **107B** Steve Frost; **108** M Itani; **109L** AntipasM; **109R** Andreas von Einsiedel; **111T** The Art Archive; **111T** Antony Nettle; **113T** The Art Gallery Collection; **113B** The Art Archive; **115** The National Trust Photolibrary; **116T** Bildarchiv Monheim GmbH; **116C** Barry Lewis; **116B** Prisma Bildagentur AG; **117T** Anna Yu; **117B** Paul Harness; **119B** Photos 12; **120T** The Art Gallery Collection; **120C** Matthew Chattle; **120B** James Osmond Photography; **121** Arcaid Images; **123TL** VIEW Pictures Ltd; **123CL** JRC, Inc.; **123CR** John Morrison; **123BR** Nikreates; **125L** Mark Titterton; **126T** Oxford Picture Library; **126B** Shangara Singh; **127L** Jack Hobhouse; **127R** VIEW Pictures Ltd; **130T** morgan hill; **130C** Ian Dagnall; **131L** Peter Phipp/Travelshots.com; **131R** PhotosIndia.com LLC; **133** Caro; **134T** Chris Heller; **134B** LOOK Die Bildagentur der Fotografen GmbH; **135T** The Print Collector; **135C** Peter Horree; **135BR** JRC, Inc.; **137** The National Trust Photolibrary; **138T** Arcaid Images; **138B** John Morison; **139T** John Morrison; **139C** numb; **139B** Arcaid Images; **142L** G P Bowater; **142R** Arcaid Images; **143B** Angelo Hornak; **145** Nikreates; **146T** Angelo Hornak; **146C** Clive Collie; **146B** Karen Fuller; **147T** VIEW Pictures Ltd; **147B** Sean Favone; **149TL** Nick Higham; **149TR** Bildarchiv Monheim GmbH; **149C** Paul Carstairs; **149BL** Galit Seligmann Pictures; **149BR** Eye Ubicuitous; **151L** Everett Collection Historical; **151R** Philip Scalia; **152T** B.O'Kane; **153T** B.O'Kane; **155L** Bildarchiv Monheim GmbH; **155T** Bildarchiv Monheim GmbH; **156T** Prisma Bildagentur AG; **156C** B.O'Kane; **156B** Bildarchiv Monheim GmbH; **157** Arcaid Images; **159** Arcaid Images GmbH; **160T** imagebroker; **160B** LOOK Die Bildagentur der Fotografen GmbH; **161T** Werner Dieterich; **161C** Bildarchiv Monheim GmbH; **161B** WoodyStock; **163** Bildarchiv Monheim GmbH © FLC/ADAGP, Paris and DACS, London 2014; **164T** CTK; **164C** VIEW Pictures Ltd © FLC/ADAGP, Paris and DACS, London 2014; **164B** Robert Bird © DACS 2014; **165L** ED FICE; **165R** Philip Scalia; **167L** AST Fotoworks; **167R** Arcaid Images; **168B** Bildarchiv Monheim GmbH; **169T** John Peter Photography; **169B** Arcaid Images; **171R** ITAR-TASS Photo Agency © DACS 2014; **172** RIA Novosti; **173T** ITAR-TASS Photo Agency; **175T** Joeri DE ROCKER; **175C** INTERFOTO; **175B** RIA Novosti; **176L** Bildarchiv Monheim GmbH; **176R** Vito Arcomano; **177** INTERFOTO; **179T** Universal Images Group/DeAgostini; **179B** Nick Higham; **180T** Nikreates; **180C** Arcaid Images © ARS, NY and DACS, London 2014; **181** MARKA; **183** Paul Carstairs; **184T** Bildarchiv Monheim GmbH © FLC/ADAGP, Paris and DACS, London 2014; **184C** Chris Mattison; **184B** Geoffrey Taunton; **185L** Arcaid Images; **185R** Martin Pick; **187** Galit Seigmann Pictures; **188L** Angelo Hornak; **188R** Arcaid Images; **189C** MIXA; **189B** Gregory Wrona; **191L** Angelo Hornak; **191R** VIEW Pictures Ltd; **192** Eye Ubiquitous; **193T** xPACIFICA; **193C** Tomobis; **193B** Loop Images Ltd; **195TL** Mark Burnett; **195TR** PSL Images; **195CL** PRISMA ARCHIVO; **195CR** Robert Harding World Imagery; **195BL** CuboImages srl; **195BR** VIEW Pictures Ltd; **197** Arcaid Images; **197B** John Mitchell © 2014 Barragan Foundation, Birsfelden, Switzerland/ProLitteris/DACS.; **198B** Arcaid Images; **199B** LusoArchitecture; **202B** Arcaid Images; **203T** Philip Scalia; **203B** PSL Images; **205L** Arcaid Images; **205R** PRISMA ARCHIVO; **206** Aflo Co. Ltd.; **207T** Hemis; **207C** Mark Burnett; **207B** CuboImages srl; **209** VIEW Pictures Ltd; **210T** Arcaid Images; **210C** VIEW Pictures Ltd; **210B** Robert Harding World Imagery; **211T** Tom Mackie; **211B** Arcaid Images; **213T** MARKA; **213C** Inge Johnsson; **213B** VIEW Pictures Ltd; **214B** Arcaid Images; **215** Art Kowalsky; **218T** Arcaid Images; **218C** MARKA; **218B** VIEW Pictures Ltd; **219T** David Keith Jones; **219B** VIEW Pictures Ltd

謝辞

　西洋建築を要約して、49の様式それぞれに6つずつの視覚的特徴をまとめるという試みは決して容易な仕事ではなく、私より以前にこの道を踏みならしてくれていた数え切れない先達がいなければもっと困難を極めただろう。そうした書籍（多くは本書の参考図書の一覧に収録している）のおかげで、本書を実現することができた。読者の皆さんもそうした書籍で、より包括的な記述をご確認いただきたい。本書よりも詳細と論拠が豊富に掲載されている。

　本書の執筆中、何カ月にもわたって早朝から夜遅くまで愛情に満ちたサポートをしてくれたジョハンナ・ハーディングに本書を捧げる。

著者略歴

Owen Hopkins（オーウェン・ホプキンス）

ロンドンを中心に活動している建築のライター、歴史家、キュレーター。現在は、ロンドンの王立芸術院（the Royal Academy of Arts）で建築プログラムを担当している。著書に『世界の名建築解剖図鑑』（2012年）がある。

名建築の歴史図鑑
Architectural Styles
A Visual Guide

2018年2月20日　初版第1刷発行

著者	オーウェン・ホプキンス
訳者	百合田香織
発行者	澤井聖一
発行所	株式会社エクスナレッジ 〒106-0032　東京都港区六本木7-2-26 http://www.xknowledge.co.jp/
問合せ先	編集　Tel：03-3403-1381　Fax：03-3403-1345 販売　Tel：03-3403-1321　Fax：03-3403-1829 E-mail：info@xknowledge.co.jp

無断転載の禁止

本書掲載記事（本文、図表、イラストなど）を当社および著作権者の承諾なしに無断で転載（翻訳、複写、データベースへの入力、インターネットでの掲載など）することを禁じます。
乱丁・落丁は販売部にてお取替えいたします。